古代歷史文化研究輯刊

二六編

王明蓀 主編

第18冊

教養相資：清代書院考課制度（下）

劉明 著

國家圖書館出版品預行編目資料

教養相資：清代書院考課制度（下）／劉明 著 -- 初版 -- 新
北市：花木蘭文化事業有限公司，2021〔民110〕
目 4+188 面；19×26 公分
（古代歷史文化研究輯刊 二六編；第 18 冊）
ISBN 978-986-518-601-2（精裝）
1. 書院制度 2. 清代
618   110011827

古代歷史文化研究輯刊
二六編　第十八冊　　　　　　　ISBN：978-986-518-601-2

教養相資：清代書院考課制度（下）

作　　　者　劉明
主　　　編　王明蓀
總 編 輯　杜潔祥
副總編輯　楊嘉樂
編　　　輯　許郁翎、張雅淋、潘玟靜　美術編輯　陳逸婷
出　　　版　花木蘭文化事業有限公司
發 行 人　高小娟
聯絡地址　235 新北市中和區中安街七二號十三樓
　　　　　　電話：02-2923-1455／傳真：02-2923-1452
網　　　址　http://www.huamulan.tw 信箱 service@huamulans.com
印　　　刷　普羅文化出版廣告事業
初　　　版　2021 年 9 月
全書字數　392566 字
定　　　價　二六編 32 冊（精裝）台幣 88,000 元　　版權所有・請勿翻印

教養相資：清代書院考課制度（下）

劉明　著

目

次

第三章　清代書院考課命題之旨趣

　　書院考課命題分官師課而不同，官課由官命題，師課由師命題，且針對書院命題亦有一套管理制度。道光十九年陶澍手訂《惜陰書舍章程》規定：「每課所出試題，督院禮房另立書本登記某任年月課題，以免重複。」〔註1〕杭州敷文、崇文、紫陽三書院朔望課題目例由監院呈報撫轅。如同治十三年八月十六日，「敷文監院許之輔、章濬；崇文監院孫詒紳、胡鳳昌；紫陽監院高學治、高鵬年俱呈望課題目單。」〔註2〕亦有書院不由官師命題，如粵省學海堂，由阮元創設於道光四年，「為課通省舉貢生監經解詩古之所」，道光六年定「每歲分為四課，由學長出經解文筆，古今詩題，限日截卷，平定甲乙，分別散給膏火」。〔註3〕道光十四年「向例每屆季課，以學長二人承辦，所以均勞逸也。至擬定題目，自應八人公商，以期盡善，向來史筆題，或題跋古書，或考核掌故，仍以經史為主，期為有用之文。賦，或擬古賦，或出新題，俱用漢、魏、六朝、唐人諸體。詩題不用試帖，以場屋之文，士子無不肄習也。均應遵照舊章，以勸古學。此後每季出題，應令學長公集山堂會商。是日應備飯食，即於公項內支銷。」〔註4〕

　　書院考課之學術旨趣主要體現於考課之命題形式及內容，其命題形式即其文體形式。中國文化在其發展過程中產生了紛繁複雜的文體形式，《文心雕

〔註1〕陶澍：《惜陰書舍章程》，鄧洪波主編：《中國書院學規集成》，第199頁。
〔註2〕《浙省撫轅事宜》，《申報》1874年10月5日，第5版。
〔註3〕阮元：《學海堂章程》，鄧洪波主編：《中國書院學規集成》，第1289～1290頁。
〔註4〕盧坤：《學海堂增設課業諸生事宜》，鄧洪波主編：《中國書院學規集成》，第1290頁。

龍‧宗經》稱「故論、說、辭、序，則《易》統其首；詔、策、章、奏，則《書》發其源；賦、頌、歌、頌，則《詩》立其本；銘、誄、箴、祝，則《禮》總其端；紀、傳、盟、檄，則《春秋》為根。」劉勰所述之文體不過二十種，此後隨著文學藝術形式之變遷，愈益複雜精妙。考試制度中所採用的文體則亦經歷了複雜的變遷，科舉制度確立之前，國家取士，三代以上世卿世祿制度，三代以下，「漢代察舉選拔人才，以推薦為主，以考試惟輔，在推薦之基礎上進行考試」，即對策三道，對策者皆被選，但有高下之分，而無黜落之法。〔註5〕漢代以策取士，所謂「策」即「策問」，「『策問』是對當前的政治、經濟、文化等方面提出問題，由應試者作出書面回答，也就是『對策』」，分對策和射策兩種形式。「對策是針對皇帝提出的政務問題而陳述自己的看法，射策則是由主考者把試題寫在不同的簡策上，由應試者自己探取，然後根據取到的試題作答」，兩者形式上略有不同，性質上則相同。自漢以下，策問與對策一直是國家掄才主要的考試方式，隋唐後科舉制漸而取代薦舉之制，然隋之進士科，考試仍以策問及對策為主，唐之明經科包含時務策三道，唐初進士科僅試時務策五條。至高宗時期，因「進士唯頌舊策，皆亡實才」，乃加試雜文（一詩一賦，或兼試頌論）、帖經，從此成為定制。宋代慶曆年間，將詩賦改為末場，而策、論改為頭兩場。王安石改革時，將明經等科合併入進士科，廢除詩賦、帖經等考試，改試經義、論、策，殿試則僅試策一道。至於明清科舉，鄉會試第三場皆考策問五道，殿試亦僅試策一道。故而，大略可言「試策是中國古代歷史最久，地位最穩固的考試文體。」〔註6〕

縱觀科舉制度中的考試文體，有學者將其主要分為三類「一類是考核對儒家經典記誦、理解能力的帖經、墨義、經義、八股，一類是檢測應試者文學才情的詩、賦，另一類則是衡量考生言事論政能力的策、論。」〔註7〕大體而論，唐代「詩賦取士」，宋代「策論取士」，明清「八股取士」，以明清而論，儘管「八股取士」之利弊眾人皆知，明清兩朝，議論及此之人甚多，但因其文體形式在檢測士子知識和智識水平的同時，因其格式規範便於閱卷及防範舞弊，且通過「代聖賢立言」以涵育士子品性，維持聖教，因此數百年間雖爭議

〔註5〕吳承學：《中國古代文體形態研究》，廣州：中山大學出版社2000年版，第61頁。

〔註6〕吳承學：《中國古代文體形態研究》，第48頁。

〔註7〕朱迎平：《策論：歷久不衰的考試文體》，《上海財經大學學報》2002年第6期。

不斷，甚或短暫被廢棄，但依舊沿襲至科舉制度廢除。俞樾稱：「夫時文誠弊，然聖賢精義亦或藉此以存一線，若廢去之而別謀所以取士。用詩賦乎，空言而已矣；用策論乎，陳言而已矣。若竟改用西學，則人所童而習之者，惟是機械之巧；窮思極慮，求為殺人之利器。人人有矢，人惟恐不傷人之意，而義利之界、理欲之途竟無。有言及者矣，於世道人心不亦大有害乎。」〔註8〕科舉制其基本精神在於「憑文優劣以定棄取」，則文之優劣須有一定之統一且較為客觀的衡量標準，從而將閱卷者之主觀因素控制在合理範圍之中。清代科舉閱卷中，閱卷者依據「清真雅正」之標準從「理、法、辭、氣」四個方面來品評文章之優劣，〔註9〕清廷規定府州縣試、院試、歲科試、鄉試、會試等，雖有經義、策論及試帖詩等多種文體，但因首重八股文，故而大抵，八股文為清代科舉最基本也是最重要的文體。「然而一種文體一旦成為決定士人前途命運的關鍵，應試者就會想方設法找出應對的捷徑，這種文體也就逐漸失去活力和實際意義。」〔註10〕江國霖稱：「漢取士以制策，其弊也泛濫，而不適於用；唐以詩賦其弊也浮華，而不歸於實；宋以論，其弊也膚淺，而不根於理。於是依經立義之文出焉，名曰制義。蓋窮則變，變則通，人心之不容已，即世運升降剝復之自然也。」〔註11〕

　　晚清書院，按其學術指向而言，大體可分為四類，第一，以應科舉，學習八股文為主的書院；第二，以講求程朱理學為主的書院。第三，以博習經史辭章為主的書院；第四，以學習「經世致用」為主的書院，不同指向之書院，其考試內容亦採取不同的形式。清人論述科舉及書院考試文體形式及內容變遷稱：

　　　　國家沿前明之制以時文試帖取士，自童試以迄鄉會試均以是為進身之階，而特恐其囿於時文試帖也哉，殿試則以策問，朝考則以論疏，翰林館課及大考則以律賦，而先於鄉會試三場試以策問，學使者歲科兩試，生童暨郡縣童試均兼試以律賦策論各藝。蓋士非博

〔註8〕俞樾：《心齋丁公家傳》，見《春在堂全書》，南京：鳳凰出版社2010年版，第4冊，第508頁。
〔註9〕高明揚：《文體學視野下的科舉八股文研究》，昆明：雲南出版社2012年版，第85頁。
〔註10〕吳承學：《中國古代文體形態研究》，第57頁。
〔註11〕陳水雲、陳曉紅校注：《梁章鉅科舉文獻校注二種》，武漢：武漢大學出版社2009年版，第6頁。

通今古不足以致用，非蜚英騰茂不足為□國華，而苟非於時文試帖外兼試律賦策論諸藝，要不足以覘其根柢，敷其文采也。顧試之於一日必先課之於平時，故各省大吏及地方有司皆於府廳州縣各處廣設書院，俾生童之向學者得以肄業其中，甄別則由官署主裁，月課則憑山長甲乙，而其課試章程則或專課時文試帖、或專課律賦策論、或並課時文試帖與律賦策論。要皆期於通達古今、賅備體用而後無愧乎為高材生也。康熙乾隆兩朝連舉博學鴻詞科，其時人才蔚起通儒輩出，即時文名家亦後先相望，指不勝屈，迄今誦其遺稿，莫不經經緯史，含英咀華蓋未有不兼才學識三長而可以時文名世者。逮乎嘉道以後文體卑靡，競尚虛機。咸同之間，僅沿聲調。其時粵寇披猖，東南糜爛，耆儒彫喪，載籍淪亡，江浙等省士子於烽煙兵燹之餘，占畢伊唔，抱兔園冊以就試，荒率淺陋無責焉已。同治中興以來，文教昌明，多士休養生息，漸知枕□。一時名公鉅卿如湘鄉曾文正公、德清俞陰甫先生、南皮張孝達制軍皆以碩學為文為多士倡。至光緒初年而文體幡然取法乎上，一洗曩時庸腐俗濫之習。同時上海創設求志書院有經學、史學、掌故、輿地、算學、詞章六齋，未幾而寧波亦設辨志文會分漢學、宋學、輿地、史學兼掌故、天文算學、詞章六項，蓋上海因有龍門書院專課性理，故求志不設宋學，而辨志既以漢宋並列，遂並掌故於史學，又以天文為算學首要，故特標天文算學。其立名雖互異，要皆賅括一切，足與時文相輔而行。自求志辨志既設，各省書院聞風興起，咸知討論古籍、砥礪實學，如蘇州之學古堂、江陰之南菁書院、京師國子監之南學，其章程皆簡而能賅。此外紛紛不免涉於繁瑣，至有風簷寸晷中命題多至十類，每類三四題，自非兼人之才，詎能倒篋傾筐，如同鳳構，即日有之或以鉛板石印書為藍本，此種書校對多疏，易滋舛誤，就使無誤，已非自出心裁，務博不專究無心得。〔註12〕

　　按上文所述，書院課士之命題形式主要有四類，或專課時文試帖、或專課律賦策論、或並課時文試帖與律賦策論，同光年間則出現分齋課士型的書院，其變遷大體分為康乾、嘉道、同光三個時期，其中康乾時期是八股試帖佔據考課之主體地位的形成時期，嘉道年間則是經古學在書院考課中的興起

〔註12〕《書江西黃學使甄別經訓書院示諭後》，《申報》1896年6月3日，第1版。

和發展時期，而至同光年間，書院經古課進一步發展，逐漸將西學新學吸納其中，而經歷戊戌及庚子年間朝廷政策的變遷，西學新學漸漸佔據書院考課之主導性地位。

第一節　八股試貼之主導地位的形成

清初雖然沿襲了明代科舉之制，但八股取士之制頗多爭議，取士標準及科舉之程序也不斷變化，直至乾隆年間方才基本定型。從文體來看，清初沿襲明制，於順治二年清廷定規「鄉試第一場，試四書義三篇，經義四篇，士子各占一經；第二場，試論一篇，詔、誥、表各一，通判五條；第三場，試策五道。」康熙二年又一度廢止八股文，「鄉會試以策論表判取士，分為二場，第一場試策五道，第二場四書論一篇、經論一篇、表一道、判五條」，然不過數年之後，於康熙八年乙酉科鄉試即恢復舊制。此後科舉三場之製成為定制，然考試文體之形式則不斷變化。乾隆二十一年因論、表、判、策多雷同，故而閱卷者僅重頭場，議定「嗣後鄉試第一場，止試以四書文三篇；第二場，經文四篇；第三場，策五道。其論、表、判概行刪省」，會試則於第二場經文之外加試五言八律排律詩，此制於乾隆二十二年會試丁丑科始行，二十四年鄉試乙卯科亦行此制。至乾隆五十八年，三場試題成為定制：「鄉會試題，第一場，四書制義題三，五言八韻詩題一；第二場，五經制義題各一；第三場，策問五。」〔註13〕

科舉之型式不斷變遷，取士之準則也並不一律，清初衡文標準處於一個逐漸形成的階段，況且歷科考官的具體標準不一，清廷於雍正十年首次提出四書文須遵循「雅正清真、理法兼備」的準則作為科鄉會試考官的衡文標準，然直至方苞於乾隆支持下選編《欽定四書文》並頒發各地官學之後，才最終確立清朝科舉考試的衡文標準。〔註14〕清初朝廷用人並不限於科舉之一途，「或出於徵辟、或出於薦舉、或出於制科、或出於資蔭、或出於事例、或出於吏員，其途不一」，加之遺老遺少仍佔據學術之主流地位，故而科舉之「指揮棒」作用亦並不明顯。因此之故，從書院型式上來看，清初書院型式較為多

〔註13〕張希清、毛佩琦、李世愉主編；胡平、李世愉著：《中國科舉制度通史·清代卷》，上海：上海人民出版社 2015 年版，第 394～396 頁。

〔註14〕安東強：《〈欽定四書文〉編纂的立意及反響》，《中山大學學報》（社會科學版）2012 年第 1 期。

樣，雖皆採取考課制度，然或重講學、或重考課，書院考課之旨趣受各地學風影響較大，考課之中或僅課試帖，或兼課試帖、經解、策論等等，不盡一律。

明末清初，北人重八股而忽視經學之風氣，顧炎武已提及，其稱：「今南人教小學，先令屬對，猶是唐宋以來相傳舊法，北人全不為此，故求其習比偶、調平仄者，千室之邑幾無一二人。而八股之外，一無所通者，比比也。愚幼時四書、本經俱讀全注，後見庸師窳生，欲速其成，多為刪抹，而北方則有全不讀者。欲令如前代之人，參伍諸家之注疏而通其得失，固數百年不得一人，且不知《十三經注疏》為何物也。間有一二《五經》刻本，亦多脫文誤字，而人亦不能辨。此古書善本絕不至於北方，而蔡虛齋、林次崖諸經學訓詁之儒皆出於南方也。故今日北方有二患：一曰地荒，二曰人荒。」〔註15〕此於書院考課亦可見之，如清初河南諸書院，康熙十八年耿介於嵩陽書院定規，「每月初三日一會嵩陽書院，為文二藝」〔註16〕。張沐於游梁書院定規「每月逢三日，作時藝兩首」。李來章於河南襄城縣紫雲書院所定考課，「每月逢九日會文」，「以二藝為率」，在李來章看來：

> 夫國家制義取士，先資拜獻，不能不藉乎此。原其體式合經術、理學、舉業三者為一，以開天下有志之士，其用意深遠，立法精詳，過漢唐諸代遠甚。特患學無源頭，胸無定見，剽竊摹擬，期於苟得，文既不工，心術更不可問，是殆沿襲著之失，而非盡制之不善。夫五經諸史，其根本也；詞華章彩，其枝葉也。欲求枝葉之茂，而不施灌溉，不勤壅培，吾未見其效也。今欲作制義文字，須先審書理，於實字析其義，虛字會其神，體之身心，驗之事物。於聖賢道理所見既確，從而採群言之精華，追先輩之章程，操筆拂楮，發揮文文，理明詞達，便稱佳作。雖糊名易書，光彩迴出紙背，無意逢迎，功名自至，所謂祿在其中也。朱子常言：非是科舉累人，是人累科舉。居今之世，使孔子復生，也不免應舉。科目一途，何嘗不足以得人材？患在操速化之術，人自不肯先立其根耳〔註17〕。

乾隆十四年山西陵川縣望洛書院本「擬以朔課作四書文一篇，經文一篇；

〔註15〕顧炎武著、陳垣校注：《日知錄校注》，第951～952頁。
〔註16〕耿介：《輔仁會約》，鄧洪波主編：《中國書院學規集成》，第894～895頁。
〔註17〕李來章：《紫雲書院學規》，鄧洪波主編：《中國書院學規集成》，第903頁。

望課作四書文一篇，餘一篇或詩賦，或策論，相間命題，各試所長，」然為大吏所格，改以「館課生童宜俱作四書文、經文，俾其植立根底，策論令肄業與課生員自行學習，仍向館師就正。至古今載籍，學者宜無不講求。詩賦特遊藝之一端，聽各生童於專心舉業之餘隨意涉獵，可不在考校之列等因。」〔註18〕則此間書院課士所重者僅在試帖而已。

而南方諸書院考課，雖亦受到科舉之指導，但大抵並不專重八股，除江浙一帶經史之風的興盛之外，其現實的原因如全祖望所述，「功令以帖括取士，諸生之汲汲於此，亦其勢也。然功令未嘗專任帖括，二場之表以觀其駢體，論以觀其散體，判以觀其律令之學，三場之策以觀其時務。進而為翰林，則有館課之詩賦以觀其韻語。」故而乾隆十三年全祖望掌教蕺山書院時，「初課諸生以經義，繼以策問、詩、古文，條約既嚴，甲乙無少貸。越人始而大嘩，繼而帖然。一月之後，從者雲集，學舍至不能容」。次年「蕭、上、諸、余之士，爭先入學舍者幾滿，合之山、會，共得五百餘人，旅食以待。」〔註19〕乾隆十七年全祖望改革廣東端溪書院僅課帖括之制，「添古學一課，各具策問、詩賦、表論諸題，諸生能者各報名赴課，不必求備，亦不強人以所不能也。」〔註20〕

與此類似，南方大多數書院所課皆包涵科舉制度中的各種文體。康熙三十年江西白鷺洲書院規定，「每月初二、十六日，本府親臨課會，書二藝，經一藝，間試論、表、策各一篇。」〔註21〕雍正三年江寧鍾山書院規定，「科場經題有四，書院須加經學。每月會課，既有經題，須作經藝，即當日不能完篇，續送亦可。即以一經為一束，另於正案之外，各分等第。聽掌教逐自揭示院中，使肄業者鼓舞、加功，以為棘闈奪幟地。」〔註22〕乾隆七年陳宏謀於江西豫章書院定規，「會課題目：四書文一篇，經解一道，此外或策、或論、或表、或奏議。其策問不拘時務、史事，論題不拘何書」〔註23〕。乾隆二十

〔註18〕陳封舜：《望洛書院條規》，鄧洪波主編：《中國書院學規集成》，第83～87頁。
〔註19〕董秉純編、何夢蛟校：《全謝山先生年譜》，第14頁。
〔註20〕全祖望：《端溪書院講堂條約》，鄧洪波主編：《中國書院學規集成》，第1356～1357頁。
〔註21〕羅京：《白鷺洲書院館規》，鄧洪波主編：《中國書院學規集成》，第737頁。
〔註22〕湯椿年撰：《鍾山書院志》，南京：南京出版社2013年版，第28～34頁，第38頁。
〔註23〕陳宏謀：《豫章書院節儀十條》，鄧洪波主編：《中國書院學規集成》，第621頁。

四年正月陳宏謀定江蘇紫陽書院條規，「每課命題四書文一篇，此外或經文、或策、或古論今論一篇，再詩一首。缺一者不得前列，缺二者一次殿後，再一次，報明扶出。」〔註24〕乾隆二十八年陳宏謀定嶽麓書院條規，每月初三日、十八日課文，「每課四書文一篇，或經文、或策、或論一篇、詩一首。策則古事、時務，論則論列史事古人。或《小學》《性理》《孝經》，總不仍出擬題。間於四書文一首之外。出經解一首，或長章幾節，或經中疑義，每首約三百季以上。」〔註25〕不同於豫章書院考課，此時已添課律詩矣。乾隆五十四年王昶定友教書院規程，「每月三課，初八日四書文一篇，經文二篇。十八日課四書文一篇，經文一篇，詩一首。二十八日，課四書文一篇，經文一篇，策一道。」〔註26〕此風漸隨江浙學者之仕宦、遊學而傳播各處，除前所述及全祖望於端溪書院改課外，乾隆四十六年章學誠掌教河北肥鄉縣清漳書院時，其認為：「大義乃通經之源，古論乃讀史之本」，乃規定書院課一文一詩外，須作古論一首。此外，另策問四書對義，「先期發問，諸生抄錄回家，十日以後，錄入下次課卷」，「下課發問，又復如前。」「如但有詩文，不作時義者，詩文雖佳，生員不取超等，童生不取上卷。」〔註27〕

　　然而隨著科舉制度的逐漸定型，「八股取士」成形，越來越多的書院成為了專課八股試貼之制的書院，即使是省會書院亦是如此。端溪書院於全祖望去任後，然為時不久，即改為僅僅冬季間課詩賦耳，大抵皆課八股試貼。〔註28〕福建鼇峰書院於道光二年由陳壽祺定規每月十六日之師課「兼課經解、史論及古文詞」〔註29〕，道光三年始行，「每課領給銀三兩」，嗣後經諸生稟請，古學課照詩文課，每課給銀六兩，道光八年三月起按月給發〔註30〕，則此前書院考課所課者僅為八股試貼而已。道光十八年時任兩江總督陶澍於金陵創

〔註24〕陳宏謀：《書院規條示》，《培遠堂偶存稿》，第 329～330 頁。

〔註25〕陳宏謀：《申明書院條規以勵實學示》，鄧洪波主編：《中國書院學規集成》，第 1044～1045 頁。

〔註26〕王昶：《友教書院規條》，鄧洪波主編：《中國書院學規集成》，第 623～626 頁。

〔註27〕章學誠：《清漳書院條約》（一）、（二），鄧洪波主編：《中國書院學規集成》，第 23～24 頁。

〔註28〕《端溪書院志》卷二，見趙所生、薛正興主編：《中國歷代書院志》（第三冊），第 359 頁。

〔註29〕陳壽祺：《擬定鼇峰書院事宜》，鄧洪波主編：《中國書院學規集成》，第 540 頁。

〔註30〕《道光八年核定章程》，鄧洪波主編：《中國書院學規集成》，第 546～547 頁。

設惜陰書院，專課經史詞章，其起因便因為金陵城中鍾山、尊經書院皆僅課八股試帖而已。〔註31〕

第二節　嘉道以來經古學之興起與發展

　　前已言之，書院考課制度於乾隆年間定型，並形成以八股試帖為中心，以考課為書院主導性建制，以考課式書院為主流型式的書院總體情形，此制之下，書院成為科舉之預備，失去培育人才、激蕩士風之作用。嘉道年間，八股取士之弊端已經充分顯露，戴鈞衡稱：「自科舉之法行，人期速效，年十五而不出應童子試，則父兄以為不才，年二十而不得與於膠庠，則鄉里得而賤之。以故弟子讀五經未畢，輒孜孜焉於講時文，迨其能文，則遂舉群經而束之高閣，師不以是教，弟子不以是學。當是時，不惟無湛深經術、明體達用之儒，即求一二明訓詁、章句、名物、典章者，亦不可多得。」〔註32〕

　　起而拯其弊者為阮元，其於嘉慶五年創設杭州詁經精舍，於道光五年創設之廣州學海堂，皆以經古課士，從而恢復了書院了學術功能，並且激蕩起了漢學之學風。黃以周稱：「第自明季以來，制藝日盛，經史日替，所肄之業，四書文，八韻詩；所請之長，鄉大夫之耄而無學，並經史之名不能悉數。有文教之責者，為之滋懼。又以今之書院，弊已積重，習亦難返，為之經營勝地，構造新館，選績學之士，講論其中，若阮文達之課士，其最著也。」〔註33〕流風所及，多地隨之出現專課經古之書院，而更多的書院則在課八股試貼之同時，開始兼課經古之學。郭嵩燾稱：「嘉、道之間，儀徵阮文達公立詁經精舍浙江，繼又立學海堂廣東，獎進人才為盛。自頃十餘年，各直省亦稍建書院，以治經為名。下及郡縣，亦相率為之，而湖南校經堂課實開偏隅風氣之先。」〔註34〕此外，書院課試經古學之興起亦與乾嘉漢學之勃興及其漸漸滲入科舉制度密切相關，乾隆中期以後，漢學逐漸滲入在科舉制度體系內，如「各地鄉試中漢學類試題不僅大量湧現，漢學傾向更加明顯，而且五道策問

〔註31〕陶澍：《惜陰書舍章程》，鄧洪波主編：《中國書院學規集成》，第 198 頁。

〔註32〕戴鈞衡：《書院雜議四首》，鄧洪波主編：《中國書院學規集成》，第 470～471 頁。

〔註33〕黃以周：《論書院》，黃以周著；詹亞園、韓偉表編：《黃以周全集》第十冊，上海：上海古籍出版社 2014 年版，第 446 頁。

〔註34〕郭嵩燾：《重建湘水校經堂記》，（清）郭嵩燾撰；梁小進主編：《郭嵩燾全集》（15），長沙：嶽麓書社 2012 年版，第 664 頁。

題逐漸固化成一經、一史、一文、一典制、一地理的結構。」此後，漢學在科舉制度中的地位愈益重要，考官衡文取士的標準逐漸偏重於淹經通史，根柢紮實，〔註35〕此種情形一直持續到晚清，這就為書院課試經古學提供了其重要的社會基礎。

四川尊經書院不課時文，諸生有疑慮者，張之洞為之開示，稱：「根柢深而不工詞章者鮮矣，工一切詩古文辭而不能為舉業者，抑又希矣。其於時文有相資也，無相害也，或自為之可也，或應他書院課為之可也，豈禁之哉？況乎策論詩賦，便考古也：課卷用白折，習書法也。由選拔以至廷試，未有不視古學楷法為進退者也。時文固所習，又益之以諸條，其為科名計，抑亦周矣。」〔註36〕可見，書院課試經古學對諸生科舉大有裨益，如李兵所述，專門研習漢學之書院「不僅未禁止生徒應舉，而且其教學仍然有助於生徒應舉，書院成了當地科舉及第率最高的人才培養機構。至道光以後，書院的漢學教學有利於生徒應考成為包括漢學家在內的書院創建者和講學者的一種普遍認識」〔註37〕。

所謂經古學，其含義迭有變遷。清初張履祥稱：「為學只一件事，非有歧也。今人不知，為應舉者則曰科舉之學，為治道者則曰經濟之學，為道德者則曰道學，為百家言者則曰古學，窮經者則曰經學，治史者則曰史學。噫！學若是歧乎！夫學一而已矣，理義之謂也。」〔註38〕則古學為治諸子百家之學，經學為治經之學，且與科舉之學、經濟之學、道學、史學並列。清代科舉考試制度體系中例有經古場，「學政抵各屬試士，先考經古場，亦分經學、史學、詞章、掌故、地理、時事、算學各門，而無八股時藝。經古場後，始考正場」〔註39〕，然「不必人人就試，而去取則專以正場為定」，自然導致應考士子數量極少。時至晚清，包天笑稱晚清蘇州風氣，「當時的讀書人，除了為博取功名，應付考試，專心於所謂八股八韻的制藝以外，還有兩大流。一種是詞章，一種是經學。詞章除詩詞歌賦之外，什麼駢體文、韻文、仿古、擬體等

〔註35〕馮建民：《清代科舉與經學關係研究》，武漢：華中師範大學出版社 2016 年版，第 134、182 頁。
〔註36〕張之洞：《四川尊經書院記》，陳谷嘉，鄧洪波主編：《中國書院史資料》，第 2243 頁。
〔註37〕李兵：《書院與科舉關係研究》，武漢：華中師範大學出版社 2005 年版，第 266 頁。
〔註38〕李國鈞主編：《清代前期教育論著選》（上冊），第 169 頁。
〔註39〕劉成愚：《世載堂雜憶》，第 6 頁。

等，都在其內。經學則盛行一種經解，摘取各經中一名一物、一詞一句，而加以考據解釋，這算是考據之學，譬如說《詩經》上第一句是『關關雎鳩』，就要考證雎鳩是何物，古時鄭康成怎樣說，顏師古怎麼說，作者的意思又是怎樣，引經據典的寫出一篇文章。」「正誼書院院中就是考詞賦（當時稱古學）、經解兩門。」〔註40〕則古學、經學實際上成為八股試貼之外學術之總稱，詞賦、經解皆包含在內，與「今學」即八股試貼相對。

一、專課經古之書院

　　專課經古之書院亦稱經古書院，以詁經精舍、學海堂創設最早，影響亦最大。阮元創設此類書院，其原由即在於對書院僅課八股試貼的不滿，其稱：「制舉之外，求其淹通諸經注疏及諸史傳者屈指可數，其藏書至萬卷者，更屈指可數，故州郡書院止以制藝試帖與諸生衡得失，而士子習經但取其有涉制藝者，簡練以為揣摩，積習相沿，幾乎牢不可破。」〔註41〕詁經精舍初建時，考課、講學並重，阮元身兼官師，肄業諸生中「三人者迭為命題評文之主」，無官課、師課之分途。「其課士，月一番，三人者迭為命題評文之主，問以十三經、三史疑義，旁及小學、天部、地理、算法、詞章，各聽搜討書、傳條對，以觀其識，不用局試糊名之法。暇日聚徒，講議服物典章，辯難同異，以附古人教學、藏修、息遊之旨。簡其藝之佳者，刊為《詁經精舍文集》。」〔註42〕道光十三年富呢揚阿興復書院，始有「藩臬都督監司迭課之制」，即官課之制，主持者為巡撫、藩司、臬司、學政、鹽運使、糧道等等，師課則由山長命題閱卷。大略來說，官課較受科舉影響，且變動較大，如崧駿撫浙時，「每當鄉試之年則改經解為經文」，二十三年時任浙撫廖壽豐又改課策論〔註43〕，而師課由山長主導，則重經古之慣例一直未變。精舍每年正月、六月、十二月停課，按例每年舉十八課。〔註44〕詁經精舍因課試經古，故而並不局試，而行散卷之法。無論舉貢生監，皆可應課，亦無籍貫之限制，「惟向監院處填冊，孝廉須由本縣移文來省，注明三代及某科中式第幾名，並房師座師

〔註40〕包天笑：《釧影樓回憶錄》，香港：大華出版社1971年版，第65頁。
〔註41〕崔弼：《學海堂集》卷16，《新建粵秀書院學海堂記》。
〔註42〕孫星衍：《詁經精舍題名碑記》，見陳谷嘉，鄧洪波主編：《中國書院史資料》，
　　　　第1704頁。
〔註43〕《柳浪聞鶯》，《申報》1897年3月27日，第2版。
〔註44〕張鋆：《詁經精舍志初稿》，《文瀾學報》第2卷，第1期，第37頁。

官階姓氏，以備核對，如有不符，即行扣除。」〔註45〕生徒之中寄卷應課者亦為常事。俞樾掌教時期，在學術取向上大體未變，「則專課經義，即旁及詞章，亦多收古體，不涉時趨。光緒初年，時人稱詁經精舍「專取通經工賦之士，經解、詞賦兩者並重」〔註46〕，大抵如此。粵省學海堂，由阮元創設於道光四年，「為課通省舉貢生監經解詩古之所」，「每歲分為四課，由學長出經解文筆，古今詩題，限日截卷，平定甲乙，分別散給膏火」，初不分等第，道光六年，由學長酌定等第及膏火數目。

在詁經精舍、學海堂的倡導和影響下，各地出現越來越多的專課經古之書院，其中尤以省會之地為多，各省相繼建立了專課經古之書院。湖南湘水校經堂為道光十一年時任湖南巡撫吳榮光創設於嶽麓書院內，按吳榮光，廣東南海人，嘉慶四年進士，阮元為其座師，吳榮光遂從阮元問學，二人關係密切。道光五年，吳榮光回鄉省親，時值阮元於兩廣總督任上並創設學海堂，二人曾於學海堂會面，〔註47〕故而吳榮光於阮元之學術取向及學海堂之規制皆應較為瞭解和認同，故而有創設校經書院之舉措。校經書院仿學海堂之制，由嶽麓書院、城南書院兩山長主持，「一歲四課，一季分課一經，因人而授之課程。」「以十三經、諸史、古文、駢體、騷賦詩試士」，然道光十六年吳榮光去任後漸而廢弛。咸豐末年，巡撫毛鴻賓重開之，旋即廢弛。光緒五年，時任湖南學政朱迺然重新恢復，並將其從嶽麓書院遷出，改設在天心閣側，原城南書院之舊址，定肄業生額二十四名，其中商籍四名，生徒多由學政調撥，生徒分習諸經，「每月兩課，官及館師以本經設問，其能習兩經以上者，以兼經設問。」〔註48〕

金陵惜陰書院為道光十八年兩江總督陶澍創設，仿詁經精舍、學海堂例創建，專課經解詩古文辭，不及制藝，書院定規肄業生「應由兩書院山長、監院各就院中肄業諸生將其能攻經文者保送。其有在書院而尚未著名，及素未在書院之舉人，本不與書院課者，自信鑽研有素，一體聽其報名投考，聽候監院示期甄別，齊集局試，取定甲乙，送入書院。」「除開課日齊致書舍外，餘課皆領卷歸家，各就所佔之題，檢尋推究，五日交卷，候閱取榜示。」因依

〔註45〕《南屏曉鐘》，《申報》1897 年 2 月 21 日，第 2 版。
〔註46〕《杭城甄別》，《申報》1882 年 4 月 12 日，第 2 版。
〔註47〕周利峰：《吳宗光與阮元書法交遊考》，《北方文學》2015 年第 6 期。
〔註48〕左調元：《擬校經書院學約》，鄧洪波主編：《中國書院學規集成》，第 1076 頁。

託於鍾山、尊經書院而設，因此無膏火而僅有加獎，「每課入式之卷，超等第一名給優獎銀四兩，二、三名各給銀三兩，四、五名各給銀二兩，六名以下至末，皆給銀一兩。」〔註49〕江西經訓書院為道光二十年時為江西按察使的劉體重創設，其創設原由即為不滿於其時江西書院皆以制藝課士，「習制藝者每不甚留意經書」之現象，在繼任按察使溫予巽等踵成之，書院課士「於經解策論外，專課詩賦，而制藝試帖則專歸之豫章、友教各書院。」〔註50〕然亦漸漸為科舉所化，「兼課以五經文藝及古今雜體詩之類」，甚至於大比之年改課八股試帖。〔註51〕廣西桂林榕湖書院為道光十四年時任布政使鄭祖琛創設，「因省垣舊有秀峰、宣成兩書院，專請時藝，……而於經古文辭乃往往未暇逮焉」，乃卜地於麗澤門內，建講舍一間，延師課士，「所重在經也，且以別予兩書院也」。〔註52〕因專課經古，亦稱經古書院。

　　蘇州正誼書院嘉慶十年年由時任兩江總督鐵保、巡撫汪志伊創設，課八股試帖，咸豐十年毀於兵燹。同治初年李鴻章重建，專課經解古學，李鴻章自述：

　　　　余平吳之次年，建復紫陽書院，課四書文，試帖如舊制。其明年，將復正誼書院舊制，與紫陽同，以肄業人眾，故分之。今人數不及半，分之則彌少。因念江寧有惜陰書舍，杭州有詁經精舍，廣州有學海堂，蘇州獨無。歲庚申，當事議建滄浪講舍，延宮允馮先生桂芬為之師。落成，課有日，而寇至。都人士惜之，予遂因正誼舊名而改，課經解古學。檄所可籌白金萬二千金，以萬金置田，以歲租為修脯膏火資，余購屋庇家具，屬郡紳顧觀察、文彬理董發斂之事，仍延宮允主是席，損益惜陰舊章，又參用湖南嶽麓城南等書院之式，招諸生之雋若而人宿院肄業，以年較長者一人為齋長。庶與安定學法合，即與宋元郡縣學法合。以漸幾乎三代上鄉學之法，亦無不合。〔註53〕

　　廣州菊坡精舍，同治六年由時任廣東巡撫蔣益澧創設，為「專課通省舉

〔註49〕陶澍：《惜陰書舍章程》，鄧洪波主編：《中國書院學規集成》，第198～199頁。
〔註50〕光緒《南昌府志》卷十七《學校》。
〔註51〕《經訓書院甄別日期》，《申報》1876年4月18日，第3版。
〔註52〕鄭祖琛：《創設榕湖精舍記》，光緒《臨桂縣志》卷十五《建置志》。
〔註53〕李鴻章：《改建正誼書院記》，《李鴻章全集》（三十七卷），合肥：安徽教育出版社2008年版，第55頁。

貢生監經史詩賦之所」，「每月定期初八、十八、二十八日三課，在精舍局試。當日繳卷，不准繼燭，如違即除名出院。」「每歲分為十二課，自督、撫兩院及藩、臬、運糧道挨次輪課，周而復始。其官課卷。即封送院長校閱。除官課外，每月小課，應由院長酌定，每月兩課。」「除舉、貢外，其廩、增、附、監各生，或經學院考取各屬經古，方准與試，或由三書院山長考取前列，酌送與課，准各該生先期赴菊坡精舍，由監院處親填履歷，以便匯列名冊，屆期點名給卷。其有賢良方正，奇材異能，可膺特薦者，另候各道、府、州、縣核實保舉，填注考語，另文申送到院入課，以副搜訪真才至意。」〔註54〕

湖北經心書院為同治八年時任湖北學政張之洞創設，「專以研究經史、講求實學」，「以經解、史論、詩賦、雜著這四科來課士，引導學生們致力於古學之鑽研。選調來院的學子，願習何科，可任意上四科中之一或二科。各科各設分教一人，」〔註55〕福建致用書院同治十二年時任巡撫王凱創設，「專考經史」，無論舉貢生監，均准與考，書院定規「每月只以初八日一課為率，除每年二月初旬，監院官稟請督、撫兩院親監甄別外，其餘月課，均由山長評定甲乙，」「每課皆局門考試，課題或經解，或策論，或雜文，不拘作幾藝，均准。交卷以酉刻為限，逾限不閱。如有續成各藝，自備卷折，准交監院。補繳仍以五日為限，逾限不收。攜卷出者，以缺課論。匿卷不繳者，扣名。不完卷者，扣名。」〔註56〕

陝西則有味經書院之設，同治十二年時任學政許振禕創設於涇陽，「他書院專課詩文，味經之設則要以實學為主，令諸生逐日研究《欽定七經》及綱鑑諸史、《大學衍義》、《補文獻通考》等書。引之識義理，稽故實，手抄口誦，日漸淹貫，匪惟腹笥可充，既政事差知條理。其設課也，則合制藝、論策、經解、詩賦法‧戒錄分課，一一為之，使之知學古之為貴。」〔註57〕

除省會之地外，府州之地亦漸而出現專課經古之書院。太倉州安道書院，附設於婁東書院，同治四年時任知州方傳書詳定章程，另行甄別，分課經解、性理、策論、古學，花紅官課給前六名，師課給前四名，仍一州四縣論課。同

〔註54〕《廣州菊坡精舍章程》，鄧洪波主編：《中國書院學規集成》，第 1302～1303 頁。

〔註55〕楊湖樵：《經心書院述略》，見全國政協文史和學習委員會編：《文史資料選輯》第九十九輯，北京：中國文史出版社 2011 年版，第 69 頁。

〔註56〕王凱泰：《致用堂章程》，鄧洪波主編：《中國書院學規集成》，第 550～552 頁。

〔註57〕許振禕：《創修味經書院疏》，宣統《重修涇陽縣志稿》卷六。

治九年，定額去經解生童各十六名，古學生童各十四名，花紅仍以次遞減，每年官師各十課，每期官課花紅共四十千八十文，師課花紅共二十千四百四十文，由一州四縣捐廉發給。後又添設肄業經學生童內外課，同治十二年移入尊道書院，內課八名，每月給五千文，外課十二名，每月一千文。月課經解、古學仍在安道書院。〔註58〕尊道書院初定章程，諸生各報專經，以日記考其勤惰，後漸名存實亡。光緒十四年改課制藝，間以經史雜著定為內課、外課、隨課，每月立專課兩期，課內課生童。合課兩期，兼課外課、隨課生童，以住院膏火作為獎賞，以次遞減。光緒二十四年改章，裁撤專課，於初六、二十四兩日內、外、隨課合課，每月上期課以經史、性理，下期課以制藝，獎賞照舊。「其內、外、隨課生童有志實學者，仍照立院時章程報專經，以日記考其課業，由山長稽其勤惰，優者送州核獎賞。」〔註59〕

台州府廣文書院，同治六年知府劉墩建，後更名為三臺書院，專課經古，「每年考試甄別後，凡生童取列正副課者，另行報名填冊注明「經解古學」及「默經」字樣，聽候示期另試。挑取生員十二名，童生八名。生員月加膏火錢八百文，童生月加膏火錢四百文。每月定於二十九日，加考經古一次，另加獎賞，在府署點名給卷。如有曠課，亦計課按月扣除膏火。」〔註60〕同治八年浙江湖州安定書院，承襲「宋胡安定先生教授湖州，以明體達用為教，分經義、治事兩齋」之遺意，即安定祠為安定書院，「專課經義古學，仿詁經精舍之用意，補愛山書院之不足」。「每課以一賦一詩為完卷，無賦詩者，作不滿卷論。每逢大比之年，經解改作經文」，舉貢生監皆可與考。〔註61〕「內課十名，外課十名，各給膏火有差，附課不定額，不給膏火。」〔註62〕湖南岳州府慎修書院於光緒十一年改制，時任知府文鏞以府城岳陽書院僅課八股試貼，「於經術闃然無聞」，乃借文昌宮地，添設一經古課，並於光緒十三年倡建書院，名曰慎修書院，初生童課額四十名，光緒二十一年，岳陽書院大

〔註58〕光緒《太倉直隸州志》卷十二《學校》。
〔註59〕民國《太倉州志》卷九《學校》。
〔註60〕劉璈：《重定正學、東湖、廣文書院規條》，鄧洪波主編：《中國書院學規集成》，第448頁。
〔註61〕楊黼香：《興復安定書院章程》，鄧洪波主編：《中國書院學規集成》，第375頁；宗相文：《重訂安定書院章程》，鄧洪波主編：《中國書院學規集成》，第375～376頁；郭谷齋：《參訂安定書院章程》，鄧洪波主編：《中國書院學規集成》，第377頁。
〔註62〕光緒《歸安縣志》卷三《學校》。

修後，慎修書院生童歸併岳陽書院居住，其址改為府學東西兩齋，光緒二十二年課額增為一百名。〔註63〕

浙江龍游復英書院創設於同治十年，時任龍游知縣李宗鄴將城西三官堂通院拆建，因絀於經費，未能延師開課。光緒十年龍游知縣余延英集資銀洋二千三百元生息，為復英書院延師開課。光緒二十一年，知縣張焜整頓書院，通過多種手段籌集洋四千元存典生息，作為鳳梧書院經費，其中即包括復英書院之盈餘。因此產生將復英書院歸併鳳梧書院之議，「第恐一經歸併，復英幾成廢棄」，於是「稟明各憲，請將復英書院另開小課，專試經古，歲開數課，就其原有租息量給花紅。如此相輔而行，亦鼓勵人材之一道。願考古學者，亦於開考甄別之先報名註冊，以便另行甄別，定期開考，與試諸生當亦樂於從事。」〔註64〕則復英書院成為附屬於鳳梧書院之專課經古之書院。

二、兼課經古之書院

由學海堂、詁經精舍開創的書院課試經古之風，亦吹入專課八股試貼之書院，利用師課、小課等形式，越來越多的書院出現兼課八股試貼與經古之學的狀況。以江浙之地，鎮江府寶晉書院道光年間「前府寶、前府趙俱於月課外提前二十名到署，另行小課詩賦、經解、策論。」後輟。「前道李、前道姚俱於月課外另課詩賦雜體，捐廉加獎，後沿為例。迄同治九年，前道沈提前列者人署，課詩賦雜體，獎資較優於前。」〔註65〕道光二十六年東林書院「每月添設小課一次，生經文三篇，或論賦各一篇，或八韻試帖二首，或古今體詩數首。每月師課命題於交卷時發小課卷，不願領者聽。限三日交齊，過期不錄。」小課花紅「生第一名四百文，第二名至五名二百文。童第一名三百文，第二名至五名一白五十文。」〔註66〕同治四年，時任杭州知府薛時雨創設東城講舍，每月朔望兩課「朔課，杭州府知府暨仁和、錢塘兩縣命題輪課。望課，由山長命題，經藝外兼課訓詁、詞章、雜文。」〔註67〕揚州梅花書院同治五年由時任山長晏端書創設小課，其自述：「同治二年春，粵寇蕩平，百廢就理。省垣於鍾山尊經

〔註63〕《岳陽慎修書院志》，見趙所生、薛正興：《中國歷代書院志》（第五冊），江蘇教育出版社1995年版。

〔註64〕《鳳梧書院章程》，鄧洪波主編：《中國書院學規集成》，第425頁。

〔註65〕《寶晉書院規條》鄧洪波主編：《中國書院學規集成》，第224頁。

〔註66〕《詳定東林書院規條》，鄧洪波主編：《中國書院學規集成》，第249～250頁。

〔註67〕民國《杭州府志》卷十六《學校》。

兩書院外特設惜陰書院，試諸生以詞章訓詁之學，歸兩院山長校閱，優給膏火，以獎勵之。嘉惠士林，意良厚也。五年丙寅，余主梅花書院講席，擬仿惜陰書院之例，於安定、梅花兩書院常課外，各立專課，分歸山長校閱，舉人亦入梅花書院同課之。商諸合肥相國李少荃制軍，得允所請。」〔註68〕光緒六年揚州知府何金壽「增試廣陵書院詩賦、經解、策論，亦曰小課」。〔註69〕浙江東陽縣東白書院於光緒年間規定，「生員住院拾捌名，每月初十日、二十四日為小課」，「限十三日、二十七日繳卷。或經文，或經解，或詩賦，或策論、表疏，不拘一格，交卷概不准逾限，違者不閱。」〔註70〕光緒十二年，海門廳獅山書院「師課兼試經解古學，曰小課，生童額數各十名，但給獎賞無膏火。」〔註71〕浙江鄞縣鄮山書院光緒十三年定規自三月至十一月，每月兩課，朔為官課，望為院課，每課一文一詩。「經古，官課定三、八朔，院課定五、十月望。生童能經古者，須於三月課期以前先行填冊，以便按名備卷」，須三日內交卷。「經古花紅，生童各照官、院課獎給，不給膏火。」〔註72〕

安徽、江西、湖南諸地兼課經古之書院亦較多。道光年間戴鈞衡掌教安徽桐城之桐鄉書院時，添設經學課，「今與諸生約，人各專治一經，以歲時會課書院，山長發問，每經舉數事，各就所能言以對，對一事者獎若干，數事倍之。通全經者，歲給膏火常金，通二經者倍之，多者以次倍增。」〔註73〕「每歲大課春秋兩次」，「生童大課，四書文一首、試帖詩一首、律賦一首、經解一首，律賦、經解不能者聽。此因吾鄉現在通習律賦、經解者少，俟他年通習者多，於正課次日另作一場。錄取者，另作獎賞。」「每年大課之外另設小課，四書文一首、試帖一首外，經解、律賦各一，不能者聽，其章程亦與大課同。常董及值年董事量費用之裒絀，為小課之多寡，不能限定。每將小課，先期一月，董事出帖書院門首，並各要地張貼。其獎賞照大課減半。鄉試之年，即停小課，添設決科一次。」〔註74〕安徽涇縣之涇川書院道光十三年定規：「三

〔註68〕《梅花書院小課》晏端書序。

〔註69〕光緒《江都縣續志》卷十六。

〔註70〕《東白書院章程》，鄧洪波主編：《中國書院學規集成》，第442頁。

〔註71〕光緒《海門廳圖志》卷十三《學誌》。

〔註72〕《鄮山書院條規》，鄧洪波主編：《中國書院學規集成》，第355～357頁。

〔註73〕戴鈞衡：《書院雜議四首》，鄧洪波主編：《中國書院學規集成》，第470～471頁。

〔註74〕《桐鄉書院章程》，鄧洪波主編：《中國書院學規集成》，第465～466頁。

月、四月、五月，每逢十六日及十一月初二日定作散課，於一文一詩外，增論辨、經解、策賦，不拘一體。其課題試卷著看守書院人先期分送，限半月內繳交匯齊，呈請山長評閱。」〔註75〕江西義寧州梯雲書院於光緒十八年定規每月初六日，州憲官課作文作詩，每月十三日、二十三日，山長命題作文作詩。每月二十八日，聽候山長考試古學。「取列正課五名，前者賞錢照依文課，其餘亦照文課給賞。」〔註76〕鳳巘書院於光緒元年定規，「每月官課詩文一次，初十日接卷，十三日齊卷。師課詩文一次，十四領題接卷，十七齊卷，課經古一次，十八領題接卷，二十一日齊卷。」湖南芷江縣秀水書院於道光十七年定規，「課期，本縣辰刻赴院點名試題，每月初二、十六日兩課。初二試四子書文一、試帖詩一。十六日試經藝、經解、策賦、論辨、考判、古今詞歌、雜行諸體，定於本日戌刻繳卷，由院匯齊送署。」〔註77〕

湖南瀏陽縣獅山書院於道光年間定規，逢八散課，「由院長別設一課，以經解、策論、詩賦各體命題，隨取數多寡照逢三館課發獎」，即生監超取五名，獎錢六百；童生上取十名，獎錢九百。〔註78〕瀏陽縣洞溪書院與之類似，除逢三之課外，「每月十八經古課，院長兼出四書題，但時文不給賞。古學、經學、史學、算學卷內外前列，照逢三課獎賞，如內不列超等，外不列上卷，均不給獎。」〔註79〕湖南益陽縣箴言書院咸豐十年定規，「課期月三次，其初二、二十三兩次，皆試以四書文、應制詩，遵功令也。其十三一次，專以經史、解論及經文命題，古文詩賦課，亦附於此。」〔註80〕湖南衡陽府石鼓書院，「同治二年，知府張士寬月課石鼓，以衡士工文不工詩，餘因勸其於常課外，添課詩賦。張欣然許諾，捐廉俸每月一次，而親評騭之，酌加獎賞。大約一歲中費二百餘緡，所得佳篇極多。」〔註81〕後添設經古課，「書院月課向止一文一詩，今添課經解史論及古近各體，不作者聽人自便。」「經史除課卷外，諸生

〔註75〕《涇川書院規條》，鄧洪波主編：《中國書院學規集成》第 506 頁。

〔註76〕《梯雲書院學規》，鄧洪波主編：《中國書院學規集成》，第 680 頁；《梯雲書院院規》，鄧洪波主編：《中國書院學規集成》，第 682 頁。

〔註77〕胡禮箴：《酌定秀水書院條規》，鄧洪波主編：《中國書院學規集成》，第 1225 頁。

〔註78〕《獅山書院條規》，鄧洪波主編：《中國書院學規集成》，第 1142～1143 頁。

〔註79〕《洞溪書院章程》，鄧洪波主編：《中國書院學規集成》，第 1146 頁。

〔註80〕胡林翼：《箴言書院選士》，鄧洪波主編：《中國書院學規集成》，第 1231 頁。

〔註81〕（清）李揚華撰；鄧洪波、劉文莉校點：《國朝石鼓書院志》，長沙：嶽麓書社 2009 年版，第 212 頁。

可隨時來見，質疑問難，務求學有根柢，不蹈空虛影響之弊。」〔註82〕福建南安縣詩山書院於光緒十八年年定規「師課除常例一文一詩外，應兼課經解、論策及雜作。如何課法，南山長酌定命題。」〔註83〕

河南開封府彝山書院於道光二十二年定規，「每月初二日府課，十六日縣課，初九日、二十四日齋課，四課中三課一文一詩，一課出賦論古今體詩題目。」〔註84〕道光二十五年將違反文字程序及缺課之扣罰款，「專作考古學一場獎勵」，「定以上取二十名，一名四錢，二、三、四、五名三錢，六名至二十名二錢。中取前二十名一錢，每次共需銀六兩六錢。不敷之時，由齋課獎賞補足。」〔註85〕河南靈寶縣荊山書院，光緒元年知縣程國棠於每月堂課、齋課外，加課經古，優給獎賞，起初「應課者尚不過數十名人。迨十月間，每課生童竟有二百二十餘人之多，應課經古者亦有二百餘人。」光緒二年重訂章程，「經古課生員取超等一名，給銀一兩；童生上取一名，給銀八錢，餘無獎銀。」〔註86〕河南豫南書院於光緒十七年由時任南汝光淅兵備道朱壽鏞創設，每月初二日首課，一文一詩，局門應試。十二日「課經史詞章、算學、雜學，限五日內交卷，拔取不拘名數。」前列者酌予優獎。二十二日山長師課。〔註87〕

然兼課經古之書院，經古課動輒廢弛之事亦較為常見，如光緒十年淮安府清和縣之崇實書院，「漕憲聞江陰有南菁書院之設，而相去千里，不克使淮北生童裏負笈以從。爰特開課經學、古學，於每月十六日在崇實書院發題領卷，漕憲、道憲各課兩日，嗣後六日則輪流課試。計生員定額十五名，超等花紅銀一兩六錢。童生定額十五名，超等花紅銀一兩二錢，餘均以次遞減。」〔註88〕然「花紅□寥寥無幾，諸生皆不副所期，故每逢課期交卷者不過百人而止，其堪列前茅者，幾艱其選云。」〔註89〕光緒十三年，「諸生請易經解為

〔註82〕《石鼓書院館規》，鄧洪波主編：《中國書院學規集成》，第 1179 頁。
〔註83〕《詩山書院章程》，鄧洪波主編：《中國書院學規集成》，第 597〜599 頁。
〔註84〕史致昌：《彝山書院復位章程》，鄧洪波主編：《中國書院學規集成》，第 883 頁。
〔註85〕史致昌：《續定考古學獎勵正副課應升應降每月支領膏火章程》，鄧洪波主編：《中國書院學規集成》，第 886 頁。
〔註86〕程國棠：《重修荊山書院章程》，鄧洪波主編：《中國書院學規集成》，第 930 頁。
〔註87〕朱壽鏞：《豫南書院章程十條》，鄧洪波主編：《中國書院學規集成》，第 959 頁。
〔註88〕《袁江雜錄》，《申報》1884 年 4 月 10 日，第 2 版。
〔註89〕《袁江雜錄》，《申報》1884 年 9 月 3 日，第 2 版。

經藝，盧藝帥允之，刻已仍循原章課試矣。」〔註90〕寧波月湖書院光緒十三年停經古課，「寧波月湖書院經費向有公款生息尚不敷用，每年由洋藥局提解平餘銀兩，賴以接濟，由來已久。不意本年洋藥釐金改歸海關徵收，以致書院經費頓形短絀，現經府憲胡練溪太守將各項經費量入為出，自山長修膳及生童花紅膏火逐一酌減，並將經古兩課停止，以節經費。」〔註91〕

三、上海書院經古之風的興起及發展

清代在上海首開經史之學風氣者為南匯縣之芸香草堂，咸豐七年時任南匯知縣馮樹勳在惠南書院東，文昌宮舊址捐廉三千貫築客舍，以其在南海時所居「芸香草堂」為名。書院遵阮文達西湖詁經精舍例，以經史詩賦課士，人不限地，額不拘人，定常年六課，後因戰亂，款項無存，課亦酌減，年均為四課。〔註92〕時稱「惠南書院廟之東，梅館芸堂也竣工。或課詩文或經史，俱談實學不談空」〔註93〕，「八股文章書院課，特添經史破天荒。瓣香合奉儀徵阮，追溯淵源學海堂」〔註94〕，「吾邑自芸香草堂重興後，士人始知樸學。」〔註95〕此後，馮桂芬於敬業書院亦開經史之風。敬業書院於乾隆十三年由江蘇按察使翁藻及上海縣知縣王侹創設，初名申江書院，後歷任巡道及知縣多有修築。乾隆三十五年、巡道楊魁集資重建書院，改名為敬業書院。道光年間總督陶澍立「果行育德」匾額，巡撫林則徐立「海濱鄒魯」匾額。同治元年，時任蘇松太道吳煦遷敬業書院於縣東南學宮基〔註96〕。「其章程則每歲上課道縣月間一課，每月又有師課一次，評定甲乙，優給膏火。仲春之月，道憲詣院甄別，點名給卷局，試客籍及本學各生童。」〔註97〕師課若山長因事或出缺難以主持，則由上海縣教諭命題課士，書院考課面向所以願意應課之舉貢生童，並無籍貫之限。同治十年，敬業書院開始作考棚，每年舉辦兩屆縣

〔註90〕《袁江雜錄》，《申報》1887年1月8日，第3版。
〔註91〕《書院改章》，《申報》1887年3月18日，第2版。
〔註92〕光緒《南匯縣志》卷七《學校志》。
〔註93〕顧炳權編著：《上海歷代竹枝詞》，上海：上海書店出版社2001年版，第320頁。
〔註94〕潘超，丘良任，孫忠銓等主編：《中華竹枝詞全編》（二），北京：北京出版社2007年版，第481頁。
〔註95〕民國《南匯縣續志》卷《風俗志》。
〔註96〕同治《上海縣志》，卷九《學校》。
〔註97〕《敬業書院甄別》，《申報》1878年3月9日，第3版。

試，此外亦為蘇松太道觀風蘇松太三屬生童之所〔註98〕。咸豐十一年七月二十日，應江蘇巡撫薛煥之聘，馮桂芬主講上海敬業書院，達三年之久〔註99〕。馮桂芬任書院山長後，首開書院實學風氣，書院課士，提倡經學〔註100〕，所命題則如《迺積迺倉，乃裹餱糧，於橐於囊，思輯用光》、《爰整其旅》、《春秋修其祖廟，陳其宗器》等〔註101〕。

敬業書院自馮桂芬辭任後，漸回歸八股試貼的老路，繼之而起倡導經史學風的則有龍門書院及上海詁經精舍。龍門書院於同治四年由時任蘇松太道丁日昌創設，並「捐銀一千兩以備經費」，不久丁日昌遷兩淮鹽運使，繼任蘇松太道應寶時接辦。創辦之初「其始止就蕊珠書院之湛華堂延請山長主講，按月分課以《性理精義》、《小學》、《近思錄》等書，命題兼及經解、史論，考取入院者每月別給膏火」〔註102〕。同治六年年應寶時購得南園西李氏吾園廢基正式興辦，建有講堂、樓廊及學舍四十一間。又從道庫撥銀一萬兩作為辦學經費。禮聘名儒劉熙載擔任山長，購置書籍。書院創辦時由應寶時出題甄別，考錄蘇州、松江、太倉三府願與課之舉貢生監二十名作為書院第一期肄業生。此後，在劉熙載的主持下，書院各方面制度愈益完善，規定：「住院肄業諸生額共三十名，每年十一月由道甄別。及三八月投課錄取各屬舉貢生監，挨次序補。每人月給膏火自四兩至八兩不等，課以經史性理為主，而輔以文辭，尤重躬行。人置行事日記、讀書日記各一冊，每日填記，逢五十日呈請院長評論。每月十三日院課，不住院者亦與，但給獎賞，無膏火。」〔註103〕，「每歲除正月、六月、十二月無課外，率於十一月預行次年甄別，其餘月課由山長命題兩道，首題為性理論，此則經解、策論。」〔註104〕書院學風雖有性理為中心，但經史諸學亦為其中的重要內容，並且尤其強調學有專長，「凡

〔註98〕　《署理江海關道褚觀察觀風蘇松太三屬生童題》，《申報》1878 年 6 月 11 日，第 2 版。

〔註99〕　熊月之編：《中國近代思想家文庫～馮桂芬卷》，北京：中國人民大學出版社2014 年版，第 338 頁。

〔註100〕　姚明輝：《上海的書院》，載上海市文史館文史資料工作委員會編：《上海地方史資料（四）》1986 年，上海：上海人民出版社，第 17 頁。

〔註101〕　馮芳緝：《馮申之先生日記》，見《清代日記匯抄》，上海：上海人民出版社1982 年版，第 287 頁；第 289 頁。

〔註102〕　同治《上海縣志》卷九《學校》。

〔註103〕　同治《上海縣志》卷九《學校》。

〔註104〕　《書報紀黃堂課士後》，《申報》1896 年 7 月 8 日，第 1 版。

肄業者必先從事於《小學》、《近思錄》以正其志趨，後及群籍，以備考索，故凡經史諸書悉購置焉。」〔註105〕「所研習除理學外，或兼經學、小學，或兼史地、掌故、天文、算術，或兼工詩、古文辭，至少必有一丁專長」〔註106〕。涂宗瀛在蘇松太道任生制定了《龍門書院章程六則》，尤其強調了書院的學術取向：

> 書院專課論策，以經史性理命題，蓋一取明體，一取達用。略法胡安定經義、治事兩齋之意，所以培士風、正學術，養賢育才，備異日非常之任，其意較課時文為尤切也。惟是百年樹人，功遲效大，必不可隨時輒改。茲已將課士之法詳定，督撫各憲永為定章，此後或有官長擬改課時文，董事及肄業生即援定章詳稟。或董事及肄業生稟請官長改課時文及詩賦等學，致與定章不符者，官長即行諭止。須知書院之設，專為人材起見，有體有用，學問始真，非僅習進身之具也。〔註107〕

同治十二年時任蘇松太道沈秉成因上海「自龍門以外，率以制義為宗，間及詩賦，無有以經史切磋者」，而龍門書院容納人數有限，創設上海詁經精舍，聘請俞樾為山長，命題評卷，書院以杭州之詁經精舍為命名，直接表明了其學術取向，「課士不尚詩文，專講經史」〔註108〕，其命題如光緒三年夏季考課命題為《勿士行枚解》、《三英粲兮解》、《大夫祭五祀考》、《知類通達說》；光緒四年春季考課命題為《周頌絲衣章解》、《震澤底定考》、《論語或問禘之說章解》、《子謂伯魚女為周南召南章解》〔註109〕，書院後併入求志書院，而上海書院亦由經古之學向西學新學轉型。此外，尚有川沙廳觀瀾書院於同治十三年由時任同知陳方瀛按月增設小課，「以經史、性理等書命題，兼及掌故、詞章，考取者別給膏火。」〔註110〕

〔註105〕同治《上海縣志》卷九《學校》。

〔註106〕沈恩孚：《上海龍門書院紀略》，《人文月刊》第八卷9～10期，1937年12月。

〔註107〕《中國教會新報》，1870年，第94期，第6～8頁。

〔註108〕《論滬城新設詁經精舍》，《申報》1873年03月17日，第1版。

〔註109〕《詁經精舍課題》，《申報》1877年7月14日，第3版；《上海詁經精舍劉觀察春季課題》，《申報》1878年3月26日，第2版。

〔註110〕光緒《川沙廳志》卷二《建置》。

第三節　光緒年間由經古學向西學新學之轉型

　　光緒年間，伴隨西學東漸與西力東侵，經古學的範圍愈加變化，詞章之學愈益淡化，算學、輿地、時務等學愈益佔據重要地位，涵蓋越來越多的西學西學內容，並且通過傳統分齋設學逐漸向西方分科之學轉變，最終在國家政令的推動下，西學新學逐漸佔據了書院考課制度的中心地位。誠如梁啟超所述：「中國舊學，考據、掌故、詞章，為三大宗；啟超竊嘗見儕輩之中，同一舊學也，其偏重於考據、詞章者，則其變而維新也極難；其偏重於掌故者，則其變而維新也極易。蓋其人既以掌故為學，必其素有治天下之心，於歷代治亂興亡、沿革得失所以然之故，日往來於胸中；既遍思舊法何者可以治今日之大下？何者不可以治今日之天下？抉擇既熟，圖窮匕見，乃幡然知泰西之法確有可採，故其轉圜之間廓如也。」〔註111〕

一、經古學的拓展及分齋課士之制的推廣

　　四川尊經書院為同治十三年時任川督吳棠、學政張之洞等創設，光緒元年招生肄業，「以通經學古課蜀士」，不課八股試貼〔註112〕。光緒元年，廖平入院肄業，「所課為經、史、小學、辭章，尤重通經。人立日記一冊，記每日看書起止及所疑所得。山長五日與諸生一會於講堂。監院呈同記，山長叩詰而考驗之。不中程者有罰。月二課，課四題（經解一、史論一、賦與雜文一、詩一。）」〔註113〕光緒二年，張之洞於《四川省城尊經書院記》中稱，「經史、小學、輿地、推步、算術、經濟、詩古文辭，皆學也」〔註114〕，並倡導「由小學入經學者，其經學可信；由經學入史學者，其史學可信；由經學、史學入理學者，其理學可信；以經學、史學兼詞章者，其詞章有用；以經學、史學兼經濟者，其經濟成就遠大。」〔註115〕並且尤為強調經濟之學的重要性，認為：

〔註111〕梁啟超：《與林迪臣太守書》，《飲冰室合集‧文集》（第二冊），北京：中華書局 2015 年版，第 2 頁。

〔註112〕張之洞：《四川省城尊經書院記》，鄧洪波主編：《中國書院學規集成》，第 1487～1490 頁。

〔註113〕張遠東、熊澤文編著：《廖平先生年譜長編》，上海：上海書店出版社 2016 年版，第 27 頁。

〔註114〕張之洞：《四川省城尊經書院記》，鄧洪波主編：《中國書院學規集成》，第 1487 頁。

〔註115〕張之洞：《書目答問》，見苑書義、孫華峰、李秉新主編：《張之洞全集》第 12 冊，石家莊：河北人民出版社 1998 年版，第 9976 頁。

扶持世教，利國利民，正是士人分所應為。宋范文正、明孫文
正，並皆身為諸生，志在天下。國家養士，豈僅望其能作文字乎？
通曉經術，明於大義，博考史傳，周悉利病，此為根柢。尤宜討論
本朝掌故，明悉當時事勢，方為切實經濟。蓋不讀書者為俗吏，見
近不見遠；不知時務者為陋儒，可言不可行。即有大言正論，皆蹈
《唐史》所譏「高而不切」之病。（本朝書必宜讀者甚多，但《皇朝
三通》、《大清會典》之類，寒士不易得見。若《聖武記》、《滿漢名
臣傳》、《皇朝經世文編》、《國朝先正事略》之類，坊間多有，必須
寓目，有志經世者不厭求詳。）〔註116〕

　　書院本擬延聘名儒分科講授，然限於各種條件未能實行，書院官師課共
兩課，每課經解一、史論一、雜文與賦為一、詩一。光緒四年，書院首次刊刻
課藝集《蜀秀集》，學政潭宗濬總結書院學風為「課之以研經，引之以讀史，
旁兼諸子，下逮百家」〔註117〕。時人稱：「《蜀秀集》粗得包舉眾藝，表現群
英，識者謂與詁經、學海相頡頏。」〔註118〕集分九卷，其中一到五卷為經史、
考據之學，文體分為經解、考、釋、書後、論、贊、頌、露布等多種形式，共
四十一題、六十五篇，卷六至卷九則為詩賦，數量頗大。〔註119〕可見在實踐
之中，經古學之範圍仍然限於經史詞章之學，且詞章之學地位依舊十分重要。

　　光緒二年，時任蘇松太道馮焌光於上海創設求志書院，求志書院考課不
考八股試帖，「設為六齋，曰經學、曰史學、曰掌故之學、曰算學、曰輿地之
學、曰詞章之學」，分齋命題課士。分齋設學由北宋胡瑗教學蘇、湖之時創設，
並延續成為中國古代重要的教學制度〔註120〕。馮氏分齋師胡氏之意，亦與馮
焌光之學術志趣及其廣方言館之教學實踐密切相關。按馮焌光，廣東南海人，
道光十年生，咸豐三年中舉，後數次會試不第，「乃發憤為幹濟之學，詳究中
外地理、算學、制船、制炮之法，」咸豐八年始，先後佐幕於曾國藩、李鴻章
處，同治四年與丁日昌等一同總理局務。同治元年廣方言館開辦，分經學、
史學、算學、詞章為四類，凡肄業者算學與西文須逐日講習，其餘經史各類，

〔註116〕張之洞：《輶軒語》，苑書義、孫華峰、李秉新主編：《張之洞全集》（第十二
　　　　　冊），第9773～9774頁。
〔註117〕譚宗濬：《蜀秀集・序》，見《蜀秀集》，光緒五年乙卯刊於成都試院。
〔註118〕王祖源：《尊經書院初集・序》，《中國歷代書院志》第16冊，第3頁。
〔註119〕《蜀秀集》，光緒五年乙卯刊於成都試院。
〔註120〕別必亮：《論中國古代分齋教學制度》，《高等師範教學研究》1994年第4期。

隨其資廩所近分習之〔註121〕。同治五年，馮焌光署理江南製造局局務，同治
八年廣方言館併入機器製造局，鄭藻如、馮焌光修訂章程，除重視西文、西
藝之外，還特別強調了經學、史學、小學、算學、時文的重要性，設定了相關
課程，並規定「每月除初一、十五西教習課試西學外，初八、二十四日就所讀
經史，試以策論，或以覘其心得，間課以八股制義，如兼通算學製造，則試以
條說」。〔註122〕

　　在求志書院分齋課士之制度的影響下，陸續開始有書院實行分齋課士制
度。光緒五年，寧波知府宗源瀚創設寧波辨志書院，分為六齋課士，「仿考據、
義理，為漢學、為宋學；取經濟致用之意，為史學兼掌故、為輿地、為算法，
而華之以詞章焉」，「每齋延專精是學者為齋長，校閱課卷」。按宗源瀚，字湘
文，江蘇上元人，監生，少佐幕，光緒初年歷任浙江測繪局總辦，衢州、嚴
州、湖州知府等職，光緒四年初調任任寧波知府，宗氏「少即讀有用之書，文
實岸然，不沾沾於章句」，長於文學，尤精輿地。其認為：「學必視其所志，姚
惜抱之論學分考據、義理、詞章三途。曾文正益以經濟，以配孔門四科。近日
上海求志書院分經、史、掌故、算法、輿地、詞章以課士，為學之途雖不一，
而範圍曲成不外乎是。功令雖以時藝取士，而五經策問非淹貫者不能奪席。
自末流務趨便捷，遂若四書文外可以束書不觀者。我朝碩輔魁儒，大半出自
科目，其進身未嘗不以時藝，而其所以稱物望而垂不朽者，必別有安身立命
之地。」〔註123〕相較於求志書院，辨志書院之分齋課士更具學術分科之意義，
時論稱：「同時上海創設求志書院有經學、史學、掌故、輿地、算學、詞章六
齋，未幾而寧波亦設辨志文會分漢學、宋學、輿地、史學兼掌故、天文算學、
詞章六項，蓋上海因有龍門書院專課性理，故求志不設宋學，而辨志既以漢
宋並列，遂並掌故於史學，又以天文為算學首要，故特標天文算學。其立名
雖互異，要皆賅括一切，足與時文相輔而行。」〔註124〕求志書院及辨志書院
皆為考課式書院，不限功名、不限籍貫、無甄別之制，可隨課投考，且可寄卷
應課。求志書院實行季課之制，夏課四月、秋課七月、冬課十月、春課二月，
「課期定在朔日，無論遠近均以散題之日為始，繳卷限兩月截止。每季榜發

〔註121〕《江海關道詳南洋通商大臣李》，《廣方言館全案》，上海：上海古籍出版社
　　　　1989 年版，第 111 頁。
〔註122〕《總辦機器製造局鄭、馮上督撫憲稟》，《廣方言館全案》，第 132 頁。
〔註123〕《增設辨志文會示》，《申報》，1879 年 2 月 18 日，第 2 版。
〔註124〕《書江西黃學使甄別經訓書院示諭後》，《申報》1896 年 6 月 3 日，第 1 版。

後，如續有佳卷寄到，酌取附刊。」〔註125〕辨志書院「每年課朔，二、三、四、五、七、八、九、十、十一月、閏月，如之逢歲科試、鄉會試酌停。每月朔日發題，郡城即貼於孝廉堂、月湖書院。外縣均郵寄各學，交教官收掌。」〔註126〕且兩書院考課獎勵優渥，故而應課者眾多，激蕩士風之作用亦十分明顯。光緒八年至光緒十一年間，時值高釗中任湖北學政任上，經心書院諸生稟請高氏希望能改革書院章程，「生等欲倣粵東學海堂及上海求志書院、寧波辨志文會分門課士之法」，並參照張之洞尊經書院課式，實行分齋課士，「曰經學，小學屬焉；曰史學，輿地屬焉；曰經濟；曰詞章；曰數學，天算屬焉，而增至以理學。」〔註127〕

光緒八年時任江蘇學政黃體芳於江陰創設南菁書院，仿詁經精舍之例，專課通省經古，〔註128〕「每年正月由學政分經古兩場甄別，錄取經學則性理附焉，古學則天文、算學、輿地、史論附焉，所取內課經二十名，古三十名，有經古並取者止作一名，餘額則調取歲科兩試連列三次一等者補之。」書院以經學、古學分課士子，設內課生二十名，住院肄業，有膏火。外課生若干，應書院考課。書院每月朔望兩課，分超、特、一三等，各有相應獎賞。〔註129〕陝西味經書院於光緒九年柏景偉主持後改章，「其課以經學、史學、道學、政學為主，而天文、地輿、算法、掌故各學附之。至文章詩賦，則書院舊課所有，茲不復及」〔註130〕，不課詞章之經古書院，此為創始，凸顯出詞章之學在經古學之中的衰落。

受到中法戰事之刺激，光緒十一年，時任寧紹臺道薛福成於寧波創設崇實書院，課經解、史論、時務、算學等。光緒十四年定規每月二十一為齋課，「齋課題四書文一篇，排律詩一首，即日繳卷。冬寒日短，准將排律詩移於散課卷內。散課題雜文四篇，如漢學、宋學、星算、輿地、掌故、詞章、時務、洋務之屬，不拘一格，十日繳卷，逾限不閱。凡遇鄉試之年，二月至五

〔註125〕《書院季課章程八條》，《申報》1876 年 3 月 15 日，第 6 版。

〔註126〕《辨志文會章程》，《申報》，1879 年 2 月 18 日，第 2 版。

〔註127〕黃福：《代經心書院學生上高勉之學使請酌定章程稟》，湖北人民政府文史研究館、湖北省博物館整理：《湖北文徵》第十二卷，武漢：湖北人民出版社2014 年版，第 191 頁。

〔註128〕左宗棠：《江陰創建南菁書院動撥鹽票項下銀兩片》，左宗棠撰；劉泱泱等校點：《左宗棠全集》奏稿八，長沙：嶽麓書社 2014 年版，第 359～360 頁。

〔註129〕民國《江陰縣志》卷六《學校·書院》。

〔註130〕《味經書院教法》，鄧洪波主編：《中國書院學規集成》，第 1667 頁。

月，散課題改為經藝二篇，策問二篇，排律詩一首。」〔註131〕光緒十二年上
海格致書院創設考課制度，「課題仿照策問體裁，以洋務為主，旁及富國、強
兵、制械、籌餉之類。」「仿照上海道憲求志書院章程，每年春、夏、秋、冬，
分為四課。夏課四月，秋課七月，冬課十月，惟春課則在二月。」「均以朔日
為定期，散題分課，題目即登申報，以便遐邇皆知。自散題日為始，無論路程
遠近均以六十日為限交卷，春課以三月杪截止，夏課以五月杪為止，秋課以
八月杪為止，冬課以十一月杪為止，逾期一律不收」。應課者不限身份、功名、
籍貫等，徑可應課，外地則可「將卷寄至上海六馬路格致書院內帳房接收，
掣取收條，將來憑條領取花紅，惟信資均須自理。」〔註132〕

　　光緒十三年，直隸通州潞河書院鴻文社創設經義古學月課，其章程為：

　　　　通永道許諭為增鴻文社經義古學月課事。照得鴻文社與潞河書
　　院各課均考四書文試帖以習舉業。茲擬仿宋儒經義、治事成規，於
　　鴻文社正課之外，每月由道應州加課經古一次，俾諸生枕菲功深，
　　咸以文章報國、經濟佐時。現已敦請孫又軒山長專閱加課文卷，課
　　卷用白折兼考書法，其山長修脯暨白折課卷均由本道捐備。每月獎
　　賞道廳州輪給，為此開列規條，諭知舉貢生員，務各講求經史實學，
　　屆期應課，以屬本道諄諄勸學至意。此諭。

　　　　一、加課鴻文社經學，定期於九月開課，每月二十二日考課一
　　次。

　　　　一、課題按月輪考，如本月考經文、策學、七律三藝，下月即
　　考經解、律賦、論議三藝，兩月周而復始。

　　　　一、課題既備諸體，合經史子集中禮樂、兵農、天文、輿地、
　　水利、河務、海防、掌故，門類不一，異日筮仕，凡章奏教令，見
　　諸實政，悉基於此。諸生亟宜博覽群書，以儲經濟，是所厚望。

　　　　一、每課領題限三日交卷，遲者不錄，雷同錄舊者扣考。〔註133〕

　　張之洞於分齋設學之制的推行貢獻尤大。光緒十三年，時任兩廣總督張
之洞創設廣雅書院，調撥東西兩省各一百人入院肄業，「院內課程：經學以能

〔註131〕 薛福成：《崇實書院章程》，鄧洪波主編：《中國書院學規集成》，第352～353
　　　　 頁。
〔註132〕 《格致書院擬以藝文考試章程》，《申報》1886年2月13日，第10版。
〔註133〕 《監司愛士》，《申報》1887年11月25日，第2版。

通大義為主，不取瑣細；史學以貫通古今為主，不取空論；性理之學以踐履篤實為主，不取矯偽；經濟之學以知今切用為主，不取泛濫；詞章之學以翔實爾雅為主，不取浮靡；士習以廉謹厚重為主，不取囂張，其大旨總以博約兼資，文行並美為要。」〔註134〕「諸生各盡一業，以期專精一經學（小學屬焉），一史學（通鑒、輿地屬焉），一理學（宋、元、明及國朝諸大儒文集、語錄及歷朝學案皆是，不僅性理一書），一經濟（國朝掌故屬焉）。凡四學各隨性所近者，擇而習之，各門皆令兼習詞章以資著述，而便考校。子部書隨人自為涉獵，毋庸專習，如才力過人，能兼及數門者聽，不在考校之列。」書院考課命題，「每課即就所習經、史、理學、經濟四門發題考校，各覘所業，繳卷以三日為限，勿庸考試時文。」〔註135〕至光緒十五至十六年左右，以文學替代經濟，然分齋設學、課士之法未變。〔註136〕光緒十六年，時任湖廣總督張之洞於武漢創設兩湖書院，書院以經、史、文、理四門課士，四月三日甄別情形：

> 四月初三日湖廣總督張香帥親臨貢院，扃試兩湖書院肄業之舉貢生員，是日到者計共二千餘名。題為：三墳五典八索九丘考；治世以大德不以小惠論；陸子教人先立乎其大者說；會典館測繪天下輿圖賦，以尉候東南車西北為韻；擬杜工部七律三首，奉和賈至舍人早朝大明宮，宣政殿退朝晚出左掖，紫宸殿退朝口號。各題任人自擇，不能全卷者聽。至初十日發榜南北各取百名，住院肄業，月給薪水三兩膏火，花紅則以月課之等分為多云。〔註137〕

光緒十六年，湖南校經書院由張亨嘉遷建於湘春門外，重定章程，「書院課額四十四名，內有商籍六名。均三年更換，由學院歲科兩試，考取經義、治事及未經與考而訪查得實品優學富者。於交卸之前，牌行各學調取。」「每歲春季諸生到齊，撫部親詣書院上學後，由監院稟請示期考課。秋季學政回省試畢長沙，由監院稟請示期考課。此外，兩月一課，仍照蘇湖成法，以經義、治事分門由院長發題，諸生各作經兩篇、史兩篇為完卷，能多者聽，限十五

〔註134〕張之洞：《奏請廣雅書院立案折》，鄧洪波主編：《中國書院史資料》，第2226頁。
〔註135〕張之洞：《廣雅書院學規》，鄧洪波主編：《中國書院學規集成》，第1310～1311頁。
〔註136〕周漢光著：《張之洞與廣雅書院》，第330頁。
〔註137〕《棫樸作人》，《申報》1891年5月22日，第2版。

日繳卷，逾限以缺課淪。」此外，還包括：

一、自乙未年起四季加課。課分六學：一經學、一史學、一掌故之學、一輿地之學、一算學、一詞章之學。學各四題，或六題。作過半者即作完卷論。能多作，能兼課諸學者更善。惟每學須各膳各卷。

一、此課合校通省人才，不論生童俊秀，皆可與課。

一、春季正月五日散題，夏季、秋季皆以月朔散題。題刻以紙，除實貼校經講堂外，餘分發九府、四州、五廳學官，由府、州、廳轉發所屬各縣學，實貼學門，並將餘紙分給各生童應課。

一、題到各屬，由學官速即張貼分給。限題到後四十日為期，匯齊固封送院，作者不得逾限。學官收捲後，不得任意遲延，致干督課不力之咎。

一、課卷作者自備，卷面寫明某姓、某名、某府、某州、某廳、某縣、某生及年若干，不得捏造冒名。

一、課卷送學時，即由該學付以收票一紙（票式由本院頒發）。將來俟出案時比對，如有獎賞，即憑票由省中校經書院監院並卷給發。如列次等無獎賞者，亦憑票領回課卷。

一、獎賞由本院捐廉取定甲乙後，即於卷面及案上姓名下注明數目即匯款交校經書院監院憑票給發，聊備膏火之需，不足買書之用，願作者勿哂其微。勿嫌其瑣可也。

一、此課期諸久遠，作者不得因事中輟，學官亦不得視為具文或題到不分給諸生，或收捲匯齊後不即送院，一經查出，即記大過一次。〔註138〕

雲南經正書院為光緒十七年總督王文紹、巡撫譚鈞培等建，專課經古之學，並以一書院課通省士子經古。書院設內課二十四名，亦稱高材生，入院肄業，自正月至十二月，每名月給膏火銀六兩。外課八十名，二月開課，十一月止課，前二十名為正額，每名給膏火銀貳兩，後六十名為副額，每名膏火銀壹兩。書院考課內、外課一體與考，然內課生雖考列其中，外課膏火則不

〔註138〕張亨嘉：《校經書院章程》，鄧洪波主編：《中國書院學規集成》，第 1080～1081 頁。

再領取，獎賞則內外課分別有之。內課生甄選極嚴，「擬請於督學院按臨各府、廳、州時，合舉貢生監，由各學報名備卷，每名准取錢二百文，造冊申送，局試一日，課以策論、經文、疏考、詩賦各項，擇其文行兼備、學有根柢者，取為高材生。俟外棚、省棚試畢，合三迆所取課卷，會同兩院憲覆核，選補如額，並副取十人，以備臨時遇有事故者以之更補。選定後再行行文各地方官，會同各學傳詢明確，實願到院肄業者，具文申送來道，由道匯齊，申請院憲、學院於每年開學日親送入院。」書院另添設外府廳州經古課，每年十月計算，每課貳佰兩獎賞，分正、副課，正課每名月給銀貳兩，副課月給銀壹兩，各府廳州分配相應額數，如大理等府，正課四名，副課八名。「應由該管府、廳、州於下月即將上月取列正、副課各卷申送護，由本道衙門劄發經古書院、監院轉呈山長校閱後，其屢列前茅，文藝卓有可觀，足序補高材生者，擬定黏簽，連各課卷由監院分送兩院憲學院查核。如實可採擇序補者，定列名次，批註卷面，劄道發交監院附列升獎冊內，一體序補。」〔註 139〕光緒十八年，因課卷繁多，另延請經古課卷專席，校閱省城及各府廳州課卷。〔註 140〕

河南明道書院光緒二十年改為學政主持，「凡肄業舉貢生員，均由學政採訪學行，酌量調取，寧缺毋濫。功課頒給冊子，由學政按季考核。」書院採取嚴格的日程法，〔註 141〕「夏冬回省時，隨意出詩文賦題或經解採論考課，不心預定，校閱批還，不分甲乙。或一年中僅以課冊空填塞責，毫無著述，考課所作文無精義者，由學院核明，次年不得住院。」〔註 142〕光緒二十四年山長黃舒昺重定學規，改為「半月一課，院長命題，或經藝、或策論。出題後，限三次繳齊。或有事故，不過五日。院長評改，不定高下，但合觀前課以驗進退。」〔註 143〕

光緒二十年南匯芸香草堂「刪去詞章，改課時務，並立添算學一齋。」〔註 144〕安徽蕪湖中江書院，光緒二十年三月添設經古課，規定「每季課以古

〔註 139〕陳燦：《經正書院條規》，鄧洪波主編：《中國書院學規集成》，第 1619～1623頁。

〔註 140〕《經正書院增設校閱經古課卷專席詳文》，鄧洪波主編：《中國書院學規集成》，第 1625～1626 頁。

〔註 141〕邵松年：《明道書院日程》，鄧洪波主編：《中國書院學規集成》，第 842～844頁。

〔註 142〕邵松年：《明道書院章程》，鄧洪波主編：《中國書院學規集成》，第 845 頁。

〔註 143〕黃舒昺：《明道書院學規》，鄧洪波主編：《中國書院學規集成》，第 875 頁。

〔註 144〕民國《南匯縣續志》卷六《學校志》。

學，不拘論、議、表、判、解、考、序、記、史、漢、騷、選、時務、算學、西學叢書內各出一題，常年四課，以每課六題為率。如經義齋出六題，治事齋亦出六題，願報考何齋者聽。由山長評定甲乙，而有司第其最優、次優、劣等，以差次斂發獎贈刀布焉。入院肄業，以四季考課為進退，在院學生三次考劣則斥出。」而經義、治事齋之命題，具體而言：

　　一、經義齋分課經學（儒以道得民，小學訓詁、韻學附）、理學（師以賢得民，其中切於日用治事之精詣，實有章句、訓故之學所不逮者）、詞章之學（李申耆分三類太略，姚惜抱分十三類稍繁，惟曾文正整齊之為三門十類，最為隱括王道人事之全）、經制之學（目從永嘉學派，皇朝方略、三通、會典、通禮是也）、周髀及十種算經之學（揚徽、秦九韶等隸之）。

　　一、治事齋分課史學、通鑒學、三通學、掌故學、時務學。近屢奉朝廷功令，敕所在設立西學書院。現遵採西域專門之實業，鎔人中夏大備之成規，斠核名實，別擇精英，臚為八門。一曰算學（如代數學、幾何原本、平三角、弧三角、微分積分、航海測算、天文測算之類，西法由淺入深，當分年課之）；二曰方言（孔子教人務雅言，絕不為語錄支離蹇淺之談，而揚子於《法言》、《太玄》外，別撰《方言》；《周禮》有象胥氏，方言亦所必講；《公羊》多齊言，非方言乎？詔求齊人能正讀者張敞，非雅言乎？）；三曰格致（汪雙池先生《物詮》、《計然萬物錄》皆格致書，光、化、力、重、電氣等學皆在內）；四曰律法（中律密，西律疏，詔和吐蕃大招寺碑文字及《三朝北盟會編》所載質劑要約之詞，乃公法條約椎輪也）；五曰製造；六曰商務；七曰水陸兵法；八曰輿地測繪。〔註145〕

二、甲午以來西學新學地位的凸顯

劉伯驥認為，「光緒十五年，廣雅書院之興，分為經史理文四科，兼及時務，漸有學堂之雛形。同年，李鴻章開設北洋大學。隨後，光緒十九年張之洞又創自強學堂於湖北，二十三年陳寶箴創時務學堂於湖南，而上海南洋公學也於光緒二十四年成立，這些雖名為學堂，但也按月考課，還屬於書院性質。」

〔註145〕袁昶：《中江講院現設經誼、治事兩齋章程》，鄧洪波主編：《中國書院學規集成》，第462頁。

此後風氣漸開，書院制度經歷了四個發展時期，甲午至光緒二十二年為「主張變通書院制度時期」，戊戌變法時期為「第一次取消書院制度時期」，戊戌政變至庚子年則為「書院制度最後之掙扎時期」，光緒二十八年新政至光緒三十一年廢除科舉制度則為「第二次取消書院制度時期」〔註146〕，大抵如是。

班書閣稱：「清自光緒甲午之役，受侮東鄰，士大夫攖心發憤，以求自強之道，病詞章帖括之不足恃，因之各省書院，爭以科學課生徒。」〔註147〕甲午至戊戌之間開設經古課的書院越來越多，經古課之內容進一步擴展，西學新學內容所佔地位越來越重要。常州龍城書院光緒十三年創設小課，「專試詩賦，卷資花紅飯食均由縣捐給」〔註148〕，光緒二十一年書院改章，從辛丑年刊刻之《龍城書院課藝》來看，則書院分經古精舍、致用精舍，分課經史、詞章、輿地、算學。有泰敘書院改章事稱：

> 余以乙未歲守常州，是時馬關約成，朝野動色，東南士大夫深維中外強弱之原，謂非興學以培才，無自振衰而雪恥。郡故有龍城書院，為武、陽兩邑課士地，昔盧抱經、邵荀慈諸先生嘗講學於是，一時經術文章，照耀海內。百餘年來，流風漸沫，院宇塵封，有識興歎。今尚書中丞惲公乃請於大府，遠紹安定之緒、近師文達之規，改設經古精舍，導原經史詞章，別設致用精舍，博習乎輿地、算學，延請江陰繆太史筱珊、金匱華拔貢若溪兩先生分主講席，招致生徒肄業。其中廣置圖籍，優予膏火，日有程月有課，甚盛事也。〔註149〕

同年，陝西味經書院在學政及山長劉光蕡主持下創設時務齋，劉光蕡稱：

> 予承乏味經有年矣，愧無實德足以感發諸生志氣，振奮有為，而時變日棘，非人人臥薪嚐膽，不足以禦外侮而輯中夏。古謂：四郊多壘，為卿大夫之辱；地廣大荒而不治，亦士之辱。今以中國之大不能御一日本，割地賠費，無辱不有，非地廣大荒而不治之實乎？吾輩腆顏為士，不引以為辱，無論無以對朝廷也。試思外禍又發，天下之大，何處藏身，各有父母，各有子孫，讀書無科舉之路，經

〔註146〕劉伯驥：《廣東書院制度沿革》，長沙：商務印書館1939年版，第441～455頁。

〔註147〕班書閣：《書院興廢考》，《女師學院期刊》1933年第2卷，第1期。

〔註148〕光緒《武陽志餘》卷三《書院》。

〔註149〕有泰：《〈龍城書院課藝〉序》，《龍城書院課藝》，光緒歲次辛丑仿聚珍版式排印。

商無貿易之途，工無所用其巧，農不免稅其身，中國之患尚堪設想耶？欲救此患，必自士子自奮於學始。人才羣出，不臻富強者，無是理也。今與諸生約，各存自勵之心，力除積習，勉為真才，日夜有淪胥異類之懼，以自警惕於心目，則學問日新月異，皆成有用之才，豈惟餘有厚望，亦吾陝之幸，天下之幸也。〔註150〕

書院以考課法、日程法、日記札記法、會講法等教導生徒，並規定：「凡入時務齋者，雖由學憲考選，院長挑取，兼由齋長及舊入齋之人保舉，入齋後須自具限結，講讀某經史，習學某技藝，限若干年必能精通‧倘未及限忽欲改業，或已及限不能精通，均從重議罰，同齋何人作保」，即進行專門化教育。書院分經學、史學、經濟、考據、藝學六門教士，各門所列讀書內容包括：

> 《易經》、《四書》，儒先性命之書，為道學類，須兼涉外洋教門風土人情等書；《書經》、《春秋》、歷代正史、《通鑒綱目》、《九朝東華錄》等書，為史學類，須兼涉外洋各國之史，審其興衰治亂，與中國相印證；《三禮》、《通志》、《通典》、《通考》、《續三通》、《皇朝三通》及一切掌故之書，為經濟類，須兼涉外洋政治《萬國公法》等書，以與中國現行政治相印證；《詩經》、《爾雅》、《十三經注疏》及《說文》，儒先考據之書，為訓詁類，須兼涉外洋語言文字之學以及曆算，須融中西。地輿必遍五洲，製造以火輪舟車為最要，兵事以各種槍炮為極烈，電氣不惟傳信且以作燈，光鏡不惟測天且以焚敵。化學之驗物質，醫學之辨人體，礦學之察動脈，氣球以行空，氣鍾以入水，算學為各學之門徑，重學為製造之權輿。……凡此諸技，均須自占一門，積漸學去（各學均有專用之器，均積漸購置，見其器則各學均易學矣。）〔註151〕

危局之下，逐漸形成了關於書院改革的朝廷輿論。光緒二十二年五月，刑部左侍郎李端棻上《請推廣學校折》，提出「今可令每省每縣各改其一院，增廣功課，變通章程，以為學堂。書院舊有公款，其有不足，始撥官款補之。因舊增廣，則事順而易行，就近分籌，則需少而易集。」〔註152〕總理衙門議

〔註150〕劉光蕡：《味經書院時務齋學規》，鄧洪波主編：《中國書院學規集成》，第1673頁。

〔註151〕劉光蕡：《味經書院時務齋章程》，鄧洪波主編：《中國書院學規集成》，第1676頁。

〔註152〕《刑部左侍郎李端棻請推廣學校折》，陳谷嘉、鄧洪波主編：《中國書院史資

覆，「如內地各府縣紳耆，聞風響慕，自可由督撫酌擬辦法，或就原有書院，量加程課；或另建書院，肄習專門。果使業有可觀，三年後由督撫奏明該衙門再行議定章程，請旨考試錄用，以昭激勸。」〔註153〕

光緒二十二年六月山西巡撫胡聘之整頓令德書院。令德書院為光緒八年時任巡撫張之洞與時任學使王學莊創始，仿阮元學海堂、詁經精舍例，十一年建成，改名令德書院。其「肄業高材生額五十名，以上由學院於各學內調取，如有空額，由監院官稟請冀寧道商調充補。」「晉陽、崇修兩書院肄業諸生有願隨課者，由監院另造名冊，准其一體應課。」〔註154〕「每月初八日官課一次，十八、二十八日堂課各一次。官課、堂課題目均經解一道，史論一道，雜體詩、文各一道。均限三日交卷，題目必須全作。」〔註155〕胡聘之奏稱：

> 查近日書院之弊，或空談講學，或溺志詞章，既皆無裨實用，其下者專摹帖括，注意膏獎，志趣卑陋，安望有所成就。宜將原設之額，大加裁汰，每月詩文等課，酌量並減，然後綜覈經費，更定章程，延碩學通儒，為之教授。研究經義，以窮其理，博綜史事，以觀其變。由是參考時務，兼習算學，凡天文、地輿、農務、兵事，與夫一切有用之學，統歸格致之中，分門探討，務臻其奧。此外水師、武備、船炮、器械，及工技製造等類，盡可另立學堂，交資互益，以儒學書院會眾理以挈其綱維，而以各項學堂操眾事以儆其職業，必貫通有所宰屬，然後本末不嫌於倒置，體用不至於乖違。〔註156〕

胡聘之所奏為清廷所允准，此後令德書院「添設算學等課，擇院生能學者，按名注籍，優給膏獎，省外各府屬，如有可造之士，由臣與學臣隨同甄錄調院。並於天津上海，廣購譯刻天算格致諸書，俾資講求。」

光緒二十二年八月，翰林試講學士秦綏章上《奏請整頓書院預儲人才折》，禮部議覆「應請一併通行各省督撫學政，參酌採取，以擴舊規而收實效。」折

料》，第1982頁。

〔註153〕《總理衙門議覆李侍郎推廣學校折》，陳谷嘉、鄧洪波主編：《中國書院史資料》，第1986頁。

〔註154〕《令德書院章程》，鄧洪波主編：《中國書院學規集成》，第74～76頁。

〔註155〕《令德書院章程》，鄧洪波主編：《中國書院學規集成》，第74～76頁。

〔註156〕胡聘之：《請變通書院章程折》，陳谷嘉、鄧洪波主編：《中國書院史資料》，第1988頁。

袁提出定課程、重師道、核經費三條建議，其中定課程一條，建議仿宋胡瑗經義、治事兩齋之意，分六門肄習，「曰經學，經說、講義、訓詁附焉；曰史學，時務附焉；曰掌故之學，洋務、條約、稅則附焉；曰輿地之學，測量、圖繪附焉；曰算學，格致、製造附焉；曰譯學，各國語言文字附焉。士之肄業者，或專攻一藝，或兼習數藝，各從其便。制藝試帖未能盡革，每處留一書院課之已足。」其分類之依據在於，「蓋經學為綱常名教之防，史學為古今得失之鑒，掌故之學，自以本朝會典律例為大宗，而附以各國條約等，則折衝樽俎亦於是儲其選焉。輿地尤為今日之亟務，地球圖說實綜大要。其次各府州縣，以土著之人隨時考訂其邊界、要隘、水道、土宜，言之必能加詳，再授以計裏開方之法，繪圖之說，選成善本，尤能補官書所未備。算學一門，凡天文、地理、格致、製造，無不以此為權輿。譯學不獨為通事傳言，其平日並可翻譯西學書籍以資考證。」〔註157〕其分齋課士之制愈益完善，內容也完全突破了經古學之範圍。

鎮江府寶晉書院，光緒二十一年前添設經古課，「由道府縣按月輪課」，「如願考經古者，即自備試卷先赴監院處報名，屆時齊集試院，聽候命題考試。」〔註158〕光緒二十三年添設算學課，其告示云：

> 照得算學本在六藝之中，偏廢已久。近年以來各省考試漸以算學取士，可見算學為當務之急，自宜及時講求。本道因與府縣會商，擬於書院學舍兩課之外，添設算學一課，藉資造就。茲定於四月初四日甄別，惟事屬創始，恐未周知，除箚飭鎮江府轉行丹徒縣及監院一體遵辦外，合亟列章示諭，為此示仰願考諸生務各遵照，屆期投考毋違。〔註159〕

光緒二十二年會稽陶心雲於紹興府城東島門外創建東湖書院，「分史學、子學、算學、譯學四堂，為之條目。明乎史，可以治經，可以宏文，凡業經學、史學、文學者肄之。格物、考工、法律、兵農、雜術，皆諸子百家之流也，凡業格致及西學者肄之。算學亦諸子之一，其學侈博，且西人製器靡不由數，故算學別為一堂。譯學者，習歐西、海東語言文字也，考西政學，必譯

〔註157〕《禮部議覆整頓各省書院折》，陳谷嘉、鄧洪波主編：《中國書院史資料》，第 1989～1900 頁。
〔註158〕《金集寒鯉》，《申報》1895 年 1 月 1 日，第 2 版。
〔註159〕《示考算學》，《申報》1897 年 5 月 10 日，第 1 版。

西書，而東文取徑尤便利，故廣譯自東文始。」〔註160〕旋復捐建稷山藏書樓，羅列新舊諸書，以備學生考覽。〔註161〕同年，時任松江府知府創設融齋書院，「專課經史時務策論」，光緒二十三年定章，「朔望課改定經、史、性理、天算四學，每學取超等二名、特等三名、一等五名，分門別課以期專精。其每學超等一名，各給膏火錢二千五百文，二名各二千文，其特等、一等膏火照前章給發。」「甄別前報名務須於經、史、性、算中注明願考何學字樣，監院蓋戳於卷面認定考試。如注明經學，毋得再作史學，以免紛心，違者不錄。」「經、史、性理、天算每課每課四題，完者即以全卷論。」〔註162〕光緒二十三年，在時任江寧知府柯遜菴主持下，「將金陵惜陰、文正兩書院改考西學，議定課程條規，稟請督憲批准，撥銀三千餘兩，並飭江寧府另籌銀若干，定每年十課，每課取二十名，第一名獎銀五兩，二名、三名獎銀三兩，四名、五名獎銀二兩，六名至十名各獎銀一兩五錢，十一名至二十名各獎銀一兩。至每次課題，分時務算學、兵農礦化各學，無論舉貢生童，均可投考。」〔註163〕同年，江寧府句容縣之華陽書院，規定每月二十三之「師課，經解一、史論一、時務一」，並特別強調時務之學的重要性，稱：

> 一、學古所以通今也。以古之道絜今之時，得所折衷，自不流於雜霸。然荊公執拗，亦有泥古之失。故士人讀書，當於古今事變之賾，推究因革、損益、得失之由，以為康世之具。近日洋務，此非所謂古今之變耶？史公曰：「世異變，成功大。」又曰：「好學深思，心知其意。」又稱：「因時為業，據為資。」可知通變趨時，存乎俊傑，故時務之課，尤亟亟焉。

> 一、時務之學，所包者廣。統中學、西學而言之，曰掌故學、三通政典之學，以及天文、地輿、兵家、邊務、律令、測算、考工、方言、格致、農桑、礦務，為學不一，浩如煙海，尤非憑空可以臆說，必先購置各書，殫力研求，乃能得之於心，宣之於口。書院規模草創，經費太絀，未能多藏書籍。甚望後任同志者，俟籌款稍充，

〔註160〕陶濬宣：《紹興東湖書院通藝堂記》，鄧洪波主編：《中國書院學規集成》，第388頁。
〔註161〕《東湖興學》，《申報》1902年1月4日，第3版。
〔註162〕《培植士林》，《申報》1897年3月4日，第1~2版。
〔註163〕《改試西學》，《利濟學堂報》1897年第5期。

陸續購弁。以書籍益人神智，以人材為國羽儀，匪徒匡其陋劣未逮

已也。〔註164〕

　　光緒二十三年在巡撫廖壽豐、杭州知府林啟等主持下杭州創設求是書院，

將東城講舍「朔望膏火」撥用，為使東城書院免遭廢置，林啟將其改為時務

書院，「每月考試策論一課，額取百名，每課捐廉百洋，以作加獎。惟僅准三

學士子報名，限一日繳齊。」〔註165〕「每月僅考一課，由一府兩縣輪考，皆

無膏火，故優給獎洋。」〔註166〕二月二十四日為甄別之期，杭州知府林啟命

題：「聘名士禮賢者廣義」；「諸葛公可謂名士論」；「續朱子《學校貢舉私議》」；

「問楚材晉用，著於《春秋》，客卿番將，歷代均收其效，顧不得其人則禍不

可勝言矣。今一時權宜之計，不能不借材異地，但取之之法何為不使不肖濫

竽？何為能使外臣效命中國？地居溫帶，人盡聰明，使人人皆成有用之材，

以傚於國，厥道何由？國之命脈繫乎人材，未曾有倚外人可以為國者。諸生

果有所見，即核實條議以聞，勿以道聽途說之詞塞責」。〔註167〕甄別案發，

正取七名首列者給獎洋二十元，第二、三名各獎洋十元，第四至第七名各獎

洋五元。次取二十名各獎洋一元，又次取四十名各獎洋五角，備取五十三名，

共取一百二十名。〔註168〕共獎洋一百元，正取、次取者皆有，而備取則無。

二十四年二月十七日甄別，杭州知府林啟命題：「『忠信重祿』述義」；「孔子

學於老子郯子說」；「制科保薦人才責重舉主議」；「問歐洲各國義主平等，實

則所待屬國不如其待本國，其甚者視同奴虜，試將英法各國於所屬之地兵賦

刑政，並種種苛例，詳考而備論之。」〔註169〕

　　江陰南菁書院亦改章也，學政龍湛霖光緒二十三年奏稱：「其課程尚分經義、

詞章、算學三門，方今時事艱難，算學尤為急務，臣到任後，於算學之中分列電

化光重汽機等門，飭在院諸生即向以經義詞章名家者，亦必各兼一藝」〔註170〕。

光緒二十四年甄別題分為經學題、古學題、輿地題、算學題等，具體而言：

　　　　經學題：「極其數，遂定天下之象」衍議；「水火金木土穀唯

〔註164〕鄧炬：《華陽書院章程》，鄧洪波主編：《中國書院學規集成》，第227頁。
〔註165〕《柳浪聞鶯》，《申報》1897年3月27日，第2版。
〔註166〕《吳山立馬》，《申報》1897年5月2日，第3版。
〔註167〕《孤山放鶴》，《申報》1897年3月30日，第2版。
〔註168〕《吳山立馬》，《申報》1897年5月2日，第3版。
〔註169〕《南屏山色》，《申報》1898年3月16日，第2版。
〔註170〕《龍湛霖片》，《申報》1897年10月24日，第14版。

修」，修之實政若何；「混夷駿矣，維其喙矣」解；春秋吳楚用舟師考，並圖說地形；「絘布、總布、質布、罰布、廛布入於泉府」訓釋，並條其利弊；「神氣風霆」說；說經之失，如班氏所譏碎義逃難、便辭巧說、破壞形體，數者實古今之通弊，將欲通經以求致用，宜何所從事焉？

古學題：擬開經濟特科謝恩表；中國外如赤縣神州者九賦，以中國名曰赤縣神州為韻；聞膠州近事書感，七古或七律；六國謀弱秦論；張江陵為救時之相論；理財去中飽策

輿地題：北發考；河海同源考

算學題：今有大小二機車織綿，小車織畢乙箱之綿，又停五分時，大車亦織畢甲箱之綿。大車開織之時，小車尚騰乙箱綿二十八斤，大車速率倍於小車，其織畢甲箱只一點半鐘及小車織得甲箱之綿，又停時四分，大車亦織得一甲箱二乙箱之綿，又多二斤十二兩八錢。問大小車速及甲乙各綿數；今有拋物線形，截其底段，得軸徑十六寸，縱線八寸，將軸又截作四段，自底至頂每段若三與四之比，求每段之縱線及面積若干；今有輪船送客，所送路程與所載之客數等，上艙客比中艙少四十，中艙客比下艙少八十，上艙合下艙共客六百八十。船行速率一分時一里，行過五點鐘，忽遇逆風，其阻力若在停輪之時，一點鐘當退回二十五里，因客欲速到埠，添煤加速率，比平常四分之一，問再行幾點鐘可到埠及所送路程若干里？〔註171〕

取錄經學超等九名、特等十四名、一等八十三名；古學超等八名、特等十五名、一等七十二名；算學超等四名、特等十二名、一等二十四名〔註172〕。光緒二十五年由時任山長丁立鈞「刪去詞章一門，添課時務，專講求有用之學」〔註173〕。

河北灤州之海陽書院於光緒初年改章，每月二十六日師課，所課「或詩賦、經解，或策論、算學，迭以各體試之」，光緒二十二年，每年分作四季，

〔註171〕 《南菁書院甄別題》，《申報》1898年2月16日，第2版；《補錄南菁書院甄別題》，《申報》1898年2月18日，第2版。

〔註172〕 《南菁書院甄別案》，《申報》1898年3月17日，第2版。

〔註173〕 《書院改章》，《申報》1901年11月23日，第2版。

各加古學及時務學一次。〔註174〕安徽敬敷書院除每月輪課外，每年分四季考取經古，光緒二十二年二月十八日補行冬季經古課，題為：釋易咎音；漢重太守論；清釐隱田議；擬白香山賦，賦以立意□文兼綜並舉鳥韻；賦得長江繞郭知魚美得江字五言八韻。〔註175〕

湖北兩湖書院於光緒二十二年四月改章，「經張香帥議定，於經、史、理、文學外，另設時務一門」，四月初二日官課題，經題：《大戴禮》宜與《小戴禮》並行說；史題：擬二十二史校勘記略例；理題：朱子注參同契說；文題：擬劉孝標世說新語注自序；時務題：德國兵制中國是否能仿而行？〔註176〕光緒二十三年，書院重新釐定教學法及學科門類，諸生須兼習經學、史學、地圖、算學四門，諸生分班講授，講授之時，小學附於經學，與經學合為一門。測繪地圖附於地理之後，與地理合為一門。另置功課簿五本，經學、小學、地學、史學、算學各一本。〔註177〕書院已經改變了考課制度之主導性地位，而採用講授法等多種教學法，呈現了向西式學堂之轉變。湖北經心書院亦於同時改章，「將原設經解、史論、詩賦、雜著等科改作學生課外研讀，另設外政、天文、格致、製造四科，分為四齋，延聘專門人材擔任分教。每科規定學額二十人，分年輪習。並規定無論學習何門課，均須兼習算學，……教學方式，是把以前個人自由研究的辦法，改為班級教學；而學術的趨向，則由舊的經史步入新的科學方面了。」〔註178〕

河南睢縣洛學書院於光緒二十三年禮聘黃舒昺為掌教，重定學規，「每月初五，考經解兼講義。十五，考史論兼小學性理論。廿五，考格致課，一格物理所以然，一格性理所以然。」〔註179〕光緒二十三年廣西桂林經古書院在時任廣西巡撫黃槐森主持下，仿照學海堂章程，添設算學季課，每季由書院監院稟請撫憲命題考試，限一月繳卷，問以算數、算理、天文、時務四項，「算學必須合問，算理必發其所以然。天文已包括算學之內，必須實測，不得以

〔註174〕《海陽書院考課章程》、《海陽書院加課獎賞章程》、《海陽書院經費出入章程》，鄧洪波主編：《中國書院學規集成》，第58～59頁。
〔註175〕《書院匯訪》，《申報》1896年4月28日，第9版。
〔註176〕《赤壁綠蔭》，《申報》1896年5月26日，第2版。
〔註177〕張之洞：《新定兩湖書院學規課程》，鄧洪波主編：《中國書院學規集成》，第984～986頁。
〔註178〕楊湖樵：《經心書院述略》，見全國政協文史和學習委員會編：《文史資料選輯》第九十九輯，北京：中國文史出版社2011年版，第69頁。
〔註179〕黃舒昺：《洛學書院學規》，鄧洪波主編：《中國書院學規集成》，第875頁。

災異占驗之言闌入。時務當求實濟及可行之法，不得泛論無歸。」因算學課有繪圖之類，故而課卷自備，「交卷時，由監院蓋用鈐記，隨給回考生小票一紙。榜發後，憑票領回課卷及獎賞。」「此課蓋為儲才備用而設，無論外省本省，舉貢生監童生，但能通曉，即可應課。」「名次分為三等，上取四兩，次取三兩，又次取一兩五錢。視課卷之優劣，以定每第之多少。」〔註180〕

湖南嶽麓書院於光緒二十三年六月在時任山長王先謙主持下改章，結合《禮部議覆整頓各省書院折》及湘省實際情形，定經、史、掌故、算、譯各學，列為五門，以輿地並歸史學，「經、史、掌故由院長自行督課，算學別立齋長，譯學延請教習」，每月官課課八股試貼，「其院長月課，改用經史掌故，照章給獎」。「算學額定五十名，譯學額定四十名，均以三年為一班。」〔註181〕

三、戊戌以來西學新學主導地位之形成

戊戌年，隨著維新變法運動的逐漸興起，書院改課之實踐愈益推廣。光緒二十四年初梁啟超掌教時務學堂時即提出，在朝廷大變科舉、州縣遍設學堂暫時未能實行的前提下，湖南官紳可通過將全省書院官課、師課改課時務的方式來開啟民智、培養人才。其認為：「官課師課全改，耳目一新，加以學政所至，提倡新學，兩管齊下，則其力量亞於變科舉者無幾矣。或疑各府州縣悉變，則恐閱卷者無人。是不難，但專聘一二人駐省會，而各處課卷皆歸其評閱，不過郵寄稍需時日耳，於事無傷也。若太僻遠之州縣，則或兩三月之題目，同時併發，課卷同時並收，則郵寄之繁難，亦可稍省矣。」〔註182〕

湖南平江縣天岳書院在時任縣令冼寶榦主持下，設立實學課。光緒二十四年，冼寶榦致書梁啟超求教書院事宜，稱：「伏維閣下英襟命世，古道飫人，海內蒙求，一無所吝，是以不憚冒昧，敢援貴學堂質疑之例，開列事宜，另折呈請指授。貴學堂既宏答問之施，敝書院當在附庸之列，受益之故，詎惟鄙人？」其請教書院事宜包括購書、置器、聘教習等。〔註183〕此年五月，書院

〔註180〕《經古書院添設算學季課章程》，鄧洪波主編：《中國書院學規集成》，第1392～1393頁。

〔註181〕王先謙：《嶽麓書院月課改章手諭》，鄧洪波主編：《中國書院學規集成》，第1061頁。

〔註182〕梁啟超：《湖南廣東情形》，梁啟超著：《飲冰室合集》第一冊《專集》，第131頁。

〔註183〕《平江縣冼寶榦大令致時務學堂梁院長書》，《湘報》第50期，第199頁。

改制。其考課，「中旬官課、下旬師課仍照舊一文一詩」，另設立實學課。「每月初三師課改為實學課，作策論、解說之屬，即習《論》、《孟》，亦不作時文。先由齋長查明諸生習書共有幾種，呈明院長。每種各出一題，習是書者作是題，同習是書即同作是題，生童一體。每人止作一藝，即日繳卷。閱定後，或同列一榜，或分門取列，聽院長隨時酌定。舊有經古獎錢，即攤入是課中作為加獎，毋庸另起季課。其餘兩課，照舊作文。時務官課，隨時示考。」另設置日程法，「經、史、子、集、輿地、兵法及一切有用之書，各就性之所近專習一藝。月領課程表一本。工夫列為四分，曰句讀、鈔錄、質疑、博覽。以句讀為主，四分俱全、應課又佳者為上。逐日工夫照表分注，由院長酌定講期，各生童宜分經分日進質，月終核計，總數注在篇末一頁，呈院長核明，分列等第。開單繳縣另榜給獎。年終會計一次。即以用功之多少定甄別之去留。其書由本人自備，四分詳細工夫另列表首。」〔註184〕

　　戊戌變法期間，清廷先後頒布多項政策措施，其中以設經濟特科、廢八股、改策論以及改書院為學堂等對書院產生了重大影響。經濟特科由貴州學政嚴修於光緒二十三年上書奏請創設，二十四年正月，由總理各國事務衙門會同禮部議覆，擬定特科及歲舉兩途，「先行特科，次行歲舉。特科約以六事。一曰內政，凡考求方輿險要、邦國利病、民情風俗者隸之。二曰外交，凡考求各國政事、條約、公法、律例、章程者隸之。三曰理財，凡考求稅則、礦產、農功、商務者隸之。四曰經武，凡考求行軍布陣、管駕測量者隸之。五曰格物，凡考求中西算學、聲、光、化、電者隸之。六曰考工，凡考求名物、象數、製造工程者隸之。由三品以上京堂及督撫、學政各舉所知，無論已仕、未仕，注明其人何所專長，諮送總理衙門，會同禮部，奏請在保和殿試以策論，簡派閱卷大臣，嚴定去留，詳擬等第，覆試後帶領引見，聽候擢用。此為經濟特科。以後或十年一舉，或二十年一舉，候旨舉行，不為常例。歲舉則每屆鄉試年分，由各省學政調取新增算學、藝學各書院學堂高等生監，錄送鄉試。初場試專門題，次場試時務題，三場試四書文，中式名曰經濟科舉人，與文闈舉人同場覆試。會試中式經濟科貢士者，亦一體覆試殿試朝考等語。」得光緒皇帝允准。〔註185〕

〔註184〕冼寶榦：《變通天岳書院課程告示》，鄧洪波主編：《中國書院學規集成》，第1195～1196頁。

〔註185〕《德宗實錄》卷四百一十四，第57冊，北京：中華書局1987年版，第411～412頁。

　　五月初五日頒布上諭，「著自下科為始，鄉、會試及生童歲、科各試，嚮用四書文者，一律改試策論。其如何分場命題考試。一切詳細章程，該部即妥議具奏。……至士子為學，自當以四子六經為根柢，策論與制義殊流同源，仍不外通經史以達時務，總期體用兼備，人皆勉為通儒，毋得競逞博辯，復蹈空言，致負朝廷破格求才至意。」〔註 186〕五月二十日清廷頒布上諭，「著督飭地方官，各將所屬書院坐落處所、經費數目，限兩個月詳查具奏。即將各省府廳州縣現有之大小書院，一律改為兼習中學、西學之學校。至於學校等級，自應以省會之大書院為高等學，郡城之書院為中等學，州縣之書院為小學，皆頒給《京師大學堂章程》，令其仿照辦理。」〔註 187〕六月一日根據張之洞、陳寶箴之建議發布上諭，釐定考試章程，「鄉、會試仍定為三場，第一場試中國史事、國朝政治論五道，第二場試時務策五道，專問五洲各國之政、專門之藝。第三場試四書義兩篇、五經義一篇」，「嗣後一切考試均以講求實學實政為主。」〔註 188〕

　　清廷經濟特科諭下，胡聘之於山西令德書院「復與院長鹿仁守議添經濟日課四門，曰政治時務、曰農功物產、曰地理兵事、曰天算博藝。每門分有子目，令諸生各視性之所近，任占一門，逐日記所心得，仍探本於經史性理諸書，以為經濟根底。」〔註 189〕江陰南菁書院，光緒二十四年六月在學政瞿鴻禨的主持下，開設特課，「按照經濟特科六門命題，聽諸生或專一門，或兼數藝，均無不可。無論院內院外，通省舉貢生監均准應考。」〔註 190〕「自己亥年（光緒二十五年）瞿宗師聘丹徒丁恒齋先生主講席，即刪去詞章一門，添課時務專講求有用之學。」〔註 191〕湖南城南書院肄業諸生稟請巡撫陳寶箴，「請將城南書院每月官課，仿照經濟特科，以內政、外交、理財、經武、格致、考工六門命題；山長館課仍課四書文，兼課時務等題。並嚴定學規，選舉剛直方正齋長二名，專司稽察，分別稟明山長申飭懲治」，得陳寶箴批准。〔註 192〕

〔註 186〕　《德宗實錄》卷四百一十九，第 57 冊，第 490～491 頁。

〔註 187〕　《德宗實錄》卷四二〇，第 57 冊，第 504 頁。

〔註 188〕　《德宗實錄》卷四百二十一第 57 冊，第 513 頁。

〔註 189〕　《山西巡撫胡聘之折》，陳谷嘉、鄧洪波主編：《中國書院史資料》，第 2474 頁。

〔註 190〕　《江陰南菁書院特課題》，《申報》1898 年 8 月 2 日，第 2 版。

〔註 191〕　《書院改章》，《申報》1901 年 11 月 23 日，第 2 版。

〔註 192〕　《肄業城南書院附生宋蹼等稟請酌改城南書院課程並嚴立學規稟批陳寶》，
　　　　　　（清）余正煥、左輔、張亨嘉撰；鄧洪波、梁洋、李芳等校點《城南書院志‧

四川學政吳慶坻通飭各府廳州縣變通書院章程，稱：

> 查川省各府廳縣，書院林立，實為培植人材之地。向來但課時
> 文試帖，或加課經解詩賦，尚無講求時務者。省城尊經書院，已添
> 設經濟加課，院中高材生，頗有能博學而詳說者。各府廳州縣亦應
> 次第推行。現擬大為變通所屬各書院官師月課，一律改課時務策論，
> 如大政典、大沿革、中外交涉以及天文、輿地、兵謀、商務、製造、
> 測算，分門命題，不得再課時文帖試。其或該府廳州縣及地方紳衿，
> 有能另籌鉅款、新開學堂者，速即籌款定章，稟報興辦。〔註193〕

殆科舉制度變革之後，書院紛紛改課矣。北通州潞河書院五月十六日潞
河書院齋課，題為「管仲器小論」，「問北通州輿地險要、民生利弊策」。〔註
194〕六月二日州課，生題「中天下而立定四海之民論」，「學校為培養人材而
設，何以整飭，俾皆為有用之學策」。童題「先之勞之論」，「物貴銀賤大不便
於民，有何良法以除其弊策」。〔註195〕六月十六日齋課，題為「『行一不義殺
一不辜而得天下皆不為也』義」，「問本朝開國武功策」。〔註196〕杭州「撫憲
傳諭各監院，云省中書院統定於七月朔課為始，一律改試策論，監院奉諭後，
隨即傳知書斗，轉告各生童，一體遵照。」〔註197〕金陵鍾山、尊經書院於二
十四年七月改試論一篇、策一道，七月初二日藩司官課題，鍾山題：「魯一變
至於道論」；策問「宋熙寧中，更定科舉法，專以經義試士，然其時人才心術
不能悉成端正，其故何歟？」尊經題：「足食足兵論」；策問「朱子社倉法行於
今日宜何如有功無弊。」〔註198〕

八月戊戌政變，上諭復時文，九月三十日懿旨，「又片奏各省書院請照舊
辦理，停罷學堂等語。書院之設，原以講求實學，並非專尚訓詁詞章，凡天
文、輿地、兵法、算學等經世之務，皆儒生分內之事，學堂亦不外乎此。是書
院之與學堂，名異實同，本不必定須更改。現在時事艱難，尤應切實講求，不

　　　　　校經書院志略》，長沙：嶽麓書社2012年版，第134頁。

〔註193〕《四川學政吳慶坻通飭各府廳州縣變通書院程箚》，陳谷嘉、鄧洪波主編：
　　　　　《中國書院史資料》，第2483頁。
〔註194〕《北通州近聞》，《申報》1898年7月24日，第3版。
〔註195〕《潞河秋汎》，《申報》1898年8月13日，第3版。
〔註196〕《潞水客譚》，《申報》1898年8月18日，第2版。
〔註197〕《講求時務》，《申報》1898年7月23日，第2版。
〔註198〕《鍾山雲氣》，《申報》1898年8月27日，第2版。

得謂一切有用之學非書院所當有事也。」〔註199〕時論稱：

> 考試為國家功令所繫，上既不欲變革，則在下者之承順意旨，
> 虛與委蛇，雖失繩愆糾繆之風，未嘗不足為保身全家之計。所異者
> 各省府州縣之書院，從前既改試策論。自變政後亦一律復課時文，
> 甚而如江陰之南菁書院定章，本以經史課士，至此轉令肄業諸生考
> 試時藝，以此為仰承朝旨，藉明其敬謹奉法之意。〔註200〕

則政變之後，一時萬馬齊喑，紛紛改課時文，如北通州潞河書院九月初二日官課則恢復課試八股試貼。〔註201〕即使如南菁書院者向例不課時文者，亦且課試時文。然幸賴劉坤一、張之洞等大吏力持風氣，書院改課雖暫時被遏制，然終究還是衝破各種阻礙，迅速發展起來。

杭州書院奉上諭復時文，「而督憲劉峴帥欲稍變舊制，作育人材，以為制義代聖賢立言，固足覘以人品學術，然亦須通達時務，方為有體有用。因即劄飭江寧府劉嘉樹太守，令將改章情節函致鍾尊兩山長，請妥議章程，以資採擇。嗣由鍾山院長繆筱山太史酌議，將超等五十名、特等七十名照前減半，以所餘額數考試時務策論，每人各給兩卷，寬以時日，時文策論並行不悖。旋由劉太守將一切章程詳覆峴帥，峴帥以太史所議章程尚屬妥善，當即出示曉諭，定於十月初二日兼試策論，一面劄飭各屬書院一體遵照。」〔註202〕此後，鍾山、尊經皆兼課經史策論。光緒二十四年十一月兩江總督劉坤一劄飭所屬書院，課八股試貼的同時，兼課經史策論，劄文稱：

> 頭品頂戴兵部尚書兩江總督部堂碩勇巴圖魯劉為劄飭敦崇實
> 學事。案照八月二十六日欽奉懿旨，嗣後鄉試會試，歲考科考，仍
> 用制藝試帖，誠以制藝係四書題文，為義理所歸宿，以此取士可以
> 觀其會通、覘其底蘊，並非令各士子專於制藝用功也。夫木有根柢，
> 則枝葉並茂；水有淵源，則支派自長，學者亦如是矣。如各士子平
> 日講求經史及掌故、時務，知古知今，有體有用，得諸心者應諸手，
> 以所誦習，發為文章，精彩異常，無難摭巍科而登顯仕，坐而言者

〔註199〕《德宗實錄》卷四三０，第 57 冊，第 654～655 頁。

〔註200〕《書袁觀察飭所屬各書院改試策論劄後》，《申報》1901 年 8 月 21 日，第 1 版。

〔註201〕《潞水涼波》，《申報》1898 年 11 月 2 日，第 2 版。

〔註202〕《講求時務》，《申報》1898 年 11 月 16 日，第 9 版。

起而行。即以文章施之經濟，挾持有具，必能作循吏而為名臣，條貫相因，是皆中學中事。至於西學多門，足為中學之輔，在各士子自就資質所近，兼習取益，以成通才，為國楨幹，是則本部堂所厚望者也。倘各士子以仍用制藝考試，專於制藝用功，矻矻窮年，虛耗精神，坐糜歲月，則是舍本遂末。即使刻意求工，亦如宋書所云，連篇累牘皆風月之形；積案盈箱，悉煙霞之狀。明眼主司，必不取此等空疏固陋之作，縱幸博一第、幸得一官而識等面牆，不知上致上澤為何事，貿然從政，惟簿書期會之是營，桀佐得以窺我淺深，吏胥得以持我長短。似此讀書肄業，弋取科名，殊負朝廷選俊求賢之至意。該各地方官皆有教養之責，務須曉各士子崇尚實學，以遠大自期。書院山長並須聘請名師，兼課經史、掌故、時務不得僅以制藝試帖敷衍塞責，以誤人子弟。合行劄傳劄到該司道，立即轉飭，所屬一體遵照辦理。仍將該州縣書院士子師課官課於制藝外，如何定立兼課經史、掌故、時務章程，報查，如有出色學生亦即隨時舉報，毋違切切。特劄！〔註203〕

光緒二十五年正月，張之洞劄飭兩湖、經心、江漢書院改章，劄中稱：

自應欽遵懿旨，將省城各大書院，即照天文、地理、兵法、算學，分門講授。除江漢書院業經本部堂欽遵添設住院實學生，四門分課外，查兩湖書院，現課經學、史學、天文、輿地、地圖、算學六門，茲除經學、史學原係書院所當講求外，查測繪、地圖本係兵法中最要之務，該書院所分門類正與此次所奉懿旨適相符合，應即將地圖一門改稱兵法。惟兵法之學，體大思精，應於兵法一門中又分為三類：一曰兵法史略學，講求歷代史鑒，兵事方略；一曰兵法測繪學，講求測量山川海道形勢，遠近營壘，炮臺體式，繪畫成圖；一曰兵法製造學，講求製造槍炮船雷，行軍電報，行軍鐵路等事。每門各設分教一人。又體操一事為習兵事者之初基，即與舊傳八段錦易筋經諸法相類，所以強固身體，增長精神，必不可少。……應於該書院後餘地，建設兵法體操棚，於功課畢後習之。先習簡易諸式，如空手體操、及運動木椎、鉛椎、擎槍、托槍、推槍、超乘諸

〔註203〕《照錄劉峴帥敦崇實學劄文》，《申報》1899 年 1 月 8 日，第 2 版。

法，並先製備木質槍炮式，以資目驗考究。即派武備學堂優等諸生為領班，以資教導。

又經心書院新定章程，除四書大義、中國內政，本係由監督訓課講習外，若天文、算學、本係章程所有，其外政，即係講求輿地之學，格致製造，即係講求兵法之學，此後亦定名為天文、輿地、兵法、算學四門。其經史向章即由監督隨宜訓課，惟監督院事過煩，應專設經史一門，添請分教一人，每月課以經史一次，或解說或策論，由分教核定分數，開單送交監督，與各門統計合定等第。該書院經費較少，故經史合設一分教，兵法亦只設一分教，其添習兵法體操亦與兩湖書院同。

又江漢書院除四門分課外，亦應專設經史一門，添請分教一人，每月課以經史，其別計分數統定等第與經心書院同。惟江漢書院現無隙地，若住院實學生四十名中願習體操者，准報名附入經心書院隨同肄習。至各書院學業雖分立門目，各有分教講授，然欲成有用之人才，必以砥礪品行為本，欲望學業之進益，必以率循規矩為先。三書院均應另立行檢一門，由各監督、院長每日酌定時刻，分班接見，訓以四書大義、宋明先儒法語，考其在院是否恪遵禮法，平日是否束身自愛，每月終分別優絀，亦定為分數，開列清單，並經史天地兵算諸門，合較分數之多寡為每月之等第。此條兩湖經心江漢三書院一律辦理，似此各大書院教法學業統歸畫一，文武兼習，學行文修，庶可期其皆儲為國家有用之才。合亟飭筋到該提調即便遵照辦理，並恭錄懿旨刊刻講堂，俾諸生一體欽遵勉之。〔註204〕

光緒二十五年兩湖書院年終大課，張之洞命題分論語學、周禮學、左傳學、天文學、輿地學、兵法史略學、兵法測繪學、算學諸門類，每門命題若干。〔註205〕

光緒二十五年二月始，上海三林鎮三林書院，添設師課，〔註206〕「分經

〔註204〕張之洞：《箚兩湖、經心、江漢三書院改定課程》，《中國近代教育史資料彙編·洋務運動時期教育》，上海：上海教育出版社1992年版，第791～793頁，又見《憲箚照登》，《申報》1899年3月16日，第1版。

〔註205〕《湖廣總督張香帥年終大課兩湖書院正學堂題》，《申報》1900年1月10日，第2版。

〔註206〕《書院添課》，《申報》1899年3月24日，第3版。

學、史論、掌故、算學、輿地、時務六門，使各生童講求根柢之學。」〔註207〕
江西萍鄉縣鼇洲書院於光緒二十五年在時任知縣顧家相主持下改章，仿上海
求志書院、寧波辨志精舍章程，「以八股試貼及經史、掌故、時務、算學，相
間命題，遇考試經史、掌故、時務、算學時仍各就所長，自占一門。或有兼試
兩三門者，應分卷繕寫，以便評閱。」其所分門類包括經學兼小學、史學兼西
史（凡古掌故、古輿地入此門）、時務兼西政（凡當代掌故及現在輿地形勢入
此門）、算學兼格致（凡習各項西藝均入此門），此外理學、詞章兩項，因非當
務之急，故而不列入考課之中。〔註208〕光緒二十六年揚州安定、梅花書院添
設算學課。〔註209〕江西友教書院裁撤童課，改課算學，定章「每年由官甄別
一次，每月師課二次，額設十八名，每名給膏火銀二兩。」〔註210〕

　　光緒二十七年新政逐漸展開，四月諭開經濟特科，七月上諭：「著自明年
為始，嗣後鄉會試，頭場試中國政治史事論五篇；二場試各國政治藝學策五
道；三場試四書義二篇、五經義一篇，不准用八股文程序。」並諭生童歲科兩
考、進士殿試、朝考等各種考試也停止用八股文，改試策論。八月上諭「著將
各省所有書院於省城均改沒大學堂，各府廳、直隸州均設中學堂，各州縣均
設小學堂，並多沒蒙養學堂。其教法當以四書五經、綱常大義為主，以歷代
史鑒及中外政治、藝學為輔。務使心術端正、文行交修、博通時務、講求實
用。」〔註211〕至此，書院改課於全國通行。七月上海道袁海觀劄飭所屬書院
改試策論，其劄云：

　　　　照得何武行部，先見諸生；兒寬飭吏，深資經術，自來循吏未
　　有不以文教為亟務者。本道學書不成，進身雜流，每自媿恥，念來
　　日之大難，益翹材之或渴，時文垢弊，愚者知之，桎梏人才莫此為
　　甚。學校課試，束於功令，非本道所敢輕議。書院為學校之輔，並
　　無必欲專試時文之制，過而存之，亦何為者。現已稟請督撫憲，通
　　飭全屬，先將各書院月課時文一律改課論策，以樹奉諭變法之風聲。

〔註207〕民國《上海縣續志》卷九《學校》。
〔註208〕顧家相：《鼇洲書院課士略說》，鄧洪波主編：《中國書院學規集成》，第632
　　　　～635頁。
〔註209〕《蜀岡遠眺》，《申報》1900年6月16日，第2版。
〔註210〕《滕王□影》，《申報》1897年5月12日，第2版。
〔註211〕璩鑫圭、唐良炎編：《中國近代教育史資料彙編·學制演變》，上海：上海教
　　　　育出版社1991年版，第3～6頁。

本道亦粗知論策滋失與時文將無同，況朝廷正議改良，度科舉將合於學堂，亦未必全需論策。顧士林汩沒於時文者久，今乃人人意中有長夜將旦之心，早一日之改課，即早一日之鼓舞，二弊相形則取其輕，亦此意也。……合行箚飭，箚縣立即移會該學，一體知照。自七月分起所有書院之原課時文者一律改課策論，每期經史掌故論一藝，時務策一藝，始為完卷。其原課經古之書院，務須講求治事有用之學，不尚風雲月露、蟲魚餖飣之舊習，冀共禾支傾廈，川障頹瀾，以仰副天子撫髀求材，屬意提倡實學之至意。限七月終並書院院長、監院考課經費情形與整頓擴充義塾章程，會學依期送道，以備查考。逾限如不覆到，則是該令等於文教事宜，平昔全未加意，故箚飭亦若具文，定各移司記大過一次，以為俗吏儆幸。勿目為行查書院義塾，一紙照例公牘已也，切切此箚。〔註212〕

寧波鄞縣鄞山書院在原有經古課的基礎上增設經古專課。

浙江寧波府鄞縣正堂徐為出示曉諭事照得鄞山書院原定章程自三月至十一月，每月朔望二課，一文一詩。惟三月、八月之朔及五月、十月之望兼課經古，通年僅古學四課，每課僅取生童各二十名，未免專重制藝不重經古。方今國家□開經濟特科，朝廷疊下求賢明詔，轉瞬士風丕變，實學振興，闔邑生童志切觀光，必皆講求經史策論，不屑囿於帖括。因念書院為作育人材之地，若拘守成規，不圖擴充，何以示鼓勵而資觀感？本縣蒞任以來，整飭地方，疊辦要公，未遑加意課士，心常耿耿。仰切上君護祐地方安謐，急宜增課經古，獎勵生童。本縣捐存廉銀，預備花紅，定於本年八月朔課為始，特添經古試卷，除照會監院外，合行酌擬條規，出示曉諭，為此示仰闔邑生童一體知悉。爾等如有長於經古，自願應試者，可即查照後開條規，自赴監院處，照甄別原案報名領卷，按期考試，依限繳卷，聽候評定甲乙，給發花紅。從此講求實學，藉以拔取真才，本縣有厚望焉切切特示。計開：

一本縣擴充鄞山書院經古課藝，先行倡捐，一年花紅洋銀四百二十元。自本年八月朔課起，推廣經古講求實學，除四月七月朔仍

〔註212〕《道札照錄》，《申報》1901 年 8 月 19 日，第 3 版。

遵向章，聽候道府二憲按期考試，無庸添課外。嗣後每年自三月起至十一月止，凡遇本縣朔課，於制藝之外添課經古一卷，遇閏照加。所課經古，不僅詩賦、詞章，舉凡經史、策論、測算、時務皆可命題考試。

一應試古學生童，每年按照甄別原案。若甄別未曾錄取，續後不得插卷，甄別有案而不願考經古亦聽其便。

一制藝向限二日繳卷，經古向限三日繳卷。今擴充經古，稽核必須精詳，議論必期充暢，限五日繳卷，俾各生童悉心研求，從容繕寫。至課題有不能全作者，亦必須兩三藝，如一卷一藝概不錄取。

一錄取經古名次不拘定額，視試卷之多寡，課藝之優劣，分別生童，酌量錄取，另行榜示。取列前茅者每課由本縣捐廉給發花紅洋銀六十元，視名次之前後，定花紅之重輕，盡數挨次分給，以示獎勵。本縣先捐一年花紅，如遇交卸移交後，任按月支給，嗣後縣中作為捐款，在任之員分別有閏無閏，按年勻捐，按月獎賞，業經通稟各大憲立案，垂諸久遠。

一獎賞花紅名次在前，得獎洋銀數元及一二元者，卷面判明洋數均係大洋，不搭角子。各次稍後者獎洋幾角，係□角洋，亦於卷面判明。每課所發花紅大小銀圓，以散合眾，仍符大洋六十元之數，以昭大信。

一經古卷仍請監院備辦，俟本縣命題送院，隨同制藝一體分發，俾免生童分投領卷之勞。其卷宜加長二頁，每課卷資錢由本縣另捐，於出案時連同花紅洋一併送交監院，分別給發歸墊。如僅領卷而不願作，准將原卷交還，監院查出不交者，即於下次扣考以示限制。

一每年二月八月原定經古花紅仍照向章，按額定名次給發，以示優厚而資鼓勵。

一山長望課悉循其舊，無庸新增，俾書院經費無虞支絀，與前縣稟定章程亦無窒礙。〔註213〕

〔註213〕《捐廉勵學》，《申報》1901 年 9 月 17 日，第 9 版。

杭州敷文、崇文、紫陽三書院則於光緒二十七年八月奉諭旨改課策論。崇文歸任大中丞主政，題為：「為君難為臣不易論」、民教相安策；敷文歸誠方伯主政，題為：立國以富強為本說；岳飛韓世忠論。紫陽歸黃都轉主政，題為：論春秋時亞東種族之爭；問耶佛回三教揚行之由皆藉國力保護，其所謂國力者若何？〔註214〕同年揚州「所有書院月課，自九月起一律改試講義策論。」〔註215〕

此數年間，書院或改為學堂，或改為校士館，其中校士館依舊延續書院課士之制，以新學西學課士。二十八年揚州改書院為校士館，「安、每、廣陵之名仍舊」，三十一年復改校士館為尊古學堂，並三書院為一，兼課經史、詞章、算學，聘總教一人主之，每年十課，「每課額髮膏獎銀三百八十六兩七錢，經費又減其半。」三十四年尊古學堂廢，改為兩淮師範。〔註216〕常熟遊文書院改為常昭小學堂，「仍於其中設校士館，改課策論，每年官課十次，師課十次，照舊給予膏火。」〔註217〕

光緒二十八年，金陵各書院基本上都已改成了學堂、校士館。劉坤一曾對此作過詳細奏報：「茲將江南文正書院改設小學堂一所，聘候選教諭陳作霖為總教習，課上元、江寧兩縣人士，習初級淺近之學。鍾山書院改設中學堂一所，聘河南候補道濮文暹為總教習，課江寧府屬人士，習普通之學，故就原址酌量增葺，至高等學堂，為課專門之學。江南地大物博，夙稱人文淵藪，省會高等學堂，規模必求宏敞，俾可廣育人才。現在設法籌款，擇地建造，……聘翰林院編修繆荃孫為總教習。其尊經、鳳池兩書院，改為校士館。」〔註218〕

江蘇除設立中西學堂外，「再將省城正誼書院改為蘇州府中學堂，仍其名曰正誼學堂，只設備齋、正齋，不設專齋。定學額六十名，分延中西教習，課以普通學。……平江書院改為長洲、元和、吳三縣小學堂，仍其名曰平江學堂，只設備齋，不設正齋、專齋。定學額四十名，亦分延中西教習，課以初級淺近之學。……擬留紫陽書院，改課經算策論，正誼、平江作為附課。三書院

〔註214〕《武林課士》，《申報》1901年09月24日，第9版。
〔註215〕《書院改章》，《申報》1901年10月26日，第2版。
〔註216〕光緒《江都縣續志》卷八下《學校》。
〔註217〕光緒《常昭合志稿》卷十四《學校》。
〔註218〕《兩江總督劉坤一奏為遵旨籌辦江南省各學堂大略情形恭折具陳仰祈聖鑒事》，席裕福、沈師徐：《皇朝政典類纂》卷二二七《學校》一五《學堂》，臺灣文海出版社有限公司1982年版，第4333頁。

原支經費僅七八千金，學堂添此一款，不敷尚多，寒士少此膏火，生機更窘，應請一律留作校士之用，庶貧苦諸生及質地不能選入學堂肄業者，得以養贍有資，從容變化。又省城原有學古堂，本講求有用實學，所取多高材生，亦應循舊辦理，加意整頓。」〔註219〕

〔註219〕聶緝槼：《遵改書院為學堂疏》，璩鑫圭、唐良炎編：《中國近代教育史資料彙編・學制演變》，第61頁。

第四章 清代書院考課制度之流弊及整頓之法

　　書院於清初興復時，時人大抵認為「設立書院，原以補學校之不逮」，此為宋明以來之通論。乾隆年間，清廷認為「書院之制，所以導避人材，廣學校所不及。……古者鄉學之秀，始陞於國，然其時諸侯之國皆有學。今府、州、縣學並建，而無遞陞之法，國子監雖設於京師，而道里遼遠，四方之士不能胥會，則書院即古侯國之學也」，即於官學體制中為其定位。然晚清學制改革之中，時人大抵認為「科舉之附屬品」，「書院者為科舉之豫備也，無科舉則無豫備，無豫備則無書院」，此種認識的出現其基本原因在於其時書院之主流型式為以八股試貼為基本內容、以考課為主導性建制的考課式書院，此種書院型式在實踐中流弊愈顯。盛郎西認為書院通弊約有數端：一曰山長充數，不問品學也；一曰士風浮誇，滋生事端也；一曰多課帖括，無裨實用也；一曰注意膏獎，志趣卑陋也。〔註1〕

　　以四川川錦江書院而論，嘉慶二十四年時任總督蔣攸銛定《錦江書院條規》，其中包括：

　　　　一、課期，凡住院、不住院諸生皆親自上堂領卷作文，不得攜
　　　　卷歸房。無論官課、院課均限本日交卷，如遲至次日交卷者，概不
　　　　評閱，照曠課例將膏火扣除。其官課試卷，監院教官於次日辰刻封
　　　　送衙門收閱，不得遲延。

〔註1〕盛郎西：《中國書院制度》，《民國叢書》第3編45，第217頁。

一、官課課卷批發後，由監院教官匯釘成帙，送掌教存貯公所，
令諸生公同閱看，俾知前列之文各有佳處，以收相觀而善之益。俟
下月官課發卷之時，則為日已久，閱者已遍，始准領回前月課卷，
不得先期私自抽去，致閱者於棄取優劣之故無從識別。〔註2〕

然而至道光十二年重定《錦江書院章程》時，舊時的諸多書院條規在實
踐中已為陳跡，「錦江書院諸生每遇考課之期，往往本生因事不到，倩人點名。
及出題後，紛紛出院，或代作、或鈔錄，陸續交卷，竟有遲至次日者。且有應
名領卷後，並不交卷者」，則局試之制廢弛矣。「無論官師課，一經發案，諸生
即將課卷紛紛抽回」，則收存課卷，公同閱看之制廢弛矣。因此之故，在新定
《錦江書院章程》中規定，「嗣後每月官課局門出題後，發圖記兩顆，委員會
同監院於巳刻在諸生卷內草稿上用圖記一顆，末刻在諸生謄真卷上用圖記一
顆，解卷時以雙圖記為一束，單圖記為一束，無圖記為一束，分別呈送。其有
私自帶卷外出及非本日交卷者正課降附課，附課降外課，外課除名。如有領
卷後並不交卷及襲舊雷同者，無論正附外，一併除名。」「嗣後書院課卷不准
用折疊紙，以便匯釘，每課超等卷，監院釘成一冊，收貯講堂。諸生到院觀
閱，不得私自抽取，山長亦可隨時選刻。」〔註3〕然不久之後，又重新出現「書
院諸生遇課期給卷後，往往攜以出院，諸弊叢生」的狀況，咸豐八年《錦江書
院改定課規》不得不重申鈐蓋圖記之規。〔註4〕

湖南衡陽石鼓書院，同治年間，李鎬釐定章程二十條，勒石於書院。然
至光緒初年，法積久而弊生，李揚華任山長時，對二十條章程在實踐之中產
生的流弊進行了詳細的梳理，並依次進行了書院規制之調整，在此節略三條：

一、書院於每年二月初旬，由府牌示定期，生童赴考棚局試，
甄別取錄若干名榜示。再候示期覆試，取準生員正課二十名、副課
二十名，童生正課二十名、副課二十名，額外附課生童均無定額。
取錄後，聽候定期送入書院肄業。每月課卷均應填寫正深、副課、
額外副課字樣，以備查核。

此條甚善。惟鎬於覆試日，捐置酒席款待諸生，約費十餘串。
後任各惜此款，遂不肯甄別。書院任人混占，往往游蕩者恃強霸據，

〔註2〕 蔣仪銛：《錦江書院條規》，鄧洪波主編：《中國書院學規集成》，第1448頁。
〔註3〕 《錦江書院章程》，鄧洪波主編：《中國書院學規集成》，第1449頁。
〔註4〕 《錦江書院改定課規》，鄧洪波主編：《中國書院學規集成》，第1456頁。

勤謹者不得入門。官自開館以後，置書院於度外，打街罵巷、嫖賭吹煙、包攬詞訟，毫無忌憚。雖有好學之士不能安身，亦惟移出齋外以避凶鋒，皆官為之也。

　　一、正課生員月發膏火錢一千文，住齋者月發米一斗。附課月發膏火錢八百文，無米。正課童生月發膏火錢八百文，住齋者月發米一斗。附課月發膏火錢六百文，無米。額外附課無膏火。官師兩課，如生員取超等兩次，童生取上取兩次，監院記名，俟正副課有缺出，挨次拔補。

　　查李鎬甄別赴考棚扃試，其已取者又挑入內署覆試，故所取皆真材。膏火以初課為定，毫無遺議。繼任者一點名便散卷出外，甚且並名不點，即由書吏散卷，捏名頂名，雇募槍手，抄襲陳文，無弊不作。一出榜，則朦混者什之七八，真材什僅二三，而以此課為定，轉非公允。不如照高人鑒之例，錄名以初課為定，無者不准應課，而膏火則隨課升降，雖不足以杜弊，而猶不至盡入僥倖者之手。

　　一、生童或距城較遠不及考甄別者，准其陸續赴監院報明，隨時收課。其取列高等者，一體給獎。院內齋房業經甄別由府送定名數住齋，如齋房實有空間，有願自備資斧搬入眷，亦准其赴監院報明，入院肄業。

　　此法本欲搜羅遺才，立意甚美。惟近今士習紛歧，童生被黜之後，又可改名作未預試報課，若果行此，則甄別乃是具文，其實與不甄別等。查每年生員應課為數甚少，又只有一個名，府署點名冊可核，應依此例辦理。其童生則一人可變數名，無從稽考，應不准援此例。〔註5〕

書院規制及實踐之間嚴重的背離諸情形及其普遍，又如光緒五年，金陵鍾山、尊經書院之情形：

　　鍾山、尊經為金陵兩大書院，亂後經曾文正公復設，延請兩山長主講，兩院籌鉅款為士予膏火，每月初二、十六官師兩課。一切章程，其時賴升任河南巡撫前江寧府塗太尊盡心經理，頗為整齊嚴

〔註5〕李揚華：《石鼓書院詳定章程》，鄧洪波主編：《中國書院學規集成》，第1180～1181頁。

肅，奈日久弊生，諸多廢弛。向係黎明點名，而今則遲至日中矣。向係各接一卷，摹對筆跡、年貌以杜假冒，今則一人而接數卷，童子而充老生矣。向係日入交卷，不准給燭，今則通宵達旦，延至次日矣。十六日師課因無膏火，而請假者幾不止於一半人數，其應考者又多率意完卷，絕無佳文。〔註6〕

第一節　生徒之弊

一、捉刀、冒卷

捉刀，即代筆作文，書院散卷之時，捉刀之事較為常見。光緒三年，「揚州有貧富兩生，貧者才富，富者才貧，每逢書院月課，富者必高取，然其文賦各卷皆倩人代作，每一篇酬錢五百文，其膏火優獎與作者無涉也。」〔註7〕即使扃試之時，因監場不嚴，亦有捉刀之事。光緒十九年正月廿四日杭州敷文、崇文、紫陽三書院於學院甄別：

> 餘杭生甲、乙兩人共作六七卷，至傍晚僅得其半。某丙繳卷後，告甲曰我先去。甲留之使作八韻詩一首，丙初不允，甲央懇再四，並以點心、水果之屬為獻。丙礙於情面，代作「八荒開壽域」一首，不料誤將敷文卷謄寫，及繳卷該監院謂詩題誤作，不能收錄，甲乃復歸號舍，將卷割截後幅，仍自作詩謄封繳去。〔註8〕

冒者，以假充真者也。冒卷，即生徒無資格故而借他人之名而應考，亦稱借名投考，所謂資格包括籍貫、功名等等。或為博取更多膏火，而以多個名字應考，甚至捏造名字投考，即詭名冒考。光緒元年南昌東湖書院：

> 南昌東湖書院，例於每歲之臘初由邑尊開考甄別，蓋以是時歲期將近，凡外府諸生在省肄業者，多經回籍，可免冒卷等弊也。但取額既寬，膏火亦重，每甄別錄列一卷，即可得紋銀十兩，至次年按月應課，尚有獎賞，以故外府生尤爭羨之，候至考期，多方託人備卷。然本邑人亦先期探知某卷係某人所作，每於交卷時擇其文詞之佳者，將卷面換去，迨取定後仍以原卷面套上，以便本生領取，

〔註6〕《書院改章》，《申報》1879年3月29日，第2版。
〔註7〕《捉刀致訟》，《申報》1877年11月6日，第3版。
〔註8〕《甄別續紀》，《申報》1893年3月19日，第2版。

故往往有文已蒙賞，而名不見錄者。弊各不一，冒卷之風終不少息也。〔註9〕

此即東湖書院肄業資格限於本府，為免外府諸生冒卷，則將甄別課期定於外府諸生多已回籍度歲之臘初，然外府諸生羨於膏火獎賞，乃買卷應課，即借名投考，而本邑則以換卷之法套取佳作者之膏火獎賞，誠可謂鬥智鬥勇也。又如光緒十七年廈門書院，有孝廉冒為生童應課，具體而言：

> 書院月課固應憑文錄取，分別等第，給以花紅，廈門則不然。道廳兩處官課以及山長月課，大半一人而冒數名，領得卷題，回家撰就。有閩中某孝廉，當未中式時，在廈教讀，廣結署中幕友，得以獨佔超等數名，至前年秋闈中式，始賦歸歟。本年復來廈謀館，未得枝棲，暫寓舊居停處，終日無所事事，只得偽為文童，故考月課，日與署中新舊諸友詩酒狎邪，征逐於秦樓楚館，以花紅膏火為評花買笑之資，以致肄業諸生，嘖有煩言，意圖攻訐。〔註10〕

同治年間，江西白鷺洲書院「向來甄別取錄，外縣正課率多賣名之弊，或係本縣未經邀取之人，或係近縣久據書院之人，啖以微利，圖其膏火，張冠李戴，甚至一人數卷，每逢課期，非自己真名罔所顧惜，任其東塗西抹，草率了事，是一年作養一人之費競付之有名無實也。」〔註11〕義寧州鳳巘書院則對冒卷之事較為寬容，光緒元年定規，「官師課每課應考，有本人接領之卷被他人應考者，以致散給膏火時，彼此紛爭。此後議定，代應者給錢一半，本人給錢一半。」〔註12〕杭州諸書院，冒卷之事亦頗為常見，光緒四年，時人論浙省書院冒卷之情形，具體而言：

> 書院所以育人材，各府州縣皆有。膏火之資或由紳富捐資生息，或係義田租項以資發放，而省會則立法尤當，膏火亦充裕。又因大吏輪課，各捐廉加獎，生童於館脩之外，藉此添貼，俯畜仰事，往往裕如。然利之所在，爭趨若鶩，官師不能嚴局面，試輒散卷，而歸致諸生一人兼數卷，文高者多列優等，每課得一二千不難。然諸生之弊，憑文給獎，不過啟文劣者之嫉妒，而藝實不及，無所怨也。

〔註9〕《東湖書院甄別》，《申報》1876年12月27日，第3版。
〔註10〕《鷺江錄要》，《申報》1891年8月8日，第1版。
〔註11〕劉繹：《白鹿洞書院章程管見》，鄧洪波主編：《中國書院學規集成》，第741頁。
〔註12〕《鳳巘書院章程》，鄧洪波主編：《中國書院學規集成》，第692頁。

乃近來候補閒員亦交爭其利，而於官課之日，或委進士舉人出身之員衡校課卷，則每有自作自閱者。諸生憾之而以事小無敢言者。同治初年浙省甫復，士林尚有未歸者，三書院不過千人，而其間一兼三兩者亦已不少。近年則人益加多，而弊又百出，得千文而已極難。今歲二月各書院甄別，至於每院生一千餘，而童七八百獲取一名。〔註13〕

甚至「官場中人有冒名而考書院者」，其具體情形即冒卷者「甄別時則所託書斗借名填冊，臨期派人接卷，……廣延抄手為之謄寫，少則三四卷，多則六七卷。泊乎繳卷以後即奉閱卷之差，蓋此等人員筆下皆未荒疏，故自負其文理甚優，而必欲應課大憲，亦因其文名素著，而必委以閱卷奉委之後，任其所為自圈自點，自評自贊，必置於前列而後快。」〔註14〕而冒卷者即使並未得閱卷差，「而所委者非有寅誼，即有鄉情，彼此皆知不言而喻不必指名請開，自無不置諸獎賞之列。且尤有不知自愛之士，專好與委員結交，酒食征逐，不惜小費，每遇月課，先與定約，若得獎賞，則作者與閱者平分，亦更有作四六股分者。在該生既竊虛名，又得實利。而在閱者外市虛恩，暗分餘潤，亦何樂而不為耶？」〔註15〕此種情形之形成即因杭州書院官課閱卷，「均派委即用大挑各州縣員赴署校閱」〔註16〕，遂造成自作自閱之情形，且有其客觀其原因，「蓋省城候補人員多至百餘，其久無差委者，聽鼓隨衙，貧無生計，往往頂名投卷，雜入其中。」光緒九年，時人稱：「此弊惟詁經精舍為最甚，而三書院次之。蓋精舍須三日繳卷，而獎額又優於他處。向例舍中官課，亦皆到院局試，以盡一日之長。自李小荃制軍撫浙時，改為三日，自後沿以為例，而群弊遂不可問矣。」〔註17〕至光緒十九年，其情形依舊未有明顯改觀，如光緒十九年時人撰文述其友人之事，稱：

余昔有故友以即用分發吾浙，生平不解世務，終日沉酣於八股帖括之中，通籍以後仍不知服官宜若何，而其咿唔揮寫也如故。當其未通籍時，曾□於紹，專以考書院為事。每考必列高等，所獲頗豐。而且每院或作三四卷，五六卷不等，惟恨一江之隔，不得與考

〔註13〕《書院積弊》，《申報》1878 年 4 月 15 日，第 2 版。
〔註14〕《官不宜與寒士爭利說》，《申報》1893 年 4 月 19 日，第 1 版。
〔註15〕《書院新弊》，《申報》1883 年 9 月 30 日，第 2 版。
〔註16〕《浙省書院課士認真》，《申報》1874 年 12 月 14 日，第 3 版。
〔註17〕《書院新弊》，《申報》1883 年 9 月 30 日，第 2 版。

杭州書院，以為缺陷。及既以即用來浙，則如願以償，於是每逢書院試期，無不投卷納名一院，亦或三五卷不等，有同寅相往還寒暄外，無他語，輒曰：「何不考書院」？〔註18〕

生員冒考學海堂之事，學海堂「為舉人肄業之所，附於西湖孤山蘇公祠內。但秀才亦得應考，惟須借用一舉人之名。以全省舉人不多，有冊可稽，不能冒混，非如秀才之多不勝數也。」〔註19〕光緒十七年「學海堂甄別課卷約有一千餘本，頂名考試者十居六七。」針對此種冒卷之事，時人議論紛紛，「有謂真舉人往往向隅，未能滿意。每至茶坊酒肆中，雌黃滿口，似嫌不能秉公查核，以致魚目混珠等語。有謂書院之設，原為造就人才起見，但能憑文取士，不必辨廿真偽。況敷文、崇文、紫陽三院系生童課試之地，而舉人亦混入其中，以爭蠅頭之利，降格以求，與越分而取者，亦復不相上下。」〔註20〕另則言之，冒卷為書院甄別時人數越來越多的重要原因，如光緒七年蘇州平江書院甄別，「與考者統計在院及投考各卷共有一千五百本左右，濟濟人才可謂盛矣。蓋近以縣考在即，諸童皆摩厲以須，復有舉貢生監文興勃勃，亦皆易名隱姓，降格相從，故平江甄別此次人數較多也」。〔註21〕

整頓冒卷之弊，一法為同城諸書院定於同日考課，使應課士子不能兼顧。光緒十三年七月，巡撫課試敷文書院，「定於初六日仍在學院考棚考試敷文書院七月朔課，崇文、紫陽亦飭同日考試，並以考生等一人每考數院，又孝廉甘作生童，生童冒充孝廉，故於同日在學海堂考試孝廉，俾不能兼顧雲」〔註22〕。又如光緒十六年，「江省友教書院向歸藩憲主政，每年甄別在豫章書院後十日，因此豫章諸生於友教甄別時，亦得報名投考。現聞方祐民方伯汝翼定於二月廿一日，在新建考棚甄別友教，與豫章同日舉行，以杜跨考之弊。」〔註23〕

二在於通過局試、由學起文等方式，核准生徒身份，使名實相符。江西白鷺洲書院於同治二年定章，「每年甄別，書院生童原卷存署，以便隨時核對自己，以防假替。如有假替者，扣課。」〔註24〕同治九年李鐸提出：「宜諭各

〔註18〕《官不宜與寒士爭利說》，《申報》1893 年 4 月 19 日，第 1 版。

〔註19〕鍾毓龍：《說杭州》，第 290 頁。

〔註20〕《鳳嶺春深》，《申報》1891 年 4 月 11 日，第 2 版。

〔註21〕《平江甄別》，《申報》1881 年 4 月 4 日，第 2 版。

〔註22〕《之江秋雁》，《申報》1887 年 8 月 30 日，第 2 版。

〔註23〕《章江小志》，《申報》1890 年 3 月 20 日，第 3 版。

〔註24〕曾省三：《興復書院經費告示》，鄧洪波主編《中國書院學規集成》，第 743 頁。

學傳知所取生童，正課、副課均須親身到館，其有事不能赴者，預行稟明，由該學確查，分別造冊送府，以憑覆核。庶幾額無虛冒，課歸實功矣。」〔註25〕
光緒十四年衛榮光整頓杭州書院：

> 通飭府州縣於今歲甄別省城三書院肄業生童，懲舊習，易新章，有願應三書院試者，務飭該生等親向各該學填冊注名，各該學務於考試前數日，將所填姓名匯造一冊送院，以憑緝核。有寓居在杭者亦須赴本籍學中填冊，冊上有名方准收考。有貢監願考者須親赴布政使衙門呈驗執照，查無差誤方准填冊收考。若童生則須赴各該縣報名填冊，查係曾經應過府縣試者方准收考，此外一概不收。〔註26〕

至學海堂，則責令應考孝廉連環具保，具體而言：

> 學海堂課專為孝廉而設，生員不准與試。第孝廉在省者，寥落如晨星，向來應課者均係生貢冒孝廉姓名。衛靜帥擬杜假冒之弊，責令與考之孝廉連環具保，如查出假冒，保人及所保之人一併將姓名扣除，永遠不准與課，庶幾弊絕風清，南郭處士不得濫竽其間。
> 蓋靜帥因訪知上年學海堂課有翰林數人居然冒考，故欲力為整頓，現查在省孝廉貫祗三十六人，學海堂膏火則有六十名云。〔註27〕

雖經衛榮光整頓，而杭州書院諸情形並未根本改善，「杭垣各書院生童請考者，大率以多為貴，一人一卷似不能盡其才，雖詭名假姓經衛靜瀾中丞一例刪除，而倩名頂代者，在所不免。迨至日久，厭倦叢生，甚有草率了卷者。故荒謬之文，層出迭見。至若住院者，寧紹人最多，不獨糟蹋院中對象，往往三五成群聚飲、聚賭，士習之壞，無過於此。」光緒十七年，瓜爾佳・崧駿於浙江巡撫整頓杭州諸書院，剳示改章，稱「查本年院課，屢有荒謬之卷，推原其弊，實自詭名假姓始。明歲甄別，所有請考生員，應由各該學備文。貢監童生，應由各該縣備文。均開具三代年貌、籍貫並專考何院，不得跨考，分別移送各該監院入冊備卷。其本年肄業生童亦由各學、各縣移送監院，憑文造冊。如偽託者，准其改正，統限開印前，一律移到。甄別後該監院即將原文匯送，察核有不符者，概不錄取」〔註28〕光緒十九年時人稱崧駿整頓書院之政，「凡

〔註25〕 李鐸：《白鷺洲書院程管見》，鄧洪波主編：《中國書院學規集成》，第 741 頁。
〔註26〕 《書衛靜帥書院新章後》，《申報》1888 年 3 月 14 日，第 1 版。
〔註27〕 《聖湖芳信》，《申報》1888 年 3 月 12 日，第 2 版。
〔註28〕 《掃除積弊》，《申報》1890 年 12 月 30 日，第 3 版。

遇甄別必封門局試，而散卷之弊以革。三院不准有重名，而跨考之弊以革。生童、孝廉由本學本縣起文，而偽造名字之弊以革。夫所以革散卷之弊者，絕槍替也。所以革跨考之弊者，禁貪競也。所以革偽造名字之弊者，使生不冒童、童不冒生、生童不冒孝廉、孝廉不冒生童，袪浮濫也。」〔註29〕

　　然諸多情形依舊如故，因針對由學起文、由縣起文等措施，生徒已發展出新的因應之策，即「倩人代接」，「而代接之人，其上者為書□子弟，下則或商、或買、或農、或工，以及家丁、庖人、醫卜、星相□流，無不□雜其間，至繳卷後將紅票七十文作為勞金，在考生所費不多，而無業游氏聞風而至，塵集於東西轅門，以待考生之相招」〔註30〕，其人代接課卷之後，即混入文場，將卷交與其代接之人即可。

二、鬧書院

　　鬧書院於書院考課中極為常見，尤其是大邑書院局試之時，生徒大規模聚集，往往一呼百應，或於唱點之時因搶卷、冒領等發生衝突，或書院嚴格局試而遭生徒之抵制及破壞，而生徒聚集場中作文，亦極容易發生各種事端，凡此類者，皆為鬧書院之事。唱點之時發生衝突者，如光緒五年三月十六日南昌經訓書院甄別時鬧書院情形：

> 業已開點出題，而點名冊竟未送到。由是接卷者攘擾一堂，莫辨名次之先後。書辦唱名如誦二字經，聽者亦難清楚，計點多時，僅領去三百餘卷，而誤領者尚不一而足。眾人大怒，各上前毆打書辦，致將公案擠翻，折其木、覆其足。首府賀太守適在點名，欲避無路，以兩手緊握朝珠，而翹翹之翠翎已折為數斷。眾人遂擁進試院。觀察親出開導，當許補備試卷，弗答。許更換試題，又弗答。皆曰不願與試，但飭書辦交還卷貲足矣。觀察乃諭云：書吏誤公，斷無不懲之理，爾等著於十七日向監院處領卷，至十八日交卷，並手書以諭之。又遣南新二縣向眾宣言，猶不肯退。觀察乃傳命回署，當升轎時一人在旁言曰：請必將書吏懲治，觀察頷之。於是稽查、彈壓、監試、收捲等官各自散去。〔註31〕

〔註29〕《官不宜與寒士爭利說》，《申報》1893年4月19日，第1版。
〔註30〕《書院甄別紀事》，《申報》1892年3月8日，第9版。
〔註31〕《士習宜端》，《申報》1879年4月22日，第2版。

光緒六年正月二十二蘇州紫陽書院甄別時鬧書院情形：

> 甄別紫陽書院在考棚扃試。是日黎明藩、臬、府、縣及各教官均先至伺候，至七點鐘時中丞駕到，親在儀門點名，計在院諸生約有七百餘卷，此外投考各卷數亦與在院者相將。此則由蔣憲在東角門同時開點。惟中丞所點在院諸生，須令親自應名接卷，不准他人旁代及互相傳遞。但諸生爭前恐後，一時數百人，擁塞儀門，不能魚貫而入，喧謹排擠。既不能靜聽唱名，亦不按次接卷，自始至終輪點一次，而得卷者不及十成之一。及至補點，諸生更恐此次點過不再給卷，因之彼此爭先愈甚，喧嘩更劇，中丞再三呵斥，諸生置若罔聞。其時日已近午，藩憲所點投考各卷早已竣事。中丞見諸生不循規矩，心大不悦，陡然投筆，飭令提轎竟自回署。厥後未發各卷，交監院學官分給諸生，迨至扃門出題，蓋已鐘鳴十二下矣。〔註32〕

光緒六年二月二十一日江西豫章書院甄別：

> 是日八點鐘，中丞親臨出題，生監約千人。委署鹽道喬觀察點名，十分擁擠。公案前所加之柵欄，點至三牌時，已為擠斷，然尚不至搶卷。童生約六百人，由首府另設公案於頭門側給卷，四圍亦加有柵欄，乃方點百十人，而在後者已覺煩不可，耐一擁而前，將卷全行搶去。首府即還入官廳而童生之未得卷者，有向該搶卷者手中奪取，然已糜爛不復可用。有向賣卷之書辦拖扭，甚而至於跟蹤首府，向之要卷，號叫喧呼之聲，紛紜絡繹之狀，儼如萬馬千軍也。是時東北風大作，飛沙走石，凡接卷者無不滿身塵土。迨十二點鐘，題紙始出，但風大不能開卷，凡預備場內作文者，亦皆一哄而散。〔註33〕

光緒十一年六月三日順天府金臺書院甄別唱點時，因有人冒領課卷而引發衝突，其具體情形為：

> 辰刻一委員……，鵠立二門口，監視門斗唱名發給卷票，始尚有條不紊繼，則人益擁擠冒名搶票等情紛紛而起。戶部某司員亦蹈此習，適為本人扭住，定欲索還。司員出言不遜，其人大怒，奉以老拳，一時旁觀勸解聲、當局喝打聲，嘈雜喧囂，無異戲場。人散，

〔註32〕《甄別情形》，《申報》1880年3月9日，第2版。
〔註33〕《甄別豫章書院情形》，《申報》1880年4月15日，第2版。

委員大怒，遂命停止唱名。迨爭毆畢，諸生未得卷票者，復向門斗
索取。門斗方擬逐一補給，無如人多手雜，一紙未抽，數紙已去。
門斗憤欲遁去，苦於人山人海，將其圍在垓心，豕突狼奔，終難破
圍而出。不得已，再以數票分給。然卷票未完，人終不退也。離數
刻之久，卷票散盡方得脫。然無累諸生領得卷票，即赴堂上藍頂花
翎之某委員公座上換取卷子，並無所謂點名冊者。未幾卷子散盡，
委員進入內室更衣，傳令將門烏閉，貼上封條。然後將題目牌，皇
然掛出，……諸生得題後，有以卷請蓋戳者，蓋戳官一一如命。迨
卷既蓋戳，諸生之在院作文者，固不乏人，而紛紛然硬令開門，攜
卷出院者竟有大半。〔註34〕

光緒十六年杭州鬧書院：

是日點名之時，諸生將大門捱倒，任意驛騷。某署家人因將卷
捧至學署大堂，復行分給，當時諸生如蟻之聚、如鳧之趨，大聲疾
呼。且又爬上堂，左右考桌，紛擾約一刻許，弱者方難入立，負痛
奔回。強者益肆鴟張，乘間搶奪試卷，有奪得三四本、五六本者，
有互相爭奪扯碎而擲諸地下者，呼號洶湧，勢不可當。〔註35〕

又有大吏欲書院嚴格局試而遭生徒之抵制及破壞，引發衝突者。光緒四
年寧波月湖書院甄別時：

寧波月湖書院甄別向例生童混坐，不分東西。今聞宗太守恐有
槍代情事，命生員坐東文場，而儒童坐西文場，以示區別。初六日
臨考時，鄞縣沈司馬及校官皆候於察院前，太守令各生童須挨牌由
文欄徐入，生童不遵約束，有從旁越次以進者。太守悉令押回，務
須從文欄挨次點名，於是眾口沸騰，如潮湧如海嘯，爭先恐後，竟
將儀門擠落，幸內外有人托住不致壓下。太守遂飭役將門撤去，仍
點名令分東西歸號云。及封門後諸生見卷面上各有住址空白候填，
復下一示云如不填寫住址者不錄。〔註36〕

然至光緒六年甄別寧波月湖書院，情形依舊，具體而言：

肄業各生童積習難除，於是日巳刻始得到齊，迨院門甫開，該

〔註34〕《甄別情形》，《申報》1885 年 8 月 24 日，第 1 版。
〔註35〕《整頓士習》，《申報》1890 年 2 月 27 日，第 2 版。
〔註36〕《月湖書院甄別情形》，《申報》1878 年 4 月 12 日，第 2 版。

生童即一齊擁入，宗太守恐其欲速反遲，親同監院勸令退出，先由監院點名魚貫而進，無如該生童皆不遵諭，甚至擅到龍門，沿所設案桌上各自檢卷，太守見不守場規如此，含怒進內，命監院到堂上點名。點畢時已午刻，始封門出題，至次日黎明尚未淨場也。〔註37〕

光緒十三年，九江濂溪書院甄別，諸生皆不願意接受唱點，故而引發衝突，其具體情形為：

是日黎明與考諸生童紛紛擁入考柵，各據一席，靜候太守點名。至八點鐘時太守始呵殿而至，飭教官面諭諸生童至龍門接卷，諸生童咸不肯遵命，太守乃親自降階，溫語勸諭，諸生童仍不肯遵有出言不遜者。太守怒，親標硃諭，黏貼大堂，略謂今日鬧考，例應停考，姑念此邦向係先儒講學之地，本府諭令點名給卷，魚貫入場，原杜冒名、重領等弊。茲竟敢喧鬧，不遵場規，有辜栽培至意也。查不鬧考者，不過千百人中一二人耳。其風正，讀書者當必儒雅彬彬，動容中禮也。有願在書院肄業者，務於明日齊集龍門外，聽候本府點名給捲入場，切切特諭。諭後太守即乘輿回署，諸生童無奈，各攜籃檻散歸。〔註38〕

而場中之衝突，亦頗常見。光緒九年，三月十三日平江書院甄別，「題經牌示後，有不更事之幼童遽將猥褻之語寫入粉牌，以博觀者噴飯。經府尊家丁瞥見，怒其無禮，持呈府尊閱看。府憲大怒，立傳監院教官，著即查出誰人動筆，拘來發落。學師躇躇半晌，退而遍詢與考者，皆鑒於黃宗師嚴辦某童之事，諉為不知。稟覆太尊，大加申飭，仍令訪查提到，限出場後再行詳訪，務得此童，以懲輕浮。」〔註39〕又如光緒十四年正月二十四日甄別紫陽書院，「是日應試士子多至二千餘人，擁擠喧嘩，座無隙地。有某武員之公子與某生爭坐，僕役等仗其勢力，大聲辱罵，旁觀皆為不平，始而角口，繼而角手，什伯成群，喧聲一片，幸賴長洲王芸莊元和程序東兩明府竭力排解，勸之出門，始克化有事為無事。」〔註40〕

因鬧書院與科舉之鬧考畢竟有別，「至於各處書院則其設也，初不由於朝

〔註37〕《甄別情形》，《申報》1880 年 5 月 9 日，第 2 版。
〔註38〕《生童無禮》，《申報》1887 年 5 月 17 日，第 2 版。
〔註39〕《書院近聞》，《申報》1883 年 5 月 1 日，第 2 版。
〔註40〕《棄文用武》，《申報》1888 年 3 月 14 日，第 2 版。

廷之意，無非地方官憲所創，咸由本地紳士所立而請官為之主持。其課，月或一二次，非若三年大比、歲科兩考之認真也。考而上列，不過優獎膏火，初不若秀才、舉人之為雲路初階也。官之視之也既若可有而可無，人之鬧之也亦以為無榮而無辱，故二者判然兩歧。罷考則官有處分，停課則無關輕重。」〔註41〕大吏於鬧書院之事，大抵採取停課、延期等措施，亦會懲處相關鬧事生徒。光緒六年蘇州紫陽書院甄別時發生鬧書院之事，嗣於二十五日懸牌書院，「以此次書院甄別，諸生不遵舊章，擁擠喧嘩，實屬不成事體，特將此次獎賞膏火銀兩全行罰入儒寡，以示薄懲。」〔註42〕光緒十三年，杭州三書院甄別時出現鬧考，時任浙撫衛榮光震怒，意欲以科舉制度中罷考停考之例，將書院「停考三個月，所有三個月額定膏火筆資加獎，全數撥充順直賑款」〔註43〕，後經府仁錢三學生員公稟及布政使、杭府等調停，杭府稟請撫憲補考甄別，復將諭單交監院刊刷分給士子，其諭單全文如下：

敷文、崇文、紫陽書院監院，為奉箚傳諭事。案奉杭府憲李札開，照得。本年正月二十四日撫憲甄別三書院，生員以擁擠喧嘩，扯碎試卷，肆無忌憚。當奉憲諭停課，並飭各監院查人交出，稟候懲辦，迄今月餘，案懸未結。該監院等屢陳各大憲暨本府，以此中頗有安分士子，懇俟撫憲回轅，轉□補試。惟查當日滋事情形，該生等目無官長，實有應得之咎，若不令其知所儆戒，亦不能仰乞撫憲恩施。除各監院凜遵憲諭，仍嚴密查送滋事考生外，合行箚飭，箚到該監院遵照先期會同教官，嚴諭與考各生。將來稟求撫憲如蒙俯準，補行甄別，務令各戴頂帽，隨牌魚貫而進，按名接卷時必須本人應點，年貌相符，不准於三書院重名跨考，領卷後靜候命題扃試。毋許攜卷出場，繳卷應遵憲定時刻，不得任意遲延。自諭之後，倘敢故違，即係前次滋事之人，復萌故態，立予懲辦，決不姑寬。至課卷中有文詩荒謬，字跡潦草者直，以考試為兒戲，亦當查明卷面姓名，發學戒斥。以上所諭皆考試分所應然，仰各該監院剴切教導，以挽士林狂妄浮慕之習，俟稟覆後，本府再請各大憲合詞籲懇，聽候撫憲鈞諭等。因奉此合亟傳諭與考各生一體遵照，並互相勸誡，

〔註41〕《論杭州鬧書院事》，《申報》1890 年 5 月 10 日，第 1 版。
〔註42〕《懲罰諸生》，《申報》1880 年 3 月 18 日，第 2 版。
〔註43〕《杭郡紀聞》，《申報》1887 年 4 月 26 日，第 12 版。

有則改之，無則加勉，幸勿視為具文，致貽後悔。諸生等設有不以為然者，限於三日內向本監院陳明，切切須至傳諭者。

光緒十六年閏二月給〔註44〕

又如光緒十八年三月十五日鄞縣鄮山書院書院甄別，生童滋鬧，縣令嚴飭禮房，查明為首之生童童某等二十名，扣考之，遂於三月二十四日重行甄別。〔註45〕

書院局試比較容易出現鬧書院之情形，其原由在多在於生徒聚集，點名無序，為時頗長，極易發生衝突。此種情形於科舉考試中亦經常出現，故而時人總結出唱點之法。「誠於唱名之先，令執牌者魚貫序列於考棚數十步之外，傳諭試者，俾散處靜俟。臨點之前，二人鳴金傳呼而出，導牌而入，曰某縣某牌，進試者各隨其牌，前至門前聽點。點至半，復傳次牌如前法。……一牌進訖，如牌下猶有摻越之人，罰令長跪，俟試者畢入乃得入。其不到者，聽以其陸續稟到。」鼇峰書院於嘉道間時曾運用此制，「眾翕然稱便」。〔註46〕光緒六年，蘇州紫陽書院議立章程，「凡官課點名，先由東西兩柵給與照入簽，然後得入頭門，在院諸生以等第名次分別中路、東路、西路進點，應名時繳簽給卷。」〔註47〕

書院另有罷考之事，如梁鼎芬掌教廣雅書院時，費念慈致信繆荃孫稱：「南皮與星海甚契，延領局事。星海長髯滿腮，出入公廨，日事遊宴。近日方欲以三千金納妓，頗不似平時所為，則痛乎風俗之移入也。所立院課規條甚嚴，而鄉人不滿之，廣州屬無一人投卷者，不知南皮何以調停耳。」〔註48〕又如光緒十三年嘉興府嘉善縣縣令莊因當街答責生員李寶善而遭士子抵制，二月「莊大令於本月初二日甄別書院，無如遠近，各生員率皆金玉爾音，竟無一人向領課卷者。莊大令遂囑禮房散卷分給，不設日期，在後交卷者僅有童生數十卷及假生卷數本而已，……初八日莊大令又乘舟赴西塘鎮之平川書院開課，亦無一人領卷，大令遂鼓棹而回。」〔註49〕

〔註44〕《諭單照登》，《申報》1890 年 4 月 16 日，第 2 版。

〔註45〕《甄別滋鬧》，《申報》1892 年 4 月 16 日，第 2 版；《四明聞見錄》，《申報》1892 年 4 月 29 日，第 3 版。

〔註46〕陳庚煥：《郡試唱名私議》，李國鈞主編：《清代前期教育論著選》（下冊），第 314 頁。

〔註47〕《書院新章》，《申報》1880 年 4 月 19 日，第 2 版。

〔註48〕顧廷龍校閱：《藝風堂友朋書札》，上海：上海古籍出版社 1980 年版，第 361 頁。

〔註49〕《生員被責續聞》，《申報》1887 年 3 月 16 日，第 2 版。

第二節　官師之弊

一、閱卷請託之弊

　　杭州書院官課閱卷，「均派委即用大挑各州縣員赴署校閱」〔註50〕，然請託公行，如光緒十四年，時人稱東城講舍「甄別非條子不得取錄，平時非條子不得前列」〔註51〕。光緒十八年，東城書院甄別，「兩委員爭奪案首，遂致用武。太守聞之，即將各卷收回，親率幕友重定甲乙，所取前列皆係知名之士。」光緒十九年臬司甄別紫陽書院，「特委同鄉中即用大挑四員，再三諄囑，弗稍徇情。詎料方伯入內，各員急將靴頁內，無數名條，逐一查檢。乃方伯去而復出，各員收藏不及，方伯見此情形，立加申斥，並將四人辭去，親率幕友校閱，所取亦甚平允。」光緒二十年，為取錄公平，時任臬司王心齋於紫陽書院甄別課後，「請假在署親自校閱」〔註52〕。同年，浙江布政使趙展如甄別崇文書院後，雖派委員閱卷，但親加監督：

> 方伯當課卷呈繳之第六日，飭傳即用及候補知縣十四員，辰刻進署，在花廳陳設几席，東西對坐。方伯則獨設一席，在右楹下向上坐。每員各得八十餘卷，分兩束，第一束閱畢即送方伯前，而方伯亦當堂翻閱一周。至午刻備席四筵十二碟，四小喫、六大菜。方伯作東道主坐末席，筵既散，復就位如初。至酉刻各員均已閱畢，方伯略談片刻，即起立送客。將生童各卷帶至上房，復詳細評閱，遇有雷同語者雖已列前茅，概遭摒棄，遭摒棄者若文理清通，仍加評語錄取。蓋方伯深知閱卷弊實，故自辰至酉，若形影之不離。即有紅條請託，各人分閱亦不能抽掉，復恐有含糊草率等弊，故評閱委之於人而棄取仍操之於已。〔註53〕

　　光緒二十五年，時任兩江總督劉坤一於金陵尊經、鍾山、文正書院甄別取錄後，因取錄不公，「案發後諸生環棄督轅制軍調查課卷，詳加覆閱」〔註54〕，總督遂「調取尊經、鍾山、文正三書院取列超等、特等、一等各課卷，詳加覆閱」，發現取錄不公問題嚴重，具體而言：

〔註50〕《浙省書院課士認真》，《申報》1874 年 12 月 14 日，第 3 版。
〔註51〕《六橋柳色》，《申報》1888 年 4 月 14 日，第 2 版。
〔註52〕《親校課卷》，《申報》1894 年 4 月 9 日，第 9 版。
〔註53〕《西泠泛棹》，《申報》1894 年 4 月 1 日，第 3 版。
〔註54〕《論書院之弊》，《申報》1899 年 5 月 19 日，第 1 版。

尊經朱玉麐卷係黃令傳祁閱取，該卷荒唐雜湊，不成文理，該令批係轉謂刻意求新，曲為之解。鍾山李保森卷，文理本甚平庸，原閱之李令如松已加大點，黃令傳祁復加閱看，何以竟置前列？其陳令仕揚閱取鍾山超等之許寅輝、張傑兩卷，卷後彌封確係自書姓名，卷頭又有墨蹟。張令壯彩閱取鍾山一等第七名至十名四卷，卷角又有胭脂水為記。該生等所稟俱係屬實。此外文正取列超等一名王庚、五名吳毓琅兩卷之後均畫有洋文，亦係張令壯彩閱取。似此種種舞弊，無怪士論譁然。余如尊經超等四十一名楊道、四十五名王有榮。文正超等十一名吳誌銘、十九名單軼群各卷，或明用後世書名，或文理未能通順，甚至書後一藝拉雜湊寫洋貨四五十種，直不知文體為何事？此等乖謬之卷理應擯斥，乃均置之超等，不知閱卷各員是何居心？〔註55〕

最後接受請託之委員及請託之生徒均遭總督嚴懲之：

黃令傳祁所取朱玉麐卷最為荒謬，該員現已由司詳補句容縣缺，三年之內應不准其到任，並不准其差委。朱玉麐卷係劉令崇照覆校，該員係鹽城實缺，二年之內不准差委，亦不准其回任，一併行司註冊。張令壯彩現有普育堂差，陳令仕揚現有發審差，均應撤去並停委一年，以示薄懲。朱玉麐應即扣除，不准肄業。此外各卷從寬免扣。〔註56〕

另山長閱卷亦有請託之弊，如東城講舍高宰平山長任上，「每逢師課之期，其甄別未經錄取者，皆自備□□填寫名姓呈繳先生。初不之拒，一律評定甲乙，不以額數限人才。不料此次日漸增多，□卷往往以數百計，且有重名假名等弊。先生遂商同杭州府李伯質太守，面諭監院傳飭各士子，不得自填名姓，須以甄別錄取名姓為憑，故循墻之士皆借名考課，藉得春風時雨之化雲。」〔註57〕俞樾掌教詁經精舍時，「兵燹後雖不如道咸年間之盛，而一時積學博古之士，頗覺一堂濟濟，不減昔時。今皆破壁飛去矣，在院肄業之士，通經者只存一二，博古者只存六七，故望課案發，經俞山長評定，所列內課名次，歷課不相上下，幾如鐵板注腳，蓋位置既定無與爭者。而朔課則異是矣。」〔註58〕

〔註55〕 《憲批嚴屬》，《申報》1899 年 5 月 18 日，第 3～4 版。
〔註56〕 《憲批嚴屬》，《申報》1899 年 5 月 18 日，第 3～4 版。
〔註57〕 《之江》，《申報》1891 年 7 月 20 日，第 3 版。
〔註58〕 《杭垣書院近聞》，《申報》1877 年 9 月 4 日，第 2 版。

時人亦稱：「蘇杭兩處則請託公行矣，山長之門生故舊每得優等矣。脂韋之流且鑽營謀刺，競拜老師矣。甚至繳卷之時，顯夾條子於其中，發案之前先抄副本以呈覽，種種不公，不一而足然其弊僅在託情。」〔註59〕

二、山長遙領、贄敬之弊

　　書院山長之弊，以遙領最受人詬病。嘉慶年間，王昶在《天下書院總志序》一文中稱：「（書院）後乃為郡縣者據為己有，且各請院長以主之。而所謂院長，或為中朝所薦，或為上司屬意，不問其入學行，貿貿然奉以為師，多有庸惡陋劣，素無學問，竄處其中。往往家居而遙領之，利其廩給，以供糊口，甚至諸生有終年而不得見，見而未嘗奉教一言，經史子集、詩賦古文之旨，茫無所解。而為官吏者，不加審察，轉以人才日眾，所取至二三百人，任其佻達，豈不謬哉！」〔註60〕道光年間，梁章鉅稱：「掌書院講習者謂之山長，山長亦稱院長，亦稱山主。近時山長有以本學教官兼管者，亦自古有之。……然未有如今日之舉貢生監以在家遙領為故常者，更未有如近日江南以書院為市惠應酬之具，每縣薦至十餘人，小縣至少者亦三五人，皆不必赴館，其名謂之食干俸，此則無益於士子，有損於縣官，受者傷廉，施者傷惠，誠不可不革之頹俗矣。」〔註61〕道光十七年時人亦稱：「至各省書院延請院長，原為激厲人材而設，近日竟有薦而不到館者，有甫經到館旋取修金以去者，並有不到館而上司代取修金轉付者，殊屬有名無實。」〔註62〕道光年間，戴鈞衡稱：

　　　　山長之名始於宋元，時與學正、教諭並列為官，選於禮部及行
　　省宣慰司。近世則不然，省會書院，大府主之，散府書院，太守主
　　之，擇聘賢有德者以為山長。世風之敝也，以科第相高，以聲氣相
　　結。其所聘為山長者，不必盡賢有德之士，類與主之者為通家故舊，
　　或轉因通家故舊之請託，然猶有山長之實也。降而州縣書院，則牧
　　令不能自主，其山長悉由大吏推薦，往往終歲弗得見，以束惰奉之
　　上官而已。夫為子弟延師，必將使朝夕與居，親承講畫，瞻仰其容

〔註59〕《論書院弊藪》，《申報》1878 年 8 月 19 日，第 1 版。
〔註60〕陳谷嘉、鄧洪波主編：《中國書院史資料》，第 1859～1860 頁。
〔註61〕陳谷嘉、鄧洪波主編：《中國書院史資料》，第 1951 頁。
〔註62〕璩鑫圭編：《中國近代教育史資料彙編・鴉片戰爭時期教育》，上海：上海教育出版社 1990 年版，第 144 頁。

止起居，以資效法；而顧令遠隔數百里，不相聞問，以是為教，雖孔子不能得之於七十子也。〔註63〕

阮元創設學海堂，不設山長而設學長，即出於對山長遙領之弊的擔憂。道光六年阮元定《學海堂章程》，規定「管理學海堂，本部堂酌派出學長吳蘭修、趙均、林伯桐、曾釗、徐榮、熊景星、馬福安、吳應逵八人，同司課事，其有出仕等事，再由七人公舉補額，永不設立山長，亦不允薦山長。」〔註64〕其原由，阮元解釋稱，「學長責任與山長無異，惟此課既勸通經、兼賅眾體，非可獨理。而山長不能多設，且課舉業者各書院已大備，上子皆知講習。此堂專勉實學，必須八學長各用所長，協力啟導，庶望人才日起。永不設立山長，與各書院事體不同也。」〔註65〕

光緒十七年，時任江蘇學政楊頤因擔憂南菁書院出現院長遙領的情況，致函兩江總督劉坤一，希望由他出面上奏朝廷，將書院山長長川住院著為定章。劉坤一很認同此舉，其稱：

> 再，臺指以南菁書院院長常川住院，與生徒朝夕講貫，獲益良多，深恐日久，忘其本意，囑為入告，期垂久遠。具微培植士林，無微不至，仰佩莫名。惟有敝處具奏一折，殊有窒礙。此間鍾山院長孫渠田先生，即如來函所謂「隔省遙領，數年不一至院」者。若由敝署出奏，不免有顧彼失此之虞。查南菁書院設立之初，聘訂院長均由尊處主持，似不若由閣下於將來交替時，奏請飭下新任遵行，較為得體。〔註66〕

按劉坤一所述，一則時孫鏘鳴掌教南京鍾山書院，「隔省遙領，數年不一至院」；二則南菁書院向由學政主政，故而由學政上奏更為得體。因此之故，楊頤單獨奏請朝廷，請飭下江蘇學政衙門，將書院山長住院著為定章，得旨允准，其奏稱：

> 楊頤奏，各省書院之設，與府州縣學相維，其造就至廣。然必院長常川住院，朝夕與生徒相見，乃能施誘掖而勵觀摩。查蘇省兵燹之後，書院齋舍多未修復，生徒弦誦無所，院長亦少住院，甚至

〔註63〕戴鈞衡：《書院雜議四首》，鄧洪波主編：《中國書院學規集成》，第469頁。
〔註64〕阮元：《學海堂章程》，鄧洪波主編：《中國書院學規集成》，第1289頁。
〔註65〕《學海堂建置》，鄧洪波主編：《中國書院學規集成》，第1292頁。
〔註66〕劉坤一：《復楊蓉甫》，中科院歷史研究所第三所主編：《劉坤一遺集》第四冊，北京：中華書局1959年版，第1983～1984頁。

以隔省隔府曾任顯秩者遙領而兼攝之。或一年至院數次，或數年並不至院，名為主講而家巷安居，書院遂成虛設，甚非朝廷培養人材之本意也。

　　臣駐署江陰縣，有南菁書院，創設於前學臣黃體芳，遞年延請院長，專課通省士子經古，以講求實學。……院長浙江舉人黃以周，品端學邃，主講八年，常川在院，功課既密，士風蒸蒸日上。就目今蘇省書院而論，生徒朝夕講習，常獲稟承師訓者，南菁一席實為碩果僅存。深恐日久懈生，所延院長或隨俗波靡，不時在院，則生徒聚散無常，難期造就。且恐群居終日，無人提撕，業荒志蕩，流為放僻，勢所必至。合無仰懇天恩，飭下江蘇學政衙門，著為定章：嗣後延請山長，必訂明常川住院，然後關聘。庶學臣循名責實，擁臯比者知以素餐為恥，則誘掖必專，似於培材之道不無裨益。緣此，書院修膳膏火，明係借撥鹽票銀兩生息備支，與給發官帑無異，理宜慎重將事。且院長向由學政衙門延請，臣職有專司，今當報滿，不敢不就管窺所及據實上陳。

　　得旨，如所請行。〔註67〕

按楊頤所述，江蘇書院之中，唯有南菁書院山長長川住院，師生講貫其中，此語雖略絕對，然大抵如是。光緒二十一年，時人蕪湖道袁昶改革中江書院，即稱：

　　近日書院、學堂、州縣庠校、公私義塾，最苦難得經師、人師、經濟之師，往往不在館時多，即在館亦茫無授受啟發，儼同病坊冷署，只為頤養之地。此縱高才名士，亦為誤人子弟。厚貌深情，心地最不可問。近世名師若李申耆之主暨陽、錢衎石之主大梁、唐確慎之主鍾山、陳蘭甫之主菊坡、先師劉中允之主龍門、友人朱鼎甫之主廣雅、黃元同之主南菁，乃為修己怡人，樸實頭地，孜孜講授，多士乃能受益，可舉為主講之法。〔註68〕

山長遙課，極易滋生其他弊竇，周縵雲先後掌教杭州崇文、敷文、學海

〔註67〕《光緒朝東華錄》，光緒十七年十一月，北京：中華書局1958年版，第2009頁。

〔註68〕《照錄蕪湖中江講院現設經誼治事兩齋章程》，《申報》1897年1月3日，第3版。

堂，「每月由監院將卷匯齊，包封寄送。」光緒十二年，「二月廿六日開課，諸
卷繳齊，當即交信局寄去，不意信船中途遇盜搶掠一空，卷包亦被劫去。」官
府懸賞購求無果，乃於三月望課時，「每名另給一空卷，將前課之文自行錄出，
限十九日繳齊，一併送請山長評定云。」〔註 69〕又如光緒二十四年，上海蕊
珠書院，「其課卷則由吳江蔡曲裳太史評定，太史在京供職，每屆課卷俱由郵
筒寄。今春二月間開課，共繳得卷子若干，由董事匯齊寄京，詎意為郵局浮
沉，信到而卷猶未至，現聞擬請各生重謄一過，再行補寄，想郵筒往來，又須
多費時日矣。」〔註 70〕

　　此外，又有山長贄敬之弊。西周、春秋時期，「當時貴族彼此初次相見，
或者有要事而相見，來賓都要按照自己身份和特定任務，手執一定的見面禮
物，舉行規定的相見儀式。這種手執的見面禮物，叫做『贄』。」〔註 71〕書院
之「執贄之儀」即書院生徒首次拜謁山長時所送之見面禮，其淵源殆出於「教
職新任接見生員有贄」之例。道光年間，廣東越華書院，不僅院長，監院亦有
執贄之儀。〔註 72〕湖南衡陽石鼓書院同治年間，山長名曰不收贄敬，「有肄
業者，以制錢二百文掛號。」〔註 73〕光緒十三年，張之洞、梁鼎芬等定端溪
書院章程，「監院例有贄見隨封，百年來通省惡習，必須洗滌」，「監院一員，
每月薪水銀三拾兩。」「代生童送院長贄儀銀貳佰肆拾兩。」〔註 74〕《申報》
載文稱：

> 　　粵省各書院舊習相沿，均有執贄之儀。自因前任督憲張香帥改
> 給津貼，裁革贄儀，嘉惠士林，誠非淺鮮。惟菊坡精舍自光緒八年
> 改設學長，議將山長贄儀裁去，而監院董事扣取應課各舉貢生監之
> 贄，始發膏火，漏未議及，以致相沿日久，仍未革除。茲有該精舍
> 肄業舉人染鴻灝等赴連署呈控該精舍監院董事書役索取贄禮、茶金
> 各費，懇請革除等情。經運憲英簡飭該監院查覆，並以此款贄儀雖
> 係舊習相沿，究於事理未協，乃簡行經歷司查明，該監院董事等於

〔註 69〕《杭事摭要》，《申報》1886 年 5 月 3 日，第 3 版。
〔註 70〕《課卷重謄》，《申報》1898 年 5 月 7 日，第 3 版。
〔註 71〕楊寬著：《西周史》（下），上海：上海人民出版社 2016 年版，第 839 頁。
〔註 72〕梁廷枏：《越華書院啟館儀注》，鄧洪波主編：《中國書院學規集成》，第 1271
頁。
〔註 73〕《石鼓書院館規》，鄧洪波主編：《中國書院學規集成》，第 1179 頁。
〔註 74〕張之洞：《端溪書院更定章程》，鄧洪波主編：《中國書院學規集成》，第 1367
頁。

應領薪水外，並無別項津貼，又將其每年所收贄儀、茶金數目列折呈覆，擬請將前項贄儀茶金永遠革除，仿照越華粵秀書院章程，查明菊坡本款，如有盈餘，酌予津貼，俾資辦公等情。運憲批示云查核所議尚屬允協，應如稟，將前項贄儀茶金名目永遠革除，並按折開每年合銀三百四十兩之數，仿照越華粵秀書院章程改給津貼，以杜藉口而示體恤。惟菊坡生息本款每年除支膏火獎賞經費之外，盈餘無多，須留為刊刻課卷及修葺精舍之用。所有前項津貼銀兩應由本司捐廉發給，即自本年七月為始，每年於正月七月各發一半，屆期由該監院具文請領，分別核收轉發，俾資辦公。業已箚飭該監院等及示仰菊坡精舍肄業諸生暨書役人等知照，其肄業諸生得沾實惠焉。〔註75〕

山長諸弊相沿日久，光緒九年，時人比較學官與書院山長，竟有山長不如學官之論，其稱：

> 每府州縣本有儒學之設，朝廷建置教授、學正、教諭、訓導等官，何為也哉？蓋以作養人材也。今以朝廷之設學為不足以作養人才，必須另建書院，方足為教養人才之地，此說能通乎否乎？如以為學官不足以表率多士，則試問今日山長之所以表率多士者若何？課期則寄題紙而來，課畢則寄課卷以去，諸生童之於山長有不見其面者矣。即有聘居院中者，亦不過一二上舍高材之生或得謁見接談，然其謁見也，非必皆為請業；其接談也，未必別無私營，則亦與學署冷官何異？課卷中略改一二字，便以為認真然，則此豈學官所不能為乎？若以為學官之才品不若山長，此言則更謬矣。學官為朝廷所命，必係正途出身。其府學教授則又多係進士甲榜為之，豈必不如地方官之所聘請乎？余謂必如昔日朱子之開白鹿書院，劉念臺之開證人講舍，方不愧為人師之目。若今日之山長，即使有經明行修，無愧古人者，而身不與多士相接，要與學官無所區別，轉不若學官之終日在署。〔註76〕

光緒二十四年，湖南士紳以熊希齡為首，上書巡撫請改革通省書院，其中指出書院山長之弊甚為的當，具體而言：

〔註75〕《捐廉惠士》，《申報》1892 年 9 月 26 日，第 2 版。
〔註76〕《論書院流弊》，《申報》1883 年 10 月 2 日，第 1 版。

一、端師範。學術之衰，由於無師。從前書院大半虛文，往往回籍紳士視為養老之資，或假師位以要結官長，招搖納賄。其積弊殆有五焉：一、論資格，則非科甲清貴不能當山長。而科甲皆從八股出身，不知經史，奚明時務？二、分畛域，則非本地士紳，不能當山長。倘聘他省之人，束脩或重，於是覬覦排擠無所不至；三、山長不住院，則學生無所問難，院規無所整肅，士習由此敗壞；四、山長不敦品。前院歌童，後庭女樂，效法馬融，遂忘鹿洞，品行如此，何堪師表？五、山長由私薦。一有書院缺出，則陰求貴要為之先容，甚有暗託同黨，公稟薦舉，而由官吏

一、定期限。外府、州、縣延聘山長，往往到館遲延，或到館一二月，即將全年課題於兩月中命學生作完，該山長自謂事畢，乃向州縣官需索束脩，以謀回裹。其孳孳為利，不顧廉恥，至於如此。嗣後擬請憲臺釐定期限，凡山長住院以十個月為度，不得視書院為傳舍，致負朝廷殷殷教育之至意。

一、裁干修。湖南從前各書院山長，半由省垣薦人前往，而所薦者又非其人，於是該州縣官紳，設一調停之法，每年認送干修一百金或二百金，由書院經費中攤出，以為省中薦人之費。現在永州濂溪書院、衡州石鼓書院，就是如此，其他可知。近日已奉明詔飭查各書院膏火款項，擬請憲臺箚飭各府廳州縣一律裁去幹修，作為正款，以節浮費。

一、勤功課。近來各書院山長，大半不欲住院，每月僅出課題了事，而學生課卷，多不寓目，往往託親友門生代為點竄，雖屬師課，無非條子人情，甚至以喜怒為取捨，大乖公道，何以服人。且為山長者，在察各學生性之所近而教之，僅閱課卷，與官署中閱卷幕友何異，亦奚容多設此山長也。擬請憲臺釐定各書院課程，雖不能照學堂章程，中西並學，亦須令學生每日必呈札記一條，山長評閱榜堂，以示鼓勵，而昭實學。〔註77〕

然而，即使書院山長有意住院授受，書院生徒亦不以為意。光緒年間劉

〔註77〕周秋光編：《熊希齡集》（第一冊），長沙：湖南人民出版社2008年版，第94頁。

光蕡掌教味經書院之時，實行會講之制，某月「乃上屆講書之期，告病者二十有六人，昨則益至二十九人矣」，而劉氏「晚間巡視號舍，逐人看視，則其病均在可有可無之間」，乃定規，「凡有疾病，其輕者親來稟明，重者同號生代為說明。僕親自來驗看，輕則令其攝養，重則延醫調治，照看歸家。」〔註78〕光緒二十六年，蔡元培掌教嵊縣二戴書院、剡山書院，手訂《剡山、二戴兩書院學約》，改變書院考課制度的主導型地位，除考課外，訂立書院之課程及日記諸法，規定「日記讀某書幾葉，有新知，有疑義，皆記之。積一月，則隨課卷而繳焉（用兩冊，繳甲冊，則寫乙冊；繳乙冊，則寫甲冊），使院長得以所見評議其得失，而且與課卷相證，以考其進退也」，「而懸懸半載，繳者兩人而已。」又「屢聞諸生以鄙人久不到院，嘖有煩言」，於是赴書院住院，然一月之間，「自諸老先生及素交以外，肄業諸生，鮮啟問者。」乃仿前院長闈館授徒之故事，「學生分受業、聽講兩類：終日在院者為受業生，一切學業程度起居時節，皆由鄙人檢束；聽講生則或以自理家務，或以為人教讀，不能終日在院，惟於講學時趨聽而已。每日為普通講期，午前一點半鐘，午後一點半鐘。逢房、虛、昴、星四日為特別講期，凡不在受業聽講之籍者，皆與聞。」〔註79〕

三、監院之弊

「書院之教，院長主之，事則統於監院。監院得人，師安講席，士勤誦讀，所繫重矣。」〔註80〕監院職掌書院庶務，包括膏火之發放，考課之組織、監場、交卷等，生童住院諸務以及居中溝通協調官、師、生等等。浙江東陽縣之東白書院，除甄別試外，概不局試，而書院設住院生額十八名，故而規定：「監院由諸紳稟舉老成持重之儒數人，請縣主定奪，於臘月照會，務須住院，破除情面，嚴為約束肄業者。」「監院一人，供膳九個月，計錢拾陸千貳百文。」「監院端午、中秋節節敬，每節貳元，隨使貳百文，由縣捐送。」另有「監院

〔註78〕劉光蕡：《論味經諸生》，見劉光蕡著；武占江點校整理：《劉光蕡集》，西安：西北大學出版社2015年版，第215頁。

〔註79〕蔡元培：《剡山、二戴兩書院學約》，鄧洪波主編：《中國書院學規集成》，第403～404頁；蔡元培：《告嵊縣剡山書院諸生書》，鄧洪波主編：《中國書院學規集成》，第406頁。

〔註80〕劉光蕡：《味經書院志》，見劉光蕡著；武占江點校整理：《劉光蕡集》，第750頁。

住院油燭費，九個月計錢肆千伍百文（每月伍百文）」。〔註81〕南菁書院監院之職掌即為「點名收捲，發放膏火」，吳稚暉稱：「監院者，以江陰兩學師每年輪為之，掌院中課卷收放，及發案給獎等事。住院課卷，可從本生徑交院長，不必送監院處。外來者，則或交監院，或囑住院生面交山長亦可。監院用紅稟，書南菁書院肄業生某某。」〔註82〕監院主體由學官兼任，另或由大吏委派、或由士紳公推，如光緒年間杭州「敷文、崇文、紫陽、詁經書院及孝廉堂，監院共計十人」，其中八人由教官及在省舉人、貢生充任，另則「向例丁祭局及善堂每年每處輪派一人，為調劑勤能起見，秋末冬初酌定該派何人，即稟請撫憲札委。」〔註83〕

監院雖為閒差，實則為優差，原因在於監院可謀利之處甚多，主要有三，「各書院膏火之費皆由監院發出，而各監院於未發之先，早為領出，於出案之後，遲逾月餘始行發出，此兩月餘將所領膏火之資存息，則其利一。諸生膏火先時並無折扣，現在頗有折扣，其折扣之錢歸之何人，不言可喻則其利二。……身為監院而自作數卷，或合子侄輩作數卷，而請諸閱卷之幕友老夫子求其推情前列。」〔註84〕光緒四年杭州書院監院利用銀錢兌換比例之間的差異謀利，杭州書院「向來額定膏火、筆資，向分四季給發紋銀，兵燹後改為錢票。同治五六年間，銀價本低，書院內核以每兩作錢一千五百文。嗣以銀價漸昂，每兩增為一千六百文，從此作為定價。銀價雖昂至一千八九百文一兩，亦不增加。士人讀書安分，亦從無較此錙銖者。」光緒四年，「今屆洋價大跌，銀價隨之，故每兩第能易錢一千五百左右。有某監院意擬發銀，而勢有所不能，遂擬減價每兩以一千五百文核放，預倩人風示。於是住院各生咸譁然而起，謂以銀作錢原宜照市價核計，但前數年之市價昂，貴院中末有增益。請以歷年開放膏火之日，赴錢莊查對市價，照數補足，則今日之事亦惟監院之命。此信一傳衣冠之士集於庭，茶煙之具滿於室，有笑監院者，有惡監院者，有諷監院者，有斥監院者。某監院知事不能成，幸錢票未開，尚無証

〔註81〕《東白書院章程》、《東白書院每年用款》，鄧洪波主編：《中國書院學規集成》，第442～445頁。

〔註82〕見《吳稚暉全集全集》卷十五《山川人物》之《講舍文錄》，總第206頁。轉引自趙統：《南菁書院志》，上海：上海書店出版社2015年版，第177～178頁。

〔註83〕《札委監院》，《申報》1889年9月26日，第2版。

〔註84〕《論士習之壞》，《申報》1890年3月1日，第1版。

據，遂向眾大言曰：君等胡不細察，遽以道路傳聞視為如山鐵案耶？眾堅詢之又曰：既要一千六百，亦不過一千六百耳。眾遂哄然而散，然監院已被鬧不堪矣。」〔註85〕

或貪飯食費，「杭州有書院三，敷文、崇文、紫陽也。又有學海堂課舉人，詁經精舍課舉貢生監經古文詞，每月兩課，約計五處給發膏火、筆資共銀九百兩。而卷資飯食等費，亦由監院按課開銷。卷資無大盈餘，若飯食則虛設而已。三書院生童卷每千本，學海、詁經卷每百餘，按卷開銷，每名銀數分，則每月亦須銀二三百兩。從無到院作文，擾飯而去者，以故監院得之，諸生童亦勿過問，蓋監院薪水不過一月數兩，藉此貼補遂成優差。至於人人歆羨，施大願力以謀得此差。」〔註86〕直至光緒二十七年，「孝廉堂及詁經敷文崇文紫陽四書院，每逢朔望課期由監院備具飯食，茲由紹興蔡太史元培稟請大吏裁去，將款移作學堂經費，已奉上憲批示准行矣。」〔註87〕或貪膏火米，「杭城敷文、崇文、紫陽三書院凡住院中肄業者向給廩粟，以佐膏火之不逮，迨後人數愈多，不分涇渭，均視此中為利藪，米遂停止不發。其備米之費，即由各監院存典生息，俟鄉試時即將三年中所生之息與院中肄業有名之生，作為場費。」〔註88〕

光緒十四年江西友教書院，「書院之有監院，原所以整頓諸務，毋使有弊也，□今日則杜弊者即以作弊，如友教書院三月分膏火，延至五月下旬始行給發，又每兩剋扣一錢，少平二分，實得不過八錢八分。而甄別之時報名需錢，取列之時報單需錢，課取之時報榜需錢，及送膏送獎無不需錢，種種開銷所餘無幾，寒士苦心作文，得此區區膏火，尚不免於若輩所剝削，豈不可歎？」〔註89〕又如揚州諸書院，「每課發案後諸生請領膏火獎銀，皆遲遲不給，監院、書吏多方尅扣」，光緒二十六年，新任兩淮鹽運使柯遜菴整頓之，「除由本司設法整頓並準監院及肄業生童等條陳積弊，聽候舉辦。此後課試本司一經評取發案，該監院立將膏獎等銀領回，按照數目多少，分立市店銀條，按名給發，不得少平扣色，並不得過期三日，倘各監院、書吏仍前尅扣等情準，由監院及與課生童指名呈控。」〔註90〕

〔註85〕《監院算小》，《申報》1878 年 1 月 9 日，第 2 版。

〔註86〕《論書院移賑不行》，《申報》1878 年 8 月 26 日，第 1 版。

〔註87〕《移款興學》，《申報》1901 年 8 月 9 日，第 2 版。

〔註88〕《書院場費》，《申報》1875 年 8 月 28 日，第 2 版。

〔註89〕《章門稜色》，《申報》1888 年 7 月 17 日，第 2 版。

〔註90〕《綠柳城郭》，《申報》1900 年 5 月 24 日，第 2 版。

第三節　吏役之弊

　　書院除山長、監院外，照例會設置若干吏役以維持書院之日常運行，尤其是在有生徒住院肄業之書院，則吏役設置更多、職掌小更多。書院小史或由地方官署禮房之書吏兼充，因官署禮房按例負責學校、考試、書院等事務。〔註91〕河北無極縣聖泉書院規定「書院宜設院書一名，即以禮房兼充，以資繕寫。官、齋兩課試卷，均令該書製備。卷價每本制錢二十文，所用若干本，每月按數向董事支領卷價。所有寫題、封門、填榜紙張，亦令該書自辦，其費已包於卷價之內，不准另支。每值課期，該書前往承辦，如或不周，稟官責革另充。」〔註92〕或專設之，如由生童充任者，山西永濟縣之敬敷書院於道光年間規定「每年於住院生童內設立司課二人，掌管課卷並分給膏火銀兩，以及稽查院中家具什物一切瑣碎事物，須由掌教與肄業諸生公舉，每人每月給薪水銀一兩。」「生童膏火並一切經費，每月課畢，司課開具清單，向董事一併領取，即行分給。」「課卷閱畢，司課將名次登記存查，即發禮房謄榜，由縣印發揭示。」「每課課卷由司課備辦，點名時按名給卷。每卷一本，約計需紙工制錢六七文，每月用卷若干，月終由司課開單向董事領價。」〔註93〕職責大體相類，如備卷、收發卷、發給膏火之類。

　　光緒八年，江西友教書院兩書斗相爭，致使兩人舞弊之事盡為暴露，「其弊之大者厥有三端」：

> 一曰挖榜，蓋彼於收捲，後擇其向考在前者，另以卷錄其文，復用素不見取之卷而盜其名，遂將該文、該名兩卷，概匿不交。貼榜必先經其手，如所錄文已取，貼榜時即挖去此名，使人不能查考，至被匿兩卷則為照句點完，卷面亦不書名次，無聲無臭於下課接卷時發還本人，而其故則在榜不全寫，但書前列之得銀者，故其弊得以肆行無忌也。

> 一曰賣卷。或有甄別無名，課題一出遇舊稿無卷可錄，彼處則有賣者，即三五十本亦不難得，蓋隨向冊上盜名應之，長買者每卷三千，零買者四百。既而將被盜賣名字及買之者兩卷皆匿不納，亦

〔註91〕瞿同祖著；范忠信、何鵬、晏鋒譯：《清代地方政府》（修訂譯本），第65頁。
〔註92〕《聖泉書院條規》，鄧洪波主編：《中國書院學規集成》，第19～20頁。
〔註93〕《敬敷書院章程》，鄧洪波主編：《中國書院學規集成》，第103頁。

照上辦理了事。故有終歲名不登榜收回課卷視之，惟咎閱者之不識
文，不知卷實未得繳也。

　　一曰剋扣。按膏火銀係庫平，一兩二錢而彼與人用市平僅一兩
零八分，間猶不及此數，獎銀亦是九扣，發給師課固以類推也。外
此報案有費、送膏火有費、送獎銀有費，一而再，再而三，無異於
借名勒索。〔註94〕

挖榜之弊，多書院有之。光緒五年「漢陽晴川書院其課卷向歸書斗某經
理，每當考課總將屢列前茅者一二卷割去卷頭，易以未到者之名，及考取仍
將卷面掉換，所有花紅膏火銀均充私橐。現在忽經敗露，監院另整新規，文
卷不由書斗經手，由府學收發，積弊或得盡絕也。」〔註95〕光緒二十一年十
月杭州東城講舍錢塘縣官課，「發案後，卷面之上所定甲乙，不知何故有塗改
挖補之處，因此應試諸君疑為書吏舞弊，稟請監院轉達大令」〔註96〕，「經大
令向監院查明，知是署中人所為，大令在署，將家丁、書吏嚴究，初則互相推
諉，繼由禮房書吏自認願賠，即措繳洋二十元。」〔註97〕江西豫章書院亦有
小吏賣卷、偷換之弊，具體而言：

　　每月發案只錄有膏獎之生監一百二十名，童生三十名，餘皆不
列榜上，故其弊愈出愈甚，直至不可詰究，試略為述。如點名收捲，
必由門房、書房經手，向來有租卷名應課者，只託門房即能得卷，
但門房收錢後隨意選一名謄一卷給之，不必冊內有名也。投之時必
將冊卷逐一對核遂抽下其卷，俟出案後仍即付還，蓋未錄之卷僅有
墨點數處，並無等第，倘或與彼質證，彼即在冊後將名添入，不特
外人無從得知，即當事者亦無由得悉。然此猶屬冒名頂替，其見欺
亦自取之也。乃書房經理冊卷，更相率弄弊，其子侄亦拈筆為文，
俟收捲對冊之時，擇諸卷之佳者，或錄其全、或將前中後股摘錄成
篇，文之優劣本不能知，但按名摸索，百無一失，以故榜發必有數
卷取錄。然不應師課必致扣除膏獎，彼又擇官課未取之卷，照錄其
文，均不煩費而可兼收名利。又每一課發榜門房，必逐戶走報，其

〔註94〕《書鬥弊竇》，《申報》1882年5月3日，第2版。
〔註95〕《門斗舞弊》，《申報》1879年6月10日，第3版。
〔註96〕《武林寒信》，《申報》1895年12月31日，第2版。
〔註97〕《武林官話》，《申報》1896年1月24日，第2版。

不及知者，則將榜上名用指頭擦去，取其銀而逸其卷。種種弄弊，
難以殫述，至於遞交條子，猶其顯焉者也。〔註98〕

膏火剋扣之弊亦較為常見，如「江垣豫章書院，每歲官師課不過八閱月
而止，得膏獎者每名每月計銀一兩二錢，米三十升。其銀按照九五給發，米
則上白二白各半，均由門房手分送，每次必給賞錢數十文。」光緒四年，「銀
則僅及八扣，零米亦遲至數月，並皆陳腐之物，升斗亦遞有減小，總憑若輩
隨意給付些微，便算了事。」〔註99〕順天府「金臺書院歷來四季甄別獎賞銀
兩，向由姚姓門斗分送，斗門領到獎款，輒先自用，隨後設法零星彌補。諸生
童上取者，住往至三四月獎銀不得到手，積習已深，牢不可破。」光緒二十二
年，府尹整頓之，「更定新章令諸生童自領獎賞，不准門斗經手，以免遲滯茲。
復於月課以前張示曉諭，其詞略云順天府為曉諭事照得此次本堂憲考試金臺
書院肄業生童所有獎賞銀兩數目，業經開列榜取等第名次之下現鎔錠獎給，
合出示諭：本堂擬於三月二十三日月課點名前，由所派教官督同門斗，任其
自行親領，除將榜名一道實貼書院，該生童屆期務各親自取閱試卷，並領獎
賞，毋得自悞。至應食膏火，應由儒官遵照章程，核實辦理，特諭。」〔註100〕

此外，小吏另收多種陋規。杭州書院例有填冊之費。光緒十四年，因書
院考課「姓名均多捏造」，因此浙江巡撫衛榮光規定「府州縣學有願應三書院
（注：省城三書院，即敷文、崇文、紫陽）試者，務飭該生等親向各儒學填冊
注名，各儒學務於考試前數日將所填姓名匯造一冊送院，以憑稽核。有寓居
在杭者亦須赴本籍學中填冊，冊上有名方准收考。有貢監願考者須親赴布政
使衙門，呈驗執照，查無錯誤，方准填冊收考。若童生則須赴各該縣報名填
冊，查係曾經□過府縣試者，方准收考此外一概不收」，結果造成填冊之費大
漲，「因是藩署、縣署之書吏、各學之書斗，均得昂其填冊之費，向來書斗處
填冊肄業者，每名錢三十五文。請考者，每名錢七十文。今則不分肄業、請考
每名統收錢一百四十文。縣署填冊費聞每名收錢二百文，藩署每名須錢二百
四十文，亦有三四百者。」〔註101〕

蘇州書院例有報名費，「從前本無報費，兵燹後有經承某始勒索陋規，初

〔註98〕《弊藪紀略》，《申報》1878 年 8 月 15 日，第 2 版。
〔註99〕《蠹耗書院》，《申報》1878 年 11 月 22 日，第 2 版。
〔註100〕《金臺校士》，《申報》1896 年 5 月 19 日，第 2 版。
〔註101〕《書院新章》，《申報》1888 年 3 月 2 日，第 2 版。

亦不過二三十文不等。在後紫陽、正誼定為一百文，平江五十文，先繳錢文，毫釐不讓，一若著為功令，已成定案。今年紫正報名共二千人，收現錢二百千文，……近則愈出愈奇，雖決科亦索報名費矣。吳邑尊金明府前日出示，定於本月十二日決科，當堂點名給卷，十三日酉刻交卷。乃禮房某仿平江書院例，亦欲收報名錢五十文，屆期點名，有未出費者，概不給卷，於是滿堂哄然，經明府詢明，即飭該禮房繳還報費。」〔註102〕廣州羊城書院亦有此陋規，甄別卷「向例每本收銀二錢」，光緒二十年，時任知府「釐定新章，減收銀一錢，以示體恤寒士之意。院中書吏膽敢顯違，示諭每本勒收銀一錢二分。在諸生童雖不屑與之較量，然亦未免私相怨懟，事為太守所悉，勃然大怒。謂現當整頓書院之際，書吏尚敢如此妄為，則其平日之舞弊營私，可想而見，即行革退以示薄懲。」〔註103〕

　　書院局試例有飯點費、點心費之類，然因書院局試漸成成例，應課生徒於點名給卷後即離書院，故而其費多由吏役侵吞。安徽敬敷書院甄別「按名發給蛋糕四兩，錢十四文。」光緒十二年甄別時，「諸生共八百餘名，某書經收課卷，所有蛋糕錢文一律吞沒，飭人送返己家。」〔註104〕光緒初年，上海敬業書院亦是如此，「每卷給發飯點錢七十文，皆由縣署禮書莊某經手。既而各生童皆不願局試，相率攜卷出外，遲至次日傍晚始行交卷，盡有一人而至四五卷者，該書按卷報銷錢文，實則無一人來院哺啜，遂歷年倚為利藪。」「自今河南巡撫塗閬軒先生備兵海上，始嚴定章程，不准各生攜卷出外，於是一餐冷飯、兩個饅頭，肄業者始行叨擾，然該書亦自此苦矣。塗公既去，沈仲復、馮竹儒、劉芝田三方伯繼來，一切皆仍其舊，至今年甄別時亦循例封門，不料延至三點鐘時，諸生童尚大半枵腹，怪而詢之則以此次發卷共有八九百本，而該書僅發給書院管門人錢十五千文，遂致無從多備。又有不肖生童等先行入廚搶食，謹愨者不免腸如轆轤矣，自後縣課則竟不封門，道課一如甄別，似此有名無實，徒飽私囊。」〔註105〕

　　甚至書院小吏因貪飯食之費而故意破壞局試之制，上海敬業書院，局試成為虛文，「且點名之際，蜂屯蟻聚，擾攘不堪。傳餐之時，爭競喧嘩，情同

〔註102〕《吳中近事》，1882年8月4日，第2版。
〔註103〕《西樵山訪碑記》，《申報》1894年3月30日，第2版。
〔註104〕《書吏被窘》，《申報》1886年3月11日，第2版。
〔註105〕《杭城膏火助賑》，《申報》1878年7月3日，第3版。

攘奪」，其原由即在於「諸役之作弊」，「雖給以豐盛之資，而為惡草具。少許遲遲以進飯，則半生半熟菜，則或多或少，故使各生爭競而彼得移先食者之殘羹冷炙以食後，人捷足爭先，尚得鼓腹，苟素安本分略為退讓，即不免枵腹。」「乃猶不足饜諸役之貪心，而於封門之後，使士子各自歸家，蓋多出一人即少一人之食，庶並此惡草具之資，亦可據為已有耳。」〔註106〕光緒二十七年八月，松江府餘石蓀太守整頓松江書院，鑒於小吏挖榜、賣卷諸弊，規定數條防弊之法，具體而言：

> 一云求景三書院每屆課期，本日領卷，限次日午前交卷。融齋朔望課無論本城、外縣，統限八日，逾限者不收。

> 一嗣後每課由監院於前一日造列在課各生清冊，其卷角彌封姓名，一一登冊內以憑。發案時核對，至課生交卷領卷需親身赴學，由監院親收親發，書斗在旁職認，當場揭去浮票，不得再至不肖書斗私室交卷，違者不收。

> 一云求景及融齋課案以後均發求忠書院實貼，俾帳房照榜給發。膏獎小案，永遠革除。

> 一融齋課藝不限篇幅，難用聯卷，應於卷面後半良加印紅格俾謄真，即從後半頁起並於接縫處慨用鈐印，以防割換。如捲紙仍不敷用，准由課生從後添入。〔註107〕

第四節　救弊之法

晚清書院諸弊，盡人皆知，光緒七年，時人論之，「今之書院有其名而非其實矣，然而士習之不端，於書院中無有加焉矣。點名之喧嘩擁擠，雖大憲親臨，不能諭止之。若監院之教官更不敢誰何也。領卷之多雖一人而兼數名，不能查其虛實而爭先恐後之際，冒接他人之卷者，尤紛紛也。凡事行之已久，必因循廢弛，而不能認真。書院本有桌凳，備給飯食，而日久損壞尅扣，遂不能扃門考試。一經攜卷出外而交卷或至明日，或限三日矣。此等情形雖為緣故而揆之建設書院之意，則亦何必費官憲之籌畫，糜國家之帑金，以給諸生

〔註106〕《論書院流弊》，《申報》1887 年 3 月 19 日，第 1 版。
〔註107〕《整頓書院》，《申報》1901 年 10 月 10 日，第 9 版。

乎？」〔註108〕光緒十九年，陳熾稱「故書院雖非典制，不隸官司，而育才造士之功至為宏大。惜院中傳習，僅以時文帖括，獵取科名。而經史之故籍無存也，聖賢之實學無與也。山長則瞻徇請託，不授其學行，惟第其科名。甚則賄賂苞苴，喧騰眾口，人心以敝，士習以偷。地方有司，置之膜外。」〔註109〕光緒二十一年，時人稱：

> 學校廢而書院興，則今之書院古之學校也。苟能正人心、講經濟，因材施教，旁及眾藝，則當學校衰廢之餘，有能補其缺陷造就人才，不將於書院重有賴哉？然至於今日而書院之設，亦可謂冗矣，奚以明其然？蓋書院之設，原所以集士子而課以藝學，使之明習當世之務，而為國家之用，……乃今日雖有書院，而士子依然散居里巷，絕少肄業其中。間或有之，亦無程範，聽其來去自由。雖有山長不過操衡文甲乙之權，而無師表訓導之責。屆試期則聚士子而課以文，盡一日之長，所屬不過塵羹土飯，陳陳相因之語，於國家利病政治得失，未嘗一及。而天文、曆算、格致等學則又絕口不談，其有講實學嚴課程，以文章經濟相砥礪，務為有本有用之學者，蓋千不得一二覯。由是言之書院之設，本所以育才而適所以自敗其才，雖多亦奚以為哉？〔註110〕

大抵而言，時人所詆病書院之弊主要在制度及學術取向兩個方面，學術取向上的弊端，上節多已言之，故此節僅從制度著手分析書院救弊之法，具體而言其整頓之法大抵有二，一為從書院弊端著手，針對書院若干具體弊端而治之。光緒元年《申報》之《書院事宜通論》最為詳盡，其中列舉十條，皆針對書院諸弊而起，具體而言：

> 一、每課之必行親試也。凡逢課期之日，不論太守、縣尊必親自到院點名，執手付卷，各歸坐號，扃門出題，限刻作成，起講用戳記認，又必親自巡閱各號，無間一刻。俟卷繳齊然後啟門撤事，斯槍冒之弊少矣。

> 一、卷面只書字號，不填作者姓名，用浮票以對卷，斯私託之弊少矣。

〔註108〕《論爭居書院》，《申報》1881年4月4日，第1版。
〔註109〕陳熾：《陳熾集》，北京：中華書局1997年版，第32頁。
〔註110〕《論中國教育之法不及泰西上》，《申報》1895年4月3日，第1版。

一、閱卷倘委他人，必遠擇一公廉清正之人，逐課換人，不令一人任事，斯遠者既難通信，又每課換人，人難知覺則徇私之弊少矣。大凡士子於閱卷處最易干謁，閱卷者亦最易徇私。前課列於優等，後課斷不肯以文劣而斥之。前課摒於院外，後課斷不肯以文妙而收之。此閱卷之私心最難測也。若每課換人則彼不能上下其手矣。

一、取名之不限一定也。前課不至者，亦准其得與於課，不以投課扣其膏火。倘或間斷與課，亦任其便，惟一以至公衡文為事。此不取定之法最為得妥，以人各有事不能兼顧，且知信稍後亦有之，是以書院當以不取定為程。

一、取額之不規成數也。課有佳文不妨挨以次二、次三、次四、次五之例，同於獎賞。遇鮮佳文之課，不妨少取幾名以歸，特拔真才之意、變通之法此其是也。

一、取卷之必為寬易也。士子作文有斟酌未善之處，力為改削，俾歸盡善以風多士。其有文□刺謬者，加以勒帛，使知精進，斯士氣因之一新矣。

一、出題之不事陳陳相因也。截題有礙偏僻，其小題、長題不經見者亦多，出此足硯實學，斯剿襲雷同之弊少矣。

一、士子飯膳不必豐盈。以士子為作文而來非為口腹，飽而後已可也，省此花費以增獎賞，未有不大加踴躍者，斯庖人不得分其利矣。

一、錢財之必須公堂親給也。凡人見利之處必多舞弊，官長費財以拔材，而此筆從中蠹蝕，士子轉無實惠，不若公堂自給皆感體恤。況凡今之人其不貪利者有幾，前聞某處書院有攙小加申之弊，此風不可長也，故親自給發最為得妥。

一、開課之必先預傳也。紳士散處鄉野，不能遍聞，仰學斗各處傳信，照考試之例，先生後童，分日課試，不致混冒。比如每月兩課，前課為紳員，後課為童生是也，若生童同日，難免槍代，此預傳之宜先一月也。〔註111〕

〔註111〕 《書院事宜通論》，《申報》1875 年 1 月 20 日，第 3～4 版。

　　其中針對槍替、冒卷、閱卷徇私、剽襲雷同以及吏役貪利等等諸弊提出了相應的制度變革措施，均較為切實。各書院為因應書院之弊，也產生了大量的防弊之法。針對冒卷槍替等弊，杭州書院採取了由學起文、由縣起文等措施，上節已有論述。如光緒四年，「南昌之東湖書院、新建之西昌書院向例於十一月二十六日甄別來歲肄業人數，考在隔冬者所以防外屬之勾通。試必同日者，所以杜本城之冒濫也。」採取「分鄉派取法」，「其報名投試也，先在卷面分印省垣及中、東、西、南、北各鄉字樣，每鄉派取幾名均有定數」，光緒三年又欲覆試之，「嗣邑中眾紳以為不便，故未允行。蓋既考兩場則各鄉來城必須兩次，路費在得之者固可勿計，若因覆試而見黜何以為情。」〔註112〕光緒二十年廣東府知府張潤生整頓羊城書院，「向來書院考試甄別，凡列前茅者，多係託人說情。甚至有閱卷委員自作自取，藉以圖利者」，知府乃親自閱卷，取錄五百餘名，加複試制，知府親自坐堂監場，「所有正、外、附課名次，均以面試之場為定。」〔註113〕光緒二十三年，金陵省城院中肄業生員繕具公稟呈請督憲訂立章程，督憲批示之，又經太守柯遜菴核定。諸生本擬「課卷擬請專歸一人鑒閱，以杜情面、換卷之弊」，因書院卷「為數甚夥，斷非一人之精神所能包看。」乃規定，「嗣後看卷各員皆須諭令自書銜名於後，如有弊竇以便稽查。」另定規「各生繳卷時仍宜在收捲處看其加蓋戳記，將坐號列登冊內俟，填明後然後將浮票揭去以憑發案比對等因。」「嗣後官師各課均按期局門課試，限本日戌刻繳卷，過時不錄。」「各課試卷均由自備，先在府學具結填寫履歷，呈請教諭用印，然後赴府署禮房投考登冊，每名酌給禮書三十文。所有甄別錄取者應准住院，但不另給膏火，其未經錄取者亦准按課報名求考。」〔註114〕

　　然而，僅僅從救弊的角度出發，則難免處處牽扯，光緒十四年衛榮光整頓杭州書院，生監由學起文，童生由縣起文以救書院冒名之弊，不意捏造之弊革，而勒索之弊興，「各省之書吏，各學之書斗，皆得昂其填冊之費」〔註115〕而書院生徒通過倩人代接課卷的方法規避之，冒卷、跨考之弊依舊未能有效解決。又如書院有局試蓋戳之制度，「往年俟者生作起講後，由監院至考棚

〔註112〕《甄別杜弊》，《申報》1878 年 1 月 15 日，第 2 版。
〔註113〕《穗垣道聽》，《申報》1894 年 3 月 5 日，第 2 版；《珠江泛棹》，《申報》1894年 4 月 4 日，第 3 版。
〔註114〕《書院新章》，《申報》1897 年 3 月 1 日，第 1 版。
〔註115〕《書衛靜帥書院新章後》，《申報》1888 年 3 月 14 日，第 1 版。

逐一蓋戳，往往考生尚未謄寫，蓋於空白卷上，虛行故事，而且爭先恐後，人聲嘈雜，各院各戳錯亂誤蓋，易生事端。」光緒十八年甄別時，「此次監院院差在甬道上高聲傳知諸生，概不蓋戳，俟繳卷後一律補戳」〔註116〕。誠如時人所論：

> 自古有無弊之意，未有無弊之法；有害於法而無害於意者，未有害於意而不害於法者。當夫弊之生也，雖有不合於法者，而於立法之本意猶未必大相刺謬也。在上者鑒其弊之所由起，而設法以整頓之，善良者奉法以周旋，姦猾者藉法以舞弄，此弊既革，彼弊旋興，並法與意而皆失之，其弊也為尤甚蓋。〔註117〕

因此之故，同光年間，諸多書院開課改變以考課制度為中心的書院制度體系，同治十二年許振禕創設陝西味經書院時，其章程自認為有不同於他書院者三：

> 他書院專課詩文，味經之設則要以實學為主，令諸生逐日研究《欽定七經》及綱鑒諸史、《大學衍義》、《補文獻通考》等書。引之識義理，稽故實，手抄口誦，日漸淹貫，匪惟腹笥可充，既政事差知條理。其設課也，則合制藝、論策、經解、詩賦、法戒錄分課，一一為之，使之知學古之為貴。

> 他書院除月課外，師弟不常接見，今則山長登堂講說傳集，諸生將經史大義及小學逐條講貫，察其課程，閱其札記，別其勤惰，嚴其出入，令其由嚴憚以生清明，本講貫而得服習，使知植品之為先。

> 他書院屬之官，官有遷移則法必中變，官有職務則事難兼攝，即如宏道書院歸學臣董理，如臣終年在外，按試相隔千里，何能稽查？今味經之設，臣悉擇一方之望，以之專理一方之學，雖創始由臣，而日久經理究以責成紳士為當。蓋權不歸官，延師可以免徇情敷衍之弊，非物望索孚、學品兼優者，必不能居此席。費歸實用，則經理可免侵蝕支絀之虞，非廉介自持鄉里推服者，必不能與其事。群力維持，思培子弟，使之知成法至可繼。〔註118〕

〔註116〕《書院甄別紀事》，《申報》1892年3月8日，第9版。
〔註117〕《書衛靜帥書院新章後》，《申報》1888年3月14日，第1版。
〔註118〕許振禕：《創修味經書院疏》，宣統《重修涇陽縣志》卷六《學校》。

即從專課時文到分課制藝、論策、經解、詩賦、法戒錄分課，從僅僅考課向考課、讀書、講授相結合轉變，從官為主政到由紳士主政，這一取向為晚清書院制度變革的重要取向，本文第二節之「住院規制」以及第三節皆論及此，故不贅述。

另一種取向則認為須從根本上改革書院制度。從根本上改革書院制度，其中最為重要的主流意見即為合書院、學校而為一，咸豐十一年前後馮桂芬《校邠廬抗議》之《重儒官議》即認為：

> 今天下惟書院稍稍有教育人才之意，而省城為最。余所見湖南
> 之嶽麓、城南兩書院，山長體尊望重，大吏以賓禮禮賓之，諸生百
> 許人，列屋而居，書聲徹戶外，櫜比之坐，問難無虛日，可謂盛矣。
> 獨惜其所習不過舉業，不及經史；所治不過文藝，不及道德。而楚
> 南多才，往往發跡其中，矧能由是而進於經史、道德也哉。考《宋
> 史》：晏殊知應天府，延范仲淹以教生徒。蓋書院也。厥後因其制為
> 學校，然則學校之初固如是，後乃陵夷衰微以沦於今也。……愚以
> 為惟合書院、學校為一，而後師道可尊，人材可振也。

其所設計之制度形式為：

> 移書院於明倫堂側，建精廬可容一二百人，郡縣主之。省會則督
> 撫、學政主之。春秋祀事及學政，試事歸州縣。出納瑣屑，領以城紳，
> 合通學之人而教之。舉貢願至者與焉，同其甲乙。童生則簡其尤者與
> 焉，異其甲乙。擇師之法，勿由官定，令諸生各推本郡及鄰郡鄉先生，
> 有經師、人師之望者一人，官覈其所推最多者聘之。不論官大小，皆
> 與大吏抗禮，示尊師也。厚諸生廩餼，居院者為內課，使足以代訓蒙。
> 不能居院者為外課，半之。月官課一，親詣以重其典，有事則改日。
> 師大課一，小課一，家遠又不能居院者，為附課。季一課，不給餼。
> 非遊學連三季不至者，山長告於學政而黜之。有敗行亦然。小過降童
> 舍，期而復之。篤疾給冠帶，愈而復之。其黜陟略用宋、元、明三舍
> 積分法而變通之。法以大課名次並計，以得數少多為先後，造積分冊，
> 隨課升降，歲終簡其積分居最而品行亦優者數人，送學政參定之，以
> 次貢入太學。經歲科十試，凡十五年而出書院，願留者仍聽。行之數
> 年，文風不日上，士習不丕變者，未之聞也。〔註119〕

〔註119〕馮桂芬：《校邠廬抗議》，上海：上海書店出版社 2002 年版，第 86～87 頁。

　　光緒九年，時人提出合書院、學校而為一之法，具體而言：

　　　　故余以為書院之經費，不如胥歸之於各學中，而仍以書院之章
　　　　程行之，使學官為之山長。學官而果係品學不端者，則淘汰而刪除
　　　　之。倘能學官各得其人，而責以作養人才。月課、季課本係學官應
　　　　有之事，一仍其舊，亦如師課之例，而每月加以官課一期。如此則
　　　　學官與士子日益浹洽，而地方官整頓學校，亦不失朝廷立學設官，
　　　　以作養人才之意。〔註120〕

　　光緒十八年，亦有時人稱書院滋鬧以及所反映出來的士習之壞，皆由於
書院諸主事之官師實質上皆無管束生徒之權，「秀才皆由學政管轄，取則取之，
棄則棄之，優者優之，劣者劣之，官憲欲革一秀才必須諮詳學憲，而學憲革
一秀才則可以一筆勾消，立時見效」，且「各憲或有以他途進者，學憲則未有
非詞林出身，故無有不服，服斯畏，長斯敬矣。」因此，其提出「各地方作養
人才，其權與責皆當歸之學政與校官，不必另設書院。即有書院，亦項由學
政及校官主政」。〔註121〕亦有時人立足於官學及書院兩套教育體系之關係及
實際運行情形來論述此問題，其認為，清代以前，「平日之教育者則全在乎校
官」，「今校官失其職柄，而國子監外，各省府州縣校官皆視為冷署，不過遇
有考事則冷官或有時而熱，否則終年無聲無臭，高臥衙齊，無人過問」。地方
官員所重視者為書院，「今之為好官而以造就人才為事者，必創立書院，捐廉
俸以給膏獎，招文士以聽肄業，定課期、延山長、設監院」，教育之權移而歸
之書院，而實際上書院教育之道不過考課，山長「亦不過月一出題，閱視各
卷優劣，而定其等第」而已。校官皆朝廷之命官，又皆以正途出身者，不能掌
教育之權，而坐糜俸祿，一無事事。因此其提出，「故余以為如各學官皆不可
持，則不如奏請廢之以節俸粑。若不能廢則當以書院之事責成各學官，督率
恒於斯，教育恒於斯，如此則不失朝廷命官之本意，而亦可漸復古時庠序學
校之義，又何必生節外之枝以自樹聲名也哉？」〔註122〕

〔註120〕《論書院流弊》，《申報》1883年10月2日，第1版。
〔註121〕論鄞縣甄別滋鬧事》，《申報》1892年4月20日，第1版。
〔註122〕《論書院宜責成學校》，《申報》1892年2月27日，第1版。

第五章　考課式書院之制度與實踐

　　清代書院類型多樣，按照書院的學術取向，有學者將清代書院分為三類：
「一為講求理學之書院，一為考試時文之書院，一為博習經史詞章之書院」
〔註1〕，後又加入第四種類型，即「注重學習西洋近代科學的書院」〔註2〕。
從制度形式上來講，胡適在《書院制史略》中提出會講式書院與考課式書院
兩種類型：

　　　　會講式的書院　會講式的書院，起自明朝，如無錫東林書院，每
　　月訂有開會時間。開會之先，由書院散發請帖，開會時由山長主講
　　一段，講畢，令學生自由討論，各抒意見，互相切磋，終以茶點散
　　會。

　　　　考課式的書院　考課式的書院，亦起自明朝。此式定每月三六九
　　日或朔望兩日，由山長出題，凡合於應試資格的人，即可往書院應
　　試。書院並訂津貼寒士膏火辦法，供寒士生活之用。此等書院，僅
　　在考試時非常忙碌，平時無須開門，考課者亦不必在場內，只要各
　　抒讜論而已。〔註3〕

　　劉伯驥亦將書院分為宣講式書院與課士式書院，認為課士式書院「為正
式督課講藝之所，故其設置較為普遍」，認為「書院課程之中，以考課為最重
要。鄉邑私立的書院，因經費關係，既無掌教，亦乏膏火，卻有月課之制。」

〔註1〕　盛朗西：《中國書院制度》，第154頁。
〔註2〕　陳元暉、尹德新、王炳照：《中國古代的書院制度》，第107頁。
〔註3〕　胡適：《書院制史略》，《東方雜誌》1924年2月10日，第21卷第3期。

〔註4〕現在學界一般認為，考課式書院即為以考課為教學形式，以訓練寫八股文、參加科舉考試為辦學目的的書院〔註5〕，然此說亦不甚準確，統而言之，自清初至乾隆中後期，考課逐漸佔據了書院規制的主導性地位，即書院規制以考課制度為中心進行了新的組織，並形成了考課式書院這一主流的書院型式，起初考課式書院雖以課試八股試貼為主，但自嘉道年間書院課試經古學逐漸興起，形成了若干以經古學為中心或兼課經古學之書院，學界又稱此類書院為「漢學書院」，而時至晚清，書院課士由呈現由經古學向西學新學的轉型，此類書院或以住院肄業為特徵，從而改變了考課在書院規制中的主導性地位，而大抵皆為傳統的考課式書院，書院規制並未根本改變。本章即以上海求志書院、寧波辨志書院為個案，釐清以西學新學為取向的考課式書院之基本情形。

第一節　上海求志書院及其考課制度

晚清上海地區，經歷了太平天國運動之後，在西學東漸與西力東侵的大背景下，朝廷及地方大吏採取多種措施復興文教，而其中重要的措施即為書院之復興。伴隨著整體的政治和社會環境的轉變，在上海這樣得風氣之先的地方，地方官員、學界領袖及士子皆能從經驗上感知到時代之潮流，並著手行動，在制度上做一定之突破，從而鼓勵學術風氣之轉型以及新型人才之陶冶，其典型則體現於新式書院創設及其所倡導的學術風氣的轉變，如龍門書院、詁經精舍、求志書院、格致書院、梅溪書院、融齋書院等等，在這些書院中對時務的重視以及對學術專門化的倡導逐漸成為潮流，西學知識也逐漸滲入書院教育之中。本文以求志書院及其考課活動為中心，致力於梳理此種變遷之脈絡，揭示其時代意義。

一、求志書院之創設及運行

晚清上海新型書院之出現，始於龍門書院。龍門書院於 1865 年由時任蘇松太道丁日昌創設，後來由繼任應寶時踵成之，其特點在於推崇經史及專門之學，「凡肄業者必先從事於《小學》、《近思錄》以正其志趣，後及群籍，以

〔註4〕劉伯驥：《廣東書院制度沿革》，第 339～340 頁。
〔註5〕馬鏞著：《中國教育通史‧清代卷》（中），第 216 頁。

備考索，故凡經史諸書悉購置焉」。書院規定「月課性理策論，期有合於胡安定經義、治事立齋之意。故不以舉業、詩賦列入課程。有志之士自亦不欲以遇合之心奪其學問之實也」〔註6〕。所研習除理學外，「或兼經學、小學，或兼史地、掌故、天文、算術，或兼工詩、古文辭，至少必有一二專長」〔註7〕。流風所及，又有 1873 年時任蘇松太道沈秉成創設上海詁經精舍，聘請俞樾為山長，命題評卷，課士不尚詩文，專講經史〔註8〕。

　　1876 年初時任蘇松太道馮焌光創建求志書院，並將上海詁經精舍併入〔註9〕。馮焌光籌銀二萬兩存典，按月生息，作為書院的日常運行費用，並修建廳樓房屋五十餘間，購置書籍二百六十餘部，七八千冊。分置經學、史學、掌故、算學、輿地、詞章六齋，延聘俞樾經學齋兼詞章齋，劉彝程主算學齋，張煥綸主輿地齋，高驟麟主掌故，楊泗孫主史學齋。馮氏辦學，並非始於求志書院，1869 年廣方言館併入江南製造局時，馮即兼任廣方言館總辦，並與鄭藻如共同擬定新課程及章程〔註10〕。故而馮氏建院之初，亦氣魄宏大，思慮周全，其手定章程四則：

上海求志書院章程四則

南海馮焌光訂

　　一、置六齋以宏教育也。人生材質，各有所近。《周禮・司徒》始言六藝，孔門十哲，厥有四科。自是以來五經置博士，六學隸國子，代異其名。茲略師安定胡氏之意，設為六齋，曰經學、曰史學、曰掌故之學、曰算學、曰輿地之學、曰詞章之學。諸生各視材質所近，能兼綜博貫之上也。否則廣而荒，不如專而精，總期體用兼資，華實並茂，為國家儲人材以備他日之用。孟子言：士尚志。志者，志大人之事也，命名求志蓋於諸生有厚望焉。

　　二、儲簡籍以惠好學也。宋初頒書於白鹿洞，僅有九經。同時

〔註6〕同治《上海縣志》卷九《學校》。

〔註7〕沈恩孚：《上海龍門書院紀略》，《人文月刊》第八卷9～10期，1937年12月。

〔註8〕《論滬城新設詁經精舍》，《申報》1873年03月17日，第1版。

〔註9〕姚明輝：《上海的書院》，上海市文史館文史資料工作委員會編：《上海地方史資料（四）》1986年，上海：上海人民出版社，第18頁。

〔註10〕《總辦機器製造局鄭、馮上督撫憲稟》，《廣方言館全案》，上海：上海古籍出版社1989年版，第118頁。

應天府書院聚書，只數千卷耳，而四書院之名大著於時。蓋書雖少，而寒畯實受其賜焉。軍興以來，板籍毀散，好學者病之。茲特捐廉，購置圖籍若干卷，存儲書院以供眾覽。顧願奢而力薄，他日陸續增置，必有同志者，庶備攻習之資夫。

三、建學舍以便觀摩也。書院之設，昔人所謂鄉黨之學也。其始裏說一學而已。近代始有廣建學舍，以聚四方俊彥者。茲於廳事前後，構精舍數楹，俾來學者進有講習之堂，退有息遊之所。一俟經費稍裕，當酌定額數，量給膏火，為諸生廣切磋之益，私願無窮未知能副焉否耳。

四、立季課以覘進業也。古者比年入學，中年而考校，所以觀業之進否而升降焉。顧計年考校，曠日恐多。茲於一年之中，定為季課，試之經說以驗其根柢、史論以覘其識蘊、策問以究其才略、韻語以觀其文采。山長則仿粵省學海堂章程由眾公推，評定甲乙。無美不收，有長必錄。其屢登前列者，歲時延見，聆議論而察志趣，務得學行兼優之士。否則雖有所長不敢濫取，蓋期之重故，取之不敢不慎爾。〔註11〕

馮焌光先後主持了1876年四季考課及1877年春、夏兩季考課，此後馮焌光即遠赴新疆尋父，1879年回到上海後不久即病逝〔註12〕。求志書院「本擬招生住院肄業，略仿龍門規則，適馮乞假去任卒，未果」〔註13〕，此後漸而轉變為考課式書院，僅舉行考課活動。書院及書院考課在名義上為蘇松太道所屬，在管理上由上海縣教諭充任監院，「齋長皆不到院，領題寄卷等務均由監院辦理」〔註14〕，各齋長皆為遙領，為書院考課命題及判卷。歷任齋長有鍾文烝、俞樾、高驤麟、劉彝程、張煥綸、楊泗孫、孫鏘鳴、宋恕等人，而其中任職履歷較清晰者有劉彝程、孫鏘鳴、宋恕三人：

〔註11〕《上海求志書院章程四則》，《申報》1876年3月15日，第6版。
〔註12〕馮焌光父親戍新疆時恰逢回民起義，生死未卜，當得知新疆局勢安定後，馮焌光即請求開缺赴新疆尋父，朝廷感於其孝，特與假兩年，准其赴新疆尋父，馮焌光到新疆後發現父親早已過世，於是負骸骨歸，因哀傷過度加之旅途艱難，回上海後不久即過世，見沃丘仲子：《近代名人小傳》，北京：中華書店1988年影印版，第108～109頁。
〔註13〕民國《上海縣續志》卷九《學校》。
〔註14〕宋恕：《代孫鏘鳴致余晉珊》，胡珠生編：《宋恕集》，第600頁。

　　劉彝程：字省庵（一作醒庵），江蘇興化人，太學生，龍門書院山長劉熙載長子，龍門書院肄業生，精於算學。1873 年受馮焌光之邀出任廣方言館算學教習，1876 年受邀主講求志書院算學齋，至 1898 年以老病辭齋長之職。此間劉彝程編纂《上海求志書院算學課藝》一卷（1898 年上海石印），並於辭職後將求志書院歷年考課所出課題及自演之稿彙編成《簡易庵算稿》四卷，1900 由江南製造局刊印〔註 15〕。

　　孫鏘鳴（1817～1901）：字紹甫，瑞安人。道光二十一年（1841）年進士，同治三年（1864）被勒令休致。1865 年始主蘇州紫陽書院，1878 年始主金陵鍾山書院及惜陰書院，1885 年始掌教上海龍門書院，1887 年始求志書院史學、掌故兩齋，同時孫鏘鳴亦掌教溫州當地肄經等書院。由於掌教書院眾多，故而孫鏘鳴難以長期住院授教，而是長期來往於溫州、上海、南京、蘇州等地。故而孫鏘鳴考課出題及判卷或於龍門、或寄送溫州、或寄送南京鍾山書院等〔註 16〕，同時請黃紹第、宋恕等襄校課卷。後由於年老體衰，遂於 1894 年始由宋恕代求志書院閱卷及出題。

　　宋恕（1862～1910）：原名存禮，浙江平陽人，孫鏘鳴女婿，1877 年中秀才，後屢試不第。1887 年隨孫鏘鳴來到龍門書院襄校課卷，後亦隨襄校鍾山、求志等書院課卷。1892 年任北洋水師學堂漢文總教習。1894 年 9 月代孫鏘鳴閱求志書院癸巳冬季卷，並代出本年秋季史學、掌故二齋課題，收脩金二百六十七元七角〔註 17〕，從此之後求志書院史學、掌故二齋之出題與判卷皆宋恕所為，直至 1901 年初。但此數年間，宋恕並無掌教之名，而只是代孫鏘鳴閱卷，1901 年初，隨著孫鏘鳴的逝世，求志書院掌教席為即他人所奪〔註 18〕。

　　求志書院院舍為隸屬於蘇松太道之公產，因求志書院轉變為考課式書院，無生徒住院肄業，求志書院便成為卸任或新任蘇松太道及家眷暫憩之地，亦用於接待上級官員，回滬之留美幼童亦暫住此地〔註 19〕。1884 年求志書院藏書移往龍門書院。1902 年初，時任蘇松太道袁樹勳於求志書院設工藝局，1904

〔註 15〕田淼：《清末數學家與數學教育家劉彝程》，見李迪主編：《數學史研究文集》第 3 集，呼和浩特：內蒙古大學出版社 1992 年版，第 117～122 頁。

〔註 16〕孫鏘鳴家書多談及書院課卷收寄之事，見孫鏘鳴撰，胡珠生編注：《孫鏘鳴集》，上海：上海社會科學院出版社 2003 年版，第 288～321 頁。

〔註 17〕胡珠生編：《宋恕集》，第 205 頁。

〔註 18〕胡珠生編：《宋恕集》，第 1113 頁。

〔註 19〕《學生暫憩》，《申報》1881 年 10 月 9 日，第 2 版。

年 9 月將求志書院歸併龍門書院，並停止考課，求志書院存款生息二萬一千餘兩亦移撥龍門書院。民國後，求志書院院舍由上海縣公款公產經理處（亦稱上海縣地方款產處）接收，先後開辦警察學堂、禁煙局、上海縣測繪事務所、時中書局印刷所、省立第五工場，在 20 年代後期成為上海保衛團第二團團部、淞滬保衛團辦事處駐地〔註 20〕，之後求志書院作為地名亦漸而消失於上海的歷史變遷之中。

二、考課之實施及其特點

　　求志書院考課自 1876 年 3 月 15 日〔註 21〕開始，一直持續到 1904 年 7 月 2 日〔註 22〕，並於 1904 年 11 月 3 日明確宣告停課〔註 23〕，考課延續 29 年。其建院之初，便設立考課章程，對考課制度的實施規則、流程、諸生應課方式、獎賞等都進行了詳細的規定：

書院季課章程八條

監院上海縣教諭韓鴻飛謹白

　　一書院每年春、夏、秋、冬四課。夏課四月、秋課七月、冬課十月、惟春課則在二月。

　　一課期定在朔日，無論遠近均以散題之日為始，繳卷限兩月截止。每季榜發後，如續有佳卷寄到，酌取附刊。

　　一課期由各掌教出題送交觀察判刷，總單開明，某齋題目幾道，散給各生，單末注明。自備試卷，仿照白折子格式，每行二十字。各以其齋分別謄寫，雖兼做者亦不得並寫。其卷面自行填寫，肄業某齋及某省、某廳、某縣、舉貢生童，年歲若干，各於限期內，寄上海求志書院，繳監院處。

〔註 20〕　《工藝開局》，《申報》1902 年 2 月 27 日，第 3 版；《書院歸併》，《申報》1904 年 9 月 24 日，第 3 版；《蘇松太兵備道袁海觀觀察稟請以上海龍門書改為師範學堂稿及批》，《申報》1904 年 11 月 29 日，第 3 版；《接管求志書院房屋》，《申報》1915 年 11 月 7 日，第 10 版；《省立第五工場開成立會》，《申報》1916 年 7 月 21 日，第 10 版；《款產處昨日會委接收工場房屋》，《申報》1926 年 12 月 12 日，第 11 版；《淞滬保衛團辦事處恢復辦公》，《申報》1928 年 7 月 26 日，第 14 版。

〔註 21〕　《上海求志書院丙子春季題目》，《申報》1876 年 3 月 15 日，第 6 版。

〔註 22〕　《上海求志書院甲辰春季課題》，《申報》1904 年 7 月 2 日，第 3 版。

〔註 23〕　《求志停課》，《申報》1904 年 11 月 3 日，第 3 版。

一監院收捲後，呈送觀察，將卷面姓名密封，鈐蓋關防，分送各齋掌教閱看。

一掌教閱定後，填寫甲乙，送呈觀察裁定，榜示院門。每齋所取內課以六名為率，外課名數隨時酌定。所取前列各卷由本生另謄一通，送存道署以備選刊。

一每齋題目不全作者聽，惟不及半者不錄

一每齋內課一名獎銀六兩、二名五兩、三名四兩、四名三兩、五名二兩、六名一兩。外課獎銀隨時酌定。

一所取諸生如有文學格外優長者，由觀察備禮招致願意來滬者，授以各書，或留院肄業、或回家攻習，悉聽其便。隨時考其進益，優給膏火。〔註24〕

1879年，上海求志書院重定章程，對於考課制度進行了新的調整：

上海求志書院重定章程（節錄）

一課期定在朔日，無論遠近，均以散題之日為始，繳卷限兩月截止。

一課期由各掌教出題道交道署刊刷，總單開明。每齋題目四道，六齋題目共二十四道。由監院散給各生，單末注明，自備試卷，仿照白折子格式，每行二十字各以其齋分別謄寫。雖兼做者，亦不得並寫一卷。

一每齋題目只有四道，不全作者不錄。

一每齋內課一名獎銀五兩、二名四兩、三名三兩五錢、四名二兩五錢、五名一兩五錢、六名一兩。外課獎銀隨時酌定。〔註25〕

此次調整，嚴格規定了每齋命題的數量以及諸生參與各齋考課時必須答完全部四道題目，同時還對獎銀進行了調整。自此之後，求志書院考課的形式基本穩定，直到1901年秋季考課，改掌故齋為掌故兼時務齋。後於1902年春季考課，新設性理齋，不再設詞章齋，遂延續至停課。

傳統書院考課類型多樣，包括官課、師課、堂課、館課、齋課、大課、小

〔註24〕《書院季課章程八條》，《申報》1876年3月15日，第6版。
〔註25〕《上海求志書院重定章程》，《申報》1879年3月13日，第3版。

課、日課、月課、季課、加課、會課、輪課等諸多名目，定有課期，設有監課，形成了從命題、考課、閱卷、發榜、獎懲等各個環節嚴密配合的一整套制度〔註26〕。若以出題人而論，分為官課及師課，官課由各級官員出題、評卷、給賞；師課則由書院掌教出題、閱卷，由書院給賞。若以應試諸生的限制而言，分為內課及外課，內課為書院之管理制度，出題人多為師長，應試者限定為書院肄業生徒，考課之作用在於考核學生學習效果，用以決定課程之升降及膏火之多寡。外課則面向社會士子，或官為設題，用以考課一方之學風；或書院管理者氣魄宏大，欲轉移一代士風〔註27〕，然皆非常設的穩定制度，因人因事而異。求志書院考課由各齋齋長命題判卷，但須報送道臺裁定。應課不限地域及身份，自由投考，且由於求志書院並不招生入院肄業，實質上已無內課、外課之分，也因此之故，求志書院考課並無科舉之壓力，命題可一定程度上脫離科舉之軌範，此數點皆為求志書院考課區別於一般書院考課之特點，而尤為重要者有三點：

分齋課士：求志書院考課不考八股試帖，而是「設為六齋，曰經學、曰史學、曰掌故之學、曰算學、曰輿地之學、曰詞章之學」，分齋命題課士。分齋設學由北宋胡瑗教學蘇、湖之時創設，並延續成為中國古代重要的教學制度〔註28〕。馮焌光的分齋之法雖然承襲胡氏之意，亦與廣方言館之教學實踐密切相關。1862 年廣方言館開辦，分經學、史學、算學、詞章為四類，凡肄業者算學與西文須逐日講習，其餘經史各類，諸生各隨其稟賦，分別教習〔註29〕。1869 年廣方言館併入機器製造局，鄭藻如、馮焌光修訂章程，除重視西文、西藝之外，還特別強調了經學、史學、小學、算學、時文的重要性，設定了相關課程，並規定「每月除初一、十五西教習課試西學外，初八、二十四日就所讀經史，試以策論，或以覘其心得，間課以八股制義，如兼通算學製造，則試以條說」〔註30〕。因此，求志書院之分齋不僅大膽的拓展了書院教育的知識內容，而且有著鮮明的學科分類的特徵。分齋課士之法使書院考課擺脫

〔註26〕鄧洪波：《中國書院的教學管理制度》，《河北師範大學學報》（教育科學報）2005 年 5 月。

〔註27〕如阮元之設學海堂，為課通省舉、貢、生、監經解詩古之所，考課面向全省士子，欲以轉移學術風氣，見陳澤泓：《學海堂考略》，《廣東史志》2000 年第 1 期。

〔註28〕別必亮：《論中國古代分齋教學制度》，《高等師範教學研究》1994 年第 4 期。

〔註29〕《江海關道詳南洋通商大臣李》，《廣方言館全案》，第 111 頁。

〔註30〕《總辦機器製造局鄭、馮上督撫憲稟》，《廣方言館全案》，第 132 頁。

了科舉制度的束縛，呈現了鮮明的學術專門化的傾向。而歷代分齋皆源於其所處的知識環境與現實局勢，求志書院之分齋依據亦是如此，其特點尤其體現在史學齋、掌故齋、算學齋、輿地齋的設立上，這些內容在新舊知識體系過渡的階段，在接引西學的過程中發揮了重要作用。

取士眾多：求志書院考課聽人自由備卷投交，不限地域、年齡及身份，1876～1878 年間共進行了 9 次考課，此階段取士數量並未嚴格限制，歷次考課取士數量差別較大，1876 年四季考課分別取士 62、64、93（其中附取 10）、110（其中附取 32）人次；1879 年～1904 年間共進行了 101 次考課，此階段雖規定各齋可在超等、特等、一等分別為 6 名，但在實際中根據應試情況也略有調整，故而多者可達一百一十餘人，少者有六七十餘人，若取中位數以85 而計，則 29 年間共舉行 110 次考課，取士總數在 9350 人次，而應試者之數恐遠超於此。

優加獎勵：求志書院 1876 年章程規定每齋內課一名獎銀六兩、二名五兩、三名四兩、四名三兩、五名二兩、六名一兩。在 1879 年章程中修訂為每齋內課一名獎銀五兩、二名四兩、三名三兩五錢、四名二兩五錢、五名一兩五錢、六名一兩。且一次考課可考數齋，若獲獎則皆有獎賞。書院考課的優加獎勵，能夠一定程度上促使士子興趣之轉移。考課制度的獎勵不僅體現在物質上，對於廣大士子來說，通過考課獲得學問上的進益；得到考課主持者的認可，獲得師徒的名分，並結識課友，對於構建知己的社會資源都有著不小的裨益。如光緒十八年壬辰科貢士陳鳳藻，其朱卷履歷共記錄書院肄業師35 人，其中有求志書院 9 人，分別為俞樾、孫鏘鳴、劉彝程、張煥綸、邵友濂、湯壽銘、龔照瑗、聶緝槼、宜敬熙。〔註31〕

三、考課命題之思想傾向

求志書院考課可分為二個階段：第一階段為為 1876～1878 年，此數年間共進行了 9 次考課，此階段命題數量並未嚴格限制，數量較大，題目尚存者有 6 次，其中丙子年春季命題 62 道；丁丑年四季分別命題 32、55、62、54道；戊寅年春季命題 63 道，6 此考課命題總數有 328 道之多，其中經學 63

〔註31〕《清代硃卷集成》第 74 冊第 21 頁，9 人中俞樾、孫鏘鳴、劉彝程、張煥綸
　　　　為齋長；邵友濂、湯壽銘、龔照瑗、聶緝槼為時任蘇松太道；宜敬熙則為上
　　　　海縣教諭。

道、史學 61 道、掌故齋 45 道、算學 54 道、輿地 57 道、詞章 48 道。第二階段為 1879 年～1904 年間共進行了 101 次考課，此階段命題數目穩定，一次考課每齋四題，共 24 題，故 26 年間命題總數目共 2424 題。1901 年 10 月 24 日的秋季考課，改掌故齋為掌故兼時務齋，後於 1902 年 4 月 21 日春季考課，新設性理齋，不再設詞章齋。故各齋考題分別為經學 404 道、史學 404 道、掌故齋 404 道（其中掌故兼時務齋 44 道）、算學 404 道、輿地 404 道、詞章 368 道、性理齋 36 道。

求志書院各齋命題中經學齋、性理齋大抵較傳統，詞章齋偶有新意，如《祖沖之造千里船賦，以題為韻》（1881 年春）、《電線歌》（1882 年春）、《用西法照印書籍，賦詩紀之》（1886 年秋）、《書京師同文館所刊〈中西合曆〉後，五七古均可》」（1887 年春）、《洋場竹枝詞不拘首數》（1896 年冬）〔註32〕等等。算學齋多為待解之數學題目，亦討論諸如《算學致用論》（1877 年春）、《天算為經術首務，蓋縷析之》（1877 年春）等學理問題，其中的西學含義不言而喻。筆者所欲討論之命題主要集中於史學齋、掌故齋及輿地齋，從理論上來講，史學齋命題所指應為史學及史實問題，掌故齋命題所指應為歷代典章體制、禮儀法度及風俗習慣等，輿地齋命題所指應為地理及地理考據問題，但從實際命題來看，三齋命題難以區分，而呈現雜糅的狀態，總體來說，命題呈現二個方面的思想傾向：

1. 現實視野的拓展：

求志書院命題現實視野的拓展主要體現三個方面：第一體現為時務命題，諸如當代政治、財政及經濟、軍事、經濟、社會、中外關係、世界時事等皆成為命題之內容，本文從政治類、財經類、軍事類、世界時事類四類命題出發，分別簡舉數例以分析時務命題的思想取向：

政治類命題主要集中於對於邊疆的治理機制的改革以及朝廷取士制度改革兩個方面，其命題如《西域設行省論》（1877 年春）、《閩撫移駐臺灣議》（1877 年夏）、《理番院職掌考》（1878 年春）、《擬西藏置郡縣議》（1890 年春）、《別開西學科議》（1891 年秋）、《西藏改設行省議》（1892 年秋）、《臺灣撫番議》（1893 年夏）、《臣屬諸國存亡考》（1896 年冬）、《請重開博學鴻詞科疏》（1897 年春）、《擬請創開直言極諫科疏》（1897 年春）、《科舉驟革與漸廢

〔註32〕書院考課命題來源於《申報》，因素目眾多，無法一一注明出處，下同，祈讀者原諒。

孰得孰失策》（1903 年夏），政治制度上的改革也逐漸被討論，如《議院有無流弊論》（1901 年秋）等。

財經類類命題主要關於貨幣制度、商業制度、財政制度等方面，如《用銀利弊說》（1876 年春）、《鹽法利弊》（1880 年春）、《禁私鑄議》（1880 年冬）、《臺灣興辦商務議》（1888 年夏季）、《設官銀行造官鈔票議》（1891 年秋）、《西藏立約通市議》（1893 年夏）、《商務議》（1894 年春）、《錢法利弊論》（1896 年春）、《互市利弊論》（1897 年夏）、《綱鹽票鹽利弊論》（1899 夏）、《東三省開埠作為萬國通商公地，應如何入手辦法策》（1903 年夏）。其中也出現了大量對於西法的討論，涉及開礦、鐵路、郵政等等，如《開煤礦說》（1879 年冬）、《機器織布利弊說》（1881 年春）、《郵政議》（1881 年冬）、《輪船機器說》（1882 年夏）、《開禁金銀礦得失》（1882 年夏）、《救商政事宜條辦》（1884 年秋）、《問鐵路若興宜由何道免侵商局輪船之利》（1887 年夏）、《開礦利弊論》（1897 年夏）、《近年中國各省礦產表》（1902 年夏）等。

軍事類命題基本上圍繞邊防、海防問題，此類命題其基本的命意都在於如何應對日益嚴峻的現實局勢，並且有著十分鮮明的時效性，如《設險守國論》（1876 年春）、《論長江水師》（1878 年春）、《西域屯田議》（1878 年春）、《長江水師管轄考》（1880 年秋）、《東北邊防議》（1881 年春）、《問今日宜加意於西北各部以固藩籬策將安出》（1882 年夏）、《問今日宜略仿漢開西域之意加意南洋策將安出》（1882 年夏）、《保護安南議》（1882 年冬）、西南邊防議》（1883 年春）、《沿海練水師議》（1884 年夏）、《籌海軍事宜條辦》（1884 年秋）、《臺防策》（1884 年秋）、《援臺議》（1884 年冬）、《保護朝鮮議》（1884 年冬）、《新疆南北路兵制考》（1886 年冬）、《前後藏設備議》（1888 年春）、《練內外蒙古以備俄議》（1892 年春）、《東三省練兵議》（1893 年夏）、《新疆練兵議》（1893 年夏）、《海軍議》（1894 年春）、《江蘇海防策》（1894 年秋）、《師西法創新軍議》（1896 年秋）、《旅順威海形勢論》（1896 年冬）、《江浙海防論》（1897 年秋）、《閩廣海防論》（1897 年秋）、《四川邊防論》（1897 年秋）、《雲南邊防論》（1897 年秋）、《膠州近事論》（1897 年冬）、《兩藏防守要塞論》（1901 年春）、《英圖藏衛，法窺粵邊宜如何預籌抵制策》（1904 年春）等等。

世界時事類命題以分析當時世界時事為命題點，此類命題鮮明的體現了晚清中外之間日益密切和複雜的聯繫，以及知識界世界視野的開拓，其典型命題如《書西報土塞戰事後》（1877 年春）、《俄土戰利議》（1878 年春）、《開

通巴拿馬海峽議》（1880 年春）、《日本改封建為郡縣論》（1884 年春）、《俄人於亞洲北境築鐵路論》（1887 年冬）、《西國廢城垣治炮臺說》（1894 年冬）、《論希臘用兵革雷得事》（1897 年春）、《論西比里鐵路將掣動東西全局》（1897年夏）、《論美日爭檀香山》（1897 年秋）、《阿爾蘭近事論》（1897 年冬）、《問美國欲取呂宋，於歐亞大局有無關係》（1898 年春）、《論英法法壽達之案》（1898 年秋）、《論德人慫干預小呂宋事》（1898 年秋）、《聞西比利亞鐵路有分枝從庫倫達京師之說試論其利害》（1899 年秋）、《問美國經營域外已異華盛頓初約其故安在》（1900 年夏）、《德奧意三國繼續同盟論》（1903 年春）、《論委內瑞辣近事》（1903 年春）、《列國弭兵會論》（1903 年秋）、《問巴拿馬運河是否可通》（1903 年秋）、《問西比里亞鐵路成後，遠東泰西有何關係（1903 年秋）》、《美日新訂商約於東事有無關係策》（1903 年冬）、《西曆一千八百七十年，柏林會議條約禁止各國軍艦經過土耳其達特納斯拉士兩海峽，迄今三十餘年矣。近日西電言有俄國義勇艦兩艘載兵徑渡說者，謂俄欲遣其黑海艦隊由西路而來遠東，故以義勇艦試其端也。俄之潛圖違約始於何時，是蹈何際。英政府及我亞東諸邦宜何以待之》（1903 年冬）等等。

第二則體現於地理視野的拓展，從西北邊疆，延及東南沿海及海外，逐漸將全球納入關注點，其中邊疆輿地類的命題如《天山南北路考》（1885 年冬）、《新疆各路皆漢西域地，山川風俗物產見於漢志者，今昔果無異歟》（1886年春）、《內六盟蒙古考》（1887 年秋）、《外四盟蒙古考》（1887 年秋）、《天山南北形勢論》（1896 年冬）、《東三省山川形勢考》（1901 年春）。海外輿地類命題則有《環遊地球路程考》（1877 年秋、1882 年夏）、《朝鮮道府州縣統屬表》（1877 年冬）、《黑海形勢關係大局論》（1878 年春）、《琉球疆域考》（1879年夏）、《日本畿道各藩國考》（1884 年春）、《西印度辨》（1886 年春）、《問臺灣東北美亞哥書馬島是否可闢》（1887 年春）、《歐亞兩洲關係論》（1896 年夏）、《歐美諸國屬島考》（1897 年春）、《日本古州今縣轄地異同考》（1899 年夏）、《西士探南北極論》（1903 年冬）等。

第三則體現於學術視野的開拓，諸多西方科學知識成為命題點，如《海潮不至滬地論》（1877 年春）、《電氣說》（1881 年夏）、《彗星說》（1881 年秋）、《泰西電學原始》（1887 年冬）、《礦學原始》（1887 年冬）、《說火山》（1889年夏）、《說伏流》（1889 年夏）、《西人謂地球為行星之一論》（1895 年夏）、《中西地學異同論》（1897 年秋）、《西人測地高下以海面為準說》（1898 年夏）

等。大量的技術類問題也出現在命題中，其中主要有軍事技術及工程技術兩類，如《問疏濬河道何法最良》（1877 年秋）、《問治永定河與治大河同異》（1877 年秋）、《請仿埃及新開運河治膠萊新河以便海運議》（1877 年秋）、《修建城垣之法》（1879 年秋）、《水雷製造之法》（1880 年春）、《修造橋樑法》（1880年夏）、《海防工程說》（1883 年夏季）、《問中土若創行鐵路宜以何法絕黃而渡》（1887 年春）、《路枝幹緩急議》（1889 年冬）、《開濬吳淞江議》（1893 年秋）、《關外鐵路如何布置議》（1893 年冬）、《問中國鐵路過大河用何策為便》（1897 年夏）、《槍炮火藥源流考》（1898 年秋）、《煤鐵之產山西最富，今議通鐵軌以接蘆漢幹路，其經由郡縣究以何者為宜說》（1901 年秋）、《黃河建橋以通南北鐵路橋工河防能否兩無妨害策》（1904 年春）等。而若干書後題則直接的體現了命題者知識資源的拓展，此舉對於鼓勵學術風氣之轉移作用巨大，如《海國圖志》、《聖武記》、《皇朝經世文編》、《瀛寰志略》、《遊歷芻言》、《朔方備乘》、《列國歲計政要》、《金軺籌筆》、《路索民約論》〔註33〕、《支那通史》、《歐羅巴通史》等等都出現在命題之中。

2. 歷史視野的拓展：

求志書院考課命題歷史視野之拓展主要體現在三個方面：第一方面歷代關於中外關係的史實和人物成為重要的命題對象，同時若干有代表性的華夷關係論述也被重新檢討。其代表性的命題如《秦平百越增置四郡論》（1877 年冬）、《北宋不規燕薊論》（1879 年春）、《明代倭患始末》（1880 年冬）、《漢開西域論》（1881 年冬）、《論明宣宗罷交趾郡縣》（1883 年夏）、《郭子儀定回紇論》（1884 年冬）、《寇準退契丹論》（1884 年冬）、《康熙中俄定界始末考》（1885 年春）、《漢武帝詔舉使絕國人材論》（1886 年秋）、《書江統〈徙戎論〉後》（1886 年冬）、《齊桓攘夷論》（1887 年秋）、《晉悼和戎論》（1887 年秋）、《緬甸降附考略》（1889 年春）、《越南歸順考略》（1889 年春）、《兩金川蕩平考略》（1889 年春）、《唐太宗伐高麗論》（1890 年冬）、《唐太宗破突厥論》（1890 年冬）、《遠交近攻說》（1893 年秋）、《俄國通商交聘考》（1895 年冬）、《美國通商交聘考》（1895 年冬）、《歷代互市關係輕重論》（1896 年秋）、《改土歸流始末考》（1898 年春）、《同治朝招洋將平發匪論》（1902 年秋）等等。

第二方面在於對命題中對歷朝典章制度的重視，此趨勢亦能反映當代迫切

〔註33〕應為楊廷棟譯：《路索民約論》，1902 年上海文明書局版。

的制度變革需求。其中教育制度方面的命題如《問自唐以來書院之制孰為得失》（1876 年春）、《司馬溫公請設十科舉士論》（1877 年夏）、《宋明設立武學論》（1877 年夏）、《博學鴻詞科考》（1880 年夏）、《明國子監生積分歷事考》（1881 年夏）、《魏晉以中正九品之法取士論》（1885 年秋）、《唐科目兼採譽望論》（1885 年秋）、《問宋分路取士之法，司馬、歐陽兩公所見不同其說孰長》（1885 年秋）；財政制度方面的命題如《明設鈔關議》（1881 年夏）、《問租庸調變而為兩稅孰利孰害》（1877 年春）、《唐宋明賦法役法論》（1891 年秋）、《北宋財政考》（1898 年春）、《南宋財政考》（1898 年春）；軍事制度方面的命題如《明代食兵二制考》（1882 年秋）、《漢馬政考》（1884 年夏）、《漢南北軍考》（1884 年秋）、《八旗兵制考》（1888 年夏）。官制方面的命題如《漢制刺史州牧得失論》（1877 年夏）、《宇文周復古六官之制論》（1877 年夏）、《唐代藩鎮論》（1877 年秋）、《詹事府官屬均延舊制始於何時》（1878 年春）、《宋置番刑院說》（1879 年秋）、《漢世鄉亭之職其制若何》（1880 年春）、《明洪武年間始遣御史巡按州縣論》（1880 年冬）、《漢令長考》（1884 年秋）、《漢政歸尚書，魏晉政歸中書，後魏政歸門下省，唐初合三省為一，沿革得失若何》（1886 年春）等等。

第三方面則在關於海外歷史的命題之出現，如中國周邊之朝鮮、日本、甚至海外之古埃及、羅馬、古阿拉伯等皆成為命題，此類命題最能反映國人歷史知識領域之拓展，其命題諸如《論俄主彼得徙都事》（1895 年秋）、《今之土耳其即古之突厥，試證其說》（1895 年冬）、《歐美各國創行鐵先後考》（1898 年春）、《猶太故國考》（1899 年夏）、《問日本以縣統郡有合古制否》（1899 年夏）、《俄並波蘭始末考》（1901 年春）、《古阿拉伯北方諸國沿革考》（1901 年冬）、《古埃及興亡論》（1901 年冬）、《羅馬盛衰論》（1902 年夏）、《德人經略小亞細亞論》（1902 年夏）、《日本建國由西漸東論》（1903 年春）、《論拿坡侖急攻俄都之失》（1903 年冬）等等。

總而論之，求志書院考課命題所反映的思想傾向明顯的體現為對時務的重視及對西學知識的接納，此種思想傾向反映出時代核心的問題意識的轉變，即在西力東侵和西學東漸的背景下，中西關係以及由此引發的問題成為時代核心的問題意識，任何對於歷史和現實的思考都不得不面對這樣一種問題意識，與此同時在這樣一種全新的局勢下，新的思想資源不斷湧入，舊的思想資源則或被重新「發現」與解釋，或者發生新的分化組合以應對時代之變遷。

四、考課之影響

　　求志書院考課的影響主要體現在士子培養、考課形式的傳播以及優秀課藝的傳播三個方面。在士子培養方面比較典型的是數學人才的培養。求志書院的算學考課培養出了一大批數學人才，劉彝程在《簡易庵算稿》序中稱：歷年課藝佳作綦多，其尤可稱推許而素識者，如支雯甫（寶枡）、沈粒民（善蒸）、陳仲周（維祺）、崔聘臣（朝慶）、華若溪（世芳）、繆秋澄（朝銓），其為識面而知名者如湯子壽（金鑄），其素識而已逝者如廖子忠（嘉綬）〔註34〕，除劉彝程在此提及外，求志書院算學考課獲獎次數較多者尚有葉耀元（子成）、孫斌翼（清芬）等人，上述諸人皆有數學專著傳世並大部分成為數學教師〔註35〕，如華世芳（1854～1905 年），江蘇無錫人，華蘅芳之弟，1880 年秋季首獲算學齋超等，至 1892 年夏季算學齋超等為止，其間共獲獎 17 次，大抵皆為算學齋獲獎。由於考課而得善算之名，蒙江蘇學政黃體芳調入，與崔朝慶一起入南菁書院肄業。1894 年任湖北自強學堂算學教習、後主講龍城書院、南菁書院等，龍城書院改為高等小學堂後為首任校長，1905 年任上海南洋公學總教習，著有《恒河沙館算學》、《近代疇人著述記》等。因此之故，求志書院成為晚清數學教育最為突出的書院之一。且通過書院考課構建的關係網絡，求志書院考課師生進行了有效的學術合作，如陳維祺主持之《中西算學大成》之編纂，其草創之時即得到劉彝程之支持與幫助，葉耀元、孫斌翼等參與其中，諸人協力共同完成了一部較為全面系統地彙集編纂當時中西數學主要內容的大型叢書，書共 100 卷，字數達 175 萬字〔註36〕，可算求志書院師生共同集體工作的成果，該書在 20 世紀初影響頗巨〔註37〕。

　　另則，眾多上海本地士子參加求志書院考課，其中葛士清、葛士濬、姚文棟、姚文楠、艾承禧、郁晉培、郁震培、範本禮、曹基鏡、蘇紹良、劉至順、秦錫田、秦錫圭等等，皆成為清末民初上海的著名城紳，在上海的歷史發展中發揮了重要作用作用。如葛士濬參加求志書院考課獲獎始於 1880 年秋季考課，列史學超等，至 1887 年冬季，列史學特等，先後獲獎三十餘次，其

〔註34〕劉彝程：《簡易庵算稿序》，《簡易庵算稿》，江南製造局刊本 1900 年。
〔註35〕田淼：《中國數學的西化歷程》，濟南：山東教育出版社 2005 年版，第 211～215 頁。
〔註36〕吳裕賓：《〈中西算學大成〉的編纂》，《中國科技史料》第 13 卷，第 2 期。
〔註37〕田淼：《中國數學的西化歷程》，第 214 頁。

中於史學、掌故、輿地之學獲獎最多，其先後編輯《皇朝經世文續編》、《洋務時事彙編》，為西學東漸及學術風氣之轉移做出來重要貢獻。〔註38〕

而若干在中國近代史上有一定地位的歷史人物亦有參加求志書院考課之經歷，如首創「紅學」之名的朱昌鼎在首次求志書院考課即參加並獲詞章超等，末次則在1883年夏季考課詞章超等，共獲獎七次，除兩次為經學齋獲獎外，皆為詞章齋獲獎；如著名報人蔡爾康，首次應課獲獎在1880年冬季詞章一等、末次在1881年春季詞章超等、夏季詞章超等，共三次獲獎；如著名的思想家與革命家章太炎首次應課獲獎在1894年春季經學超等、夏季經學超等、秋季經學超等、冬季經學超等、1896年春季經學超等、夏季史學超等、夏季輿地超等，共獲獎七次，宋恕贊其「一章（枚叔）應課，雲中白鶴，降立雞群」〔註39〕；如著名經史學家的于鬯，首次為1877年史學超等，末次為1890年輿地超等，共獲獎十三次，多在經學及史學。

書院考課形式的影響比較典型的體現在寧波辨志書院之創設、格致書院考課的創立以及江標在湖南任學政時主持的地方考試。寧波辨志精舍於1879年由寧波知府宗源瀚在月湖竹洲創建，亦分設漢學、宗學、史學、輿地、算學、詞章六齋考課〔註40〕。格致書院考課在創設時明確表示「本書院課藝，仿照蘇松太道憲求志書院章程，每年春、夏、秋、冬，分為四課。」〔註41〕江標為求志書院考課獲獎士子，其首次應求志書院考課課為1877年夏季掌故特等、詞章一等，末次則為1884年秋季經學一等，共獲獎十次。其1894～1897年湖南學政任上主持歲考、科考，除根據科舉風氣以四書文命題外，又奏定以經學、史學、掌故、輿地、算學、詞章學，分列六類以試士，命題多涉新學，不僅形式與求志書院考課相同，所命之題亦多有與求志書院考課相同、或近似者。江標將三年視學之優秀課卷，按照經學、史學、掌故、輿地、算學、詞章、四書文分類編纂刊印，是為《沅湘通藝錄》，對於湖南學風之轉變、新式人才之培養以及之後湖南地方改革都產生了很大的影響〔註42〕。隨著求

〔註38〕王瑩瑩：《從沙船起家到科舉入仕——上海早期沙船主萬氏家族研究》，華東師範大學碩士學位論文，2009年。

〔註39〕宋恕：《上曲園師書》（一八九九年四月三日），胡珠生編：《宋恕集》，第599頁。

〔註40〕《增設辨志文會示》，《申報》1879年2月18日，第2～3版。

〔註41〕《格致書院擬以藝文考試章程》，《申報》1886年2月13日，第10版。

〔註42〕江標編：《沅湘通藝錄》，長沙：嶽麓書社2011年版。

志書院等一大批書院開始分齋課士，復經張之洞等大吏之提倡，分齋課士成為晚清書院改革的指導方針，「分齋課士的普遍施行為晚清書院向學堂體制的轉變開創了先聲」〔註43〕。

　　求志書院將優秀課藝編纂成冊，除上文提及之劉彝程編《上海求志書院算學課藝》一卷，目前已知尚存世者有《上海求志書院課藝（春季）》（應為丙子年）；《上海求志書院課藝（丙子夏季）》、《上海求志書院課藝（丙子秋季）》、《上海求志書院課藝（丙子冬季）》、《上海求志書院課藝（丁丑春季）》、《上海求志書院課藝（丁丑夏季）》、《上海求志書院課藝（戊寅春季）》〔註44〕。從《申報》的相關報導及廣告來看〔註45〕，求志書院編輯成冊者遠不止於此。

　　書院考課課藝的影響方面上，如吳曾英《南洋各島國論》（1876 年春季考課輿地齋獲獎卷）即為考課獲獎課藝，此篇文獻皆為甲午戰前關於海防形勢及地理問題的重要文獻〔註46〕。朱逢甲之《西域設行省議》（1877 年春季考課掌故齋獲獎卷）〔註47〕提出了具體的建省方案及行政設置，並闡明了建省的必要性，此為龔自珍及魏源之後關於新疆建省的最為重要的代表性言論，為新疆建省理論的重要組成部分〔註48〕。求志書院課藝還成為晚清重要的西學知識來源，如《各省西學課藝匯海》稱「是書匯輯格致課藝、求志書院、同文館、辨志文會，並各省西學課藝以及名人著作合為一編。」〔註49〕如《五大書院課藝》，「復取尊經、求志、詁經、自強課藝，分類編輯，都為一集，而間附兩湖之作」，大量收錄了求志書院考課課藝〔註50〕。

〔註43〕楊念群：《儒家地域化的近代形態——三大知識群體互動的比較研究》，第 461頁。

〔註44〕徐雁平：《清代東南書院與學術及文學》，合肥：安徽教育出版社 2007 年版；魯小俊：《清代江蘇書院課藝補目》，《圖書情報研究》2015 年第 3 期。

〔註45〕如 1882 年求志書院在《申報》刊登聲明，要求獲獎諸生將獲獎課藝謄錄，並交於監院處以備選刻，見《催謄送課卷示》，《申報》1882 年 2 月 4 日，第 3版。

〔註46〕王宏斌：《晚清海防地理學發展史》，北京：中國社會科學出版社 2012 年版，第 214～219 頁。

〔註47〕朱逢甲：《西域設行省議》，見王錫祺《小方壺輿地叢鈔：第二冊》，杭州：杭州古籍出版社 1985 年版，第 119 頁。

〔註48〕阿地力·艾尼：《清末新疆建省研究》，哈爾濱：黑龍江教育出版社 2012 年版，第 71 頁。

〔註49〕宜今室主人：《各省西學課藝匯海》（序），清光緒二十三年刻本。

〔註50〕汪先弼：《五大書院課藝》（序），光緒丙申歲明達學社刊。

第二節　寧波辨志書院及其考課制度

寧波辨志書院，又名辨志文會、辨志精舍，於 1879 年由時任寧波知府宗源瀚在月湖竹洲創建，分設漢學、宋學、史學、輿地、算學、詞章六齋，分別聘定齋長主持考課，此為寧波書院教育中開設新學科之先導。書院考課從 1879 年開始，至 1903 年前後終止，歷時二十餘年，成為寧波以及江浙地區代表性的新式書院考課。

一、辨志書院之創設及運行

宗源瀚，字湘文，江蘇上元人，監生，少佐幕，光緒初年歷任浙江測繪局總辦，衢州、嚴州、湖州知府等職，1878 年初調任任寧波知府，至 1885 年初以丁憂去任。宗氏「少即讀有用之書，文實岸然，不沾沾於章句」〔註51〕，長於文學，尤精輿地。其為政史事精熟，重視文教，於寧波採取多種措施整飭風俗，而其中於寧波風氣影響深遠之舉措即為創設辨志書院，其所作《增設辨志文會示》闡述了其創設書院之意旨：

增設辨志文會示（節錄）

計緣起章程：國家萬幾百度博通人，而理天下人心風俗，以士類為歸。朝廷養士以儲用，士之卓然有所表見者，其根抵必在學術，出為公輔處為儒生一也。學必視其所志，姚惜抱之論學分考據、義理、詞章三途。曾文正益以經濟，以配孔門四科。近日上海求志書院分經、史、掌故、算法、輿地、詞章以課士，為學之途雖不一，而範圍曲成不外乎是。功令雖以時藝取士，而五經策問非淹貫者不能奪席。自末流務趨便捷，遂若四書文外可以束書不觀者。我朝碩輔魁儒，大半出自科目，其進身未嘗不以時藝，而其所以稱物望而垂不朽者，必別有安身立命之地。非然者，朝榮夕悴，泯沒無聞，白髮蒼顏，陰悔不學，始自傷其與草木同腐，蓋已晚矣。

四明為文獻淵藪，通才碩彥，彪炳前代，程畏齋之《讀書分年日程》，王伯厚之《困學紀聞》，導引來哲，綱舉目張，流風所被，國朝鄞縣萬氏一門經學，全氏博聞兼綜，後來徐柳泉亦淵雅該博。鎮海之劉氏、樂氏，慈谿之姜氏、裘氏，象山之姜氏，定海之黃氏，

〔註51〕譚獻：《皇清誥授通奉大夫二品銜浙江候補道署溫處兵備道宗公墓誌銘》，《浙江文叢：譚獻集》，杭州：浙江古籍出版社 2012 年版，第 321 頁。

皆通經訓、能文章，彬彬焉不愧儒林之選，而議者乃謂今之甬士不
能如昔，吾觀甬士之掇科第能文章者豈少也哉？其切劇睅睅，亦豈
有所自畫而不欲大過乎人哉，而卒似未盡稱造物生才之意，屬國家
求才之心毋，亦守土之責乎？

　　今於孝廉堂書院月課時藝之外，取《學記》辨志之語，別為辨
志文會，分六齋仿考據義理，為漢學、為宋學；取經濟致用之意，
為史學兼掌故、為輿地、為算法，而華之以詞章焉。夫此數門者，
由粗求精，推本極末，舉非空文衍說所能窮，其微妙況所謂宋學者
研求性道尤重躬行，豈區區文字所能蹈襲？顧非文無以為課，非課
無以見志。亭林顧氏好古敏求，而其精神所注則在行己有恥。吾黨
之士由博返約，必有確乎其不可拔之操，而後有泛，應無不至當之
學。矯世勵俗、皭然不淄，慶曆五先生、淳熙四君子之流風餘韻，
不又當於吾甬求之。〔註52〕

此章程中宗源瀚強調了創設辨志書院的宗旨在於倡導通經致用、敦崇實
學的學風，轉變士風，培養新式人才；其方式則分齋設學，進行專門化教育，
不以時藝課士。宗源瀚創設辨志書院，賴黃以周為之主持，「請先生為定名義
規制，就古今人為學之方，分六齋以課士，每齋必延學有專精者，分主講席。
於是漢學齋由先生自課，宋學、史學、輿地、算學、詞章各齋長，聘鄞縣劉藝
蘭明經鳳章、慈谿何嵊青明經松、馮夢香孝廉一梅、餘姚黃蔚廷孝廉炳垕、
鎮海陳駿孫孝廉繼聰分任之」〔註53〕，即各齋首任齋長分別為黃以周、劉鳳
章、何松、馮一梅、黃炳垕、陳繼聰。

黃以周（1828～1899），掌教漢學齋。本名元同，後改以周，以元同為字，
號儆季。寧波府定海人，黃式三之子，詁經精舍肄業生。同治九年（1870）中
舉，歷任遂昌、海鹽等縣訓導，1879年應宗源瀚之邀主持辨志文會，1884年
應江蘇學政黃體芳之邀主講南菁書院，「主書院十五年，江南諸高材皆出其門」
〔註54〕。1888年以特薦授內閣中書，1890年選處州教授，以年老不就。黃氏
承家學淵源，專力治經，尤精於「三禮」，為晚清《禮》經研究之冠冕，著有

〔註52〕《增設辨志文會示》，《申報》，1879年2月18日，第2版。
〔註53〕馮煥椿：《定海黃元同生平及其著作》，浙江省通志館編：《浙江省通志館館刊·
　　　　創刊號》，杭州：杭州古籍出版社1997年版，第90～91頁。
〔註54〕章太炎：《太炎文錄初編》，上海：上海人民出版社2014年版，第388頁。

《禮書通故》、《經訓比義》、《儆季雜著》，輯有《軍禮司馬法》、《子思子輯解》等〔註55〕。

劉鳳章（1838年～？），掌教宋學齋。字企顏，號藝蘭，寧波府鄞縣人。詁經精舍肄業生。1879年參與《慈谿縣志》撰修，任分纂。1885年中舉。輯有《四明藝文志》，著有《甬上方言考》、《青黎閣集》等。

何松，掌教史學齋。字峽青，寧波府慈谿縣人，詁經精舍肄業生。1869年貢生，選任候選訓導。1878年應宗源瀚之邀入天一閣校書，編《天一閣見存書目》。卒年五十八。著有《古經解溝沉續編》、《夢璞居詩鈔》、《惺惺齋文鈔》、《惺惺齋筆記》等〔註56〕。

馮一梅（1849～1907），掌教輿地齋。字夢香，寧波府慈谿縣人，詁經精舍肄業生。1876年中舉。光緒初於浙江官書局校書，任分校、總校差等職。「歷主衢州正誼、西安鹿鳴、餘姚龍山、新昌鼓山諸書院，講寧波辨志精舍輿地齋長凡三十年，盡心評隲，士論推服。中間並就杭州求是書院、紹興府學堂總教習、龍游志局總纂」，並主講龍游縣鳳桐書院等，著有《老子校勘記》、《內經校勘記》、《述古堂經說》等〔註57〕。

黃炳垕（1815～1893），掌教算學齋。字慰廷，號蔚亭，紹興府餘姚縣人，1870年中舉。黃宗羲七世孫。攻天文曆算之學，1862年主持餘姚縣地圖測繪，後受知於浙江學政徐樹銘，推為優貢生，1871年會試不第，此後淡漠仕途，專心著述。主講辨志書院天文曆算齋，歷時十餘年，開創了浙東算學之盛。1887年主講餘姚龍山書院，兩年後因年老去任。1888年賜內閣中書銜，參與續修《大清會典》。撰有《測地志要》、《方平曆象》、《交食捷算》等，編有《黃宗羲年譜》等〔註58〕。

陳繼聰（1822～1882），掌教詞章齋。字駿孫，號亞秋，晚號退安居士。寧波府鎮海縣人。弱冠時以詩文受知於姚燮、黃式三等。1870年由歲貢生中舉，後兩次應禮部試不第，遂決意功名。「論史尤有卓識」，先後於鄞縣、鎮海協修方志。為宗源瀚所知，「辟充孝廉堂監堂，兼辨志講舍詞章齋長。又招入

〔註55〕馮煥椿：《定海黃元同生平及其著作》，浙江省通志館編：《浙江省通志館館刊·創刊號》，第90～91頁。

〔註56〕馮可鏞修、楊泰亨纂，《慈谿縣志》，清光緒二十五年刊本，第1240頁。

〔註57〕馮昭適：《族祖夢香先生傳》，《華國月刊》，1924年第1卷第12期。

〔註58〕阮元、羅士琳、華世芳等著，馮立昇編：《疇人傳合編校注》，鄭州：中州古籍出版社2012年版，第670～680頁。

慈谿志局，分編列傳」。1882 年病歸鎮海，未幾卒。輯《蛟川文存》，著《忠義紀聞錄》、《達蓬山館詩稿》、《海巢詩抄》等〔註 59〕。

此數人之中，黃以周、劉鳳章、馮一梅、黃炳垕任職時間較長。此外，歷任史學齋齋長者有馮可鏞、董沛、張世訓；歷任詞章齋齋長者有陶方琦、譚獻、馬庚良、鄧濂等〔註 60〕。

辨志書院為考課式書院，僅有考課活動，並不招生肄業，書院齋長並不住院，皆為遙領，負責命題及判卷。書院監院由鄞縣訓導擔任，負責考課的日常運行。書院考課開始於 1879 年 2 月〔註 61〕，至 1902 年隨著朝廷書院改學堂之政令，寧波知府高英將辨志書院改為南城小學堂，但書院考課並未就此終止，從《申報》上課題刊載的情況來看，其最後一次考課在 1903 年 12 月〔註 62〕，此後隨著書院考課的停止，辨志書院停辦，書院院址先後創建多所新式學堂，今為寧波市第二中學〔註 63〕。

二、考課制度之運行

辨志書院創設之初，即制定了嚴格的考課實施的章程，詳細規定了考課的形式、時間、流程、士子應課方式、獎勵等等各個方面的內容，具體而言：

辨志文會章程

一、文會分六齋，曰漢學、曰宋學、曰史學兼掌故、曰算法、曰輿地、曰詞章。每齋延專精是學者為齋長，校閱課卷。每齋每課三題，僅作一題者不錄。

二、文會無論舉、貢、生、監俱准與試，與試者各習一齋，盡其所長不必求多。鴻才博學，能兼各齋者，聽其兼作，但卷胡每齋一本不得並寫。

〔註 59〕洪錫范等修；王榮商等纂：《鎮海縣志》上海：上海書店出版社 1993 年版，第 586 頁；陳繼聰：《忠義紀聞錄》，臺北：明文書局 1985 年版，第 3～5 頁。

〔註 60〕歷任齋長名錄參考顧廷龍：《清代硃卷集成》（第 74 冊）臺北：成文出版社 1992 年版，第 22～23 頁；徐雁平：《清代東南書院與學術及文學》，合肥：安徽教育出版社 2007 年版，第 558 頁。

〔註 61〕《寧郡辨志文會二月分課題》，《申報》1879 年 2 月 26 日，第 2 版。

〔註 62〕《辨志文會課題》，《申報》1903 年 12 月 27 日，第 9 版。

〔註 63〕金普森、孫善根主編：《寧波幫大辭典》，寧波：寧波出版社 2001 年版，第 237 頁。

三、每年課朔二、三、四、五、七、八、九、十、十一月、閏月，如之逢歲科試、鄉會試酌停。每月朔日發題，郡城即貼於孝廉堂、月湖書院。外縣均郵寄各學，交教官收掌。題到即飭門斗將題紙黏貼儒學頭門，並各城門遠鄉僻壤當時分送，每課一次，每學門斗給工食錢一千文。

四、課卷各人自備，用白折紙六行二十格。卷面自書肄業某齋、某縣舉人、某生年幾歲。略似鄉試卷面式。

五、每課每齋俱分三等：超等十名，第一名花紅六元、第二三名各四元、第四五六名各三元、七八九至第十名各二元；特等十名，每名一元；一等不拘名數，不給花紅。俟齋室造成經費充裕，住齋肄業再議膏火。

六、每月限二十五日繳卷。郡城即繳孝廉堂、月湖書院二處監院。外縣均繳儒學定限二十五日申刻收齊，次日郵寄至府署，逾限不收。收捲時各給收票一紙，票式附後，由各學照式刊刷填用。

七、出案除貼府照牆外，各學仍各發一紙，同花紅併發，即貼儒學門首，與試者持卷票領取花紅並課卷。

八、每課佳作，各齋選數篇刊刻，以備觀摩。齋長即於題首印選刻二字，作者於領卷後即謄一通，次期與課卷一併交學匯送，違者花紅扣給。

九、各學寄至府署，飭禮房將卷面姓名彌封鈐印，分送各齋長，閱定甲乙，送府拆封填案。

十、屢列前茅、行己有恥者，當歲時延見。聆議論、察志趣，期得學行兼優之儒，訪明鄉里。遠以論薦大府，近亦備齋長之選。
〔註64〕

由章程可見，辦志書院之考課由寧波知府主持，於寧波府範圍內，依靠郡城的書院及各縣的官學進行運作，分齋考課，應課士子不限身份。獲獎士子除花紅獎勵之外，還有可能得到知府的接見及推薦。此後考課皆依照此章程進行，至1887年，辦志書院考課因經費問題，改為春、夏、秋、冬四期〔註65〕。

〔註64〕《辦志文會章程》，《申報》，1879年2月18日，第2版。
〔註65〕《辦志文會改章》，《申報》1887年3月3日，第2版。

至 1898 年，取消宋學齋，存其他五齋〔註66〕，此種形式之考課一直維持至 1903 年考課終止。書院考課共持續 25 年。

三、辨志書院考課之特點

　　中國傳統學術本有一股專門化的傾向，如乾嘉時人即有義理、考據、詞章之區分，此後曾國藩分學問為「有義理之學，有詞章之學，有經濟之學，有考據之學。」〔註67〕儘管此類議論不時出現，但其時學界之主流並不提倡分而治之的傾向。晚清以來，「西潮的衝擊支持了中國學界內在的專門化傾向」〔註68〕，伴隨著西方近代學術分科觀念的傳入，以及當時普遍的對於八股取士導致的空虛無用之弊的批判，一股倡導實學及學術專門化的思潮開始湧現，而書院分齋設學即為對此種潮流的響應及實踐，其始在馮煥光於 1876 年於上海創設求志書院，分置經學、史學、掌故、算學、輿地、詞章六齋。而辨志書院創設之章程中認為「學必視其所志，姚惜抱之論學分考據、義理、詞章三途。曾文正益以經濟以配孔門四科。近日上海求志書院分經、史、掌故、算法、輿地、詞章以課士，為學之途雖不一，而範圍曲成不外乎是」，可見對於學術專門化的提倡已經成為一種風氣。此外，寧波當地亦有豐富的學術專門化的實踐，「國朝鄞縣萬氏一門經學，全氏博聞兼綜，後來徐柳泉亦淵雅該博。鎮海之劉氏、樂氏，慈谿之姜氏、裘氏，象山之姜氏，定海之黃氏，皆通經訓、能文章」，可見辨志書院對於學術專門化的提倡亦有寧波相當的地域文化根基以承接。辨志書院考課命題分為六齋，受求志書院分齋之影響，但亦有所區別，「蓋上海因有龍門書院，專課性理，故求志不設宋學。而辨志既以漢宋並列，遂並掌故於史學，又以天文為算學首要，故特標天文算學其立名雖互異，要皆賅括一切，足與時文相輔而行」〔註69〕，可見，辨志書院之分齋相較於求志書院分齋，更具有總體性的學科分類之意義。

　　辨志書院考課的專門化傾向取得了良好的效果，從存世的《辨志文會課藝初集》〔註70〕來看，其中選錄了 1879 年進行的 7 次考課的命題及優秀課

〔註66〕《寧波辨志文會戊戌春季五齋課題》，《申報》1898 年 4 月 5 日，第 2 版。
〔註67〕曾國藩：《曾國藩全集》（第 16 冊），長沙：嶽麓書社 2011 年版，第 236 頁。
〔註68〕羅志田：《西學衝擊下近代中國學術分科的演變》，《近代中國史學十論》，上海：復旦大學出版社 2003 年版，第 5～6 頁。
〔註69〕《書江西黃學使甄別經訓書院示諭後》，《申報》1896 年 06 月 03 日，第 1 版。
〔註70〕宗源瀚輯：《辨志文會課藝初集》，光緒庚辰夏開雕。

藝，共收錄命題 85 道，占總命題數的 67%，課藝共 113 篇。其中漢學題 15
道，21 篇；宋學題 15 道，19 篇；史學題 13 道，15 篇；算學題 15 道 20 篇；
輿地題 13 道 18 篇；詞章題 14 道 20 篇。其中收錄課藝較多者有林頤山 15 篇
其中漢學題 7 篇、史學題 4 篇、輿地題 4 篇；費德宗 14 篇，其中宋學題 1 篇、
史學題 2 篇、算學題 8 篇、輿地題 3 篇；王定祥 14 篇，其中詞章題 11 篇，
史學 3 題篇；何宗鎬 6 篇，其中漢學題 4 道、輿地題 2 道；葉秉鈞 6 篇，皆
為宋學題；黃維瀚 5 篇，其中漢學 2 篇、史學 1 篇、輿地學 2 篇；黃家橋 5
篇，其中漢學 1 篇、宋學 4 篇；葉意深 3 篇，其中漢學 2 篇、史學 1 篇；范
文榮 3 篇，其中輿地題 1 篇、詞章題 2 篇。僅從課藝的收錄情況而論，辨志
書院考課已經呈現出相當的專業化程度，士子各有所長，如林頤山之漢學、
費德宗之算學、王定祥之詞章、何宗鎬之漢學、葉秉鈞之宋學等等。

從文體形式而言，書院考課命題的文體形式也多種多樣，漢學齋多為考、
說、論等；宋學齋多為考、論、解、說、辨等；史學兼掌故齋涉及論、考、策、
說、議；天文算學齋命題則多為論、考、辨及算學問答題；輿地題命題的文體
形式有考、辨、解、論，其中以考為主；詞章題則有詩、賦、表、頌、曲、銘、
碑文、記、歌等等，以詩詞歌賦為主，但幾乎涉及了所有的文體形式。此外，
除詩詞齋之外，各齋亦常有「書後」形式的命題。總體而言，命題的文體呈現
以論說文為主體的形式，基本上擺脫了科舉制度的束縛。

從命題的內容來看，漢學齋重典籍考據；宋學齋重學術史及重要概念的
梳理；史學齋重史論、辯正史實及歷代制度，且大量涉及時事；算學齋以數
學問答為主，但大量涉及數學史及天文學史之考據、天文學、曆法等；輿地
齋以地理考據為主，並涉及地理學、地質、軍事地理等內容。詞章齋命題重
在考驗詞章，並無固定的命題重心，但與時事相關之命題為其重要內容。由
於各齋命題常常相互涉及，本文從科學技術類、歷史類、時務類、邊疆及域
外史地類四個方面簡舉數例，以窺命題之思想傾向。

1. 科學技術類：此類命題主要出現於算學齋中，主要有數學題、天文
題、地理題、軍事科技題等四類，其中數學題數目眾多，其中的西學成分不
言而喻，茲不贅述。天文題則有如《日月五星形體大小旋轉遲速論》（1879
年）、《地球運行說》（1879 年）、《太陽行星行星互相攝動說》（1887 年）、《地
球環日斜行成四季說》（1888 年）等等。地理類則如《測地繪圖說》（1879
年）、《晉裴秀製圖六體為西法測地繪圖權輿說》（1890 年）、《推大地經線緯

線以何法為捷試詳言之》（1890 年）、《測繪先定底線說》（1890 年）、《讀美國金楷理〈繪地法原〉書後》（1896 年）等。軍事科技類命題則以軍械之運用及其原理為重，其中又以火炮為多，如《炮彈行拋物線其定差活差之理若何》（1885 年）、《問炮彈行拋物線推算甚繁，〈火器真訣〉以平圓通之其理若何》（1885 年）、《有炮向高弧三十度試之彈落距炮一千四百丈間，此炮最遠界若干》（1885 年）、《有炮已知平最遠界欲求向上向下斜最遠界試用平圓法求之》（1886 年）等。此外還涉及若干其他類別的自然科學及技術知識如電學、汽學、農業、植物學、曆法等等，其命題則如《潮汐論》（1884 年）、《機器原始》（1882 年）、《問西曆密於中曆而中曆亦有勝於西曆者數事能臚陳其旨歟》（1892 年）、《北極當為氣母說》（1893 年）、《蒸汽論》（1896 年）、《問農政以水利為本近之言農學者皆侈談化學與機器而不言水利何歟》（1897 年）、《問電氣繞地面東西運行其南北兩極與地球之南極北極不同，試考驗所差若干》（1898 年）等等。

　　2. 歷史類：辨志書院考課歷史類命題的重要的特點即歷代關於中外關係的史實和人物成為重要的命題對象，舉例而言如《班超萬里封侯賦，以威震絕域為國長城為韻》（1879 年）、《趙充國坐制西羌賦以長策制勝為漢功臣為韻》（1880 年）、《擬班孟堅封燕然山銘論》（1880 年）、《〈三朝北盟會編〉書後》（1880 年）、《讀〈漢書·西域傳〉書後》（1880 年）、《讀〈契丹國志〉書後》（1881 年）、《范忠貞撤海禁論》（1881 年）、《擬陳其年荷蘭國入貢歌》（1884 年）、《明永樂間以韃靼降人居京說》（1885 年）、《問今之回回堂、天主堂即唐之大秦寺、襖神祠然否》（1887 年春季史學題）、《張騫論》（1887 年）、《漢武帝求茂材異等使絕國論》（1889 年）、《書〈明史·外國傳〉後》（1891 年）《寇準論》（1895 年）、《班超論》（1895 年）、《漢昭出使絕國與將相併重論》（1897 年）、《陳湯、甘延壽功罪》（1898 年）、《張騫以烏孫制匈奴論》（1898 年）、《漢宣帝以客禮待單于論》（1899 年）、《唐憲宗許回紇請於河南府太原府置摩尼寺論》（1901 年），這種對於歷史經驗的梳理，顯示對於中西關係的關注和思考已經成為時代的重要問題意識，書院考課的命題者力圖通過發掘古人在處理華夷關係上的實踐來指導當下中西關係的處理，命題看似為史論，實則有著急迫的現實意識。此外諸如《漢隋二文帝以樸儉富國論》（1881 年）、《宋太祖收兵權論》（1882 年）、《浙省歷代海防策》（1893 年）、《歷代礦務得失考》（1899 年）等等之類的命題，也同樣有其明確的現實意識。

3. 時務類：書院考課的時務類命題主要分為兩類，一類為軍事類，此為時務類命題中數量最多的一類，如《擬寶山新建炮臺記》（1879 年）、《浙東海防議》（1880 年）、《變通兵制議》（1880 年）、《湘淮軍制考》（1881 年）、《舟山海防策》（1884 年）、《臺灣防守策》（1884 年）、《設險守國論》（1884 年）、《新疆邊防策》（1891 年）、《海軍賦，不限韻》（1891 年）、《防倭策》（1894 年）、《海戰不如海防說》、《擬討日本檄》（1895 年）、《海防善後策》（1895 年）、《東三省邊防議》（1895 年）、《重設海軍議》（1896 年）、《旅順威海守禦策》（1898 年）等等。第二類則為改革類，內容涉及財政、官制、經濟、教育等各個方面如《籌款抵捐策》（1879 年）、《問疏濬運河與興造鐵路兩策孰是》（1884 年）；《新疆、臺灣置省論》（1887 年）、《採礦議》（1888 年）、《鐵路利弊論》（1889 年）、《設保舉以求人才說》（1890 年）、《中興以來增改府廳州縣考》（1893 年）、《錢法議》（1893 年）、《漕海兼運議》（1894 年）、《增設東三省郡縣議》（1894 年）、《裁併釐卡議》（1896 年）、《鄉會試參用西學議》（1897 年）、《軍機大臣應兼總理衙門銜名說》（1897 年）、《武科改試槍炮議》（1898 年）、《問經濟特科一曰內政，以考求方輿險要郡國利病民情風俗者之，凡有志應此科者，平日宜若何肄習，斯成有用之才，盍各抒所見》（1898 年）、《上海創設女學堂記，駢體》（1898 年）等等。

4. 邊疆及域外史地題：書院考課命題中地理及歷史考據題數量眾多，其中較有特色的是邊疆及域外史地題，此類命題的出現較能顯示命題者和應試者的知識視野和世界圖景的擴展，其中典型的命題如《西藏風俗物產考》（1879 年）、《南北冰洋說》（1881 年）、《論越南疆域分合》（1883 年）、《〈海國圖志〉書後》（1884 年）、《跋〈海國聞見錄〉》（1885 年）、《書姚瑩〈康輶紀行〉後》（1886 年）、《張鵬翮〈奉使俄羅斯日記〉書後》（1887 年）《蒙古源流考》（1894 年）、《外興安嶺考》（1896 年）、《五大洲形勢論》（1896 年）、《萬國公法源流考》（1901 年）等等。

總而論之，辨志書院考課命題所反映的思想傾向明顯的體現為對時務的重視及對西學知識的接納，此種思想傾向反映出時代核心的問題意識的轉變，即在西力東侵和西學東漸的背景下，中西關係以及由此引發的問題成為時代核心的問題意識，任何對於歷史和現實的思考都不得不面對這樣一種問題意識，基於此種問題意識，學者開始系統梳理相關歷史經驗和思想資源。

四、應課士子及考課影響

　　參加辨志書院考課的士子數量眾多、籍貫各異，參加考課的經歷和目的等等也各不相同，但亦有著一定的群體性特徵，此種特徵顯示辨志書院所倡導的學風有著一定世風的承接，具體而言，應課士子主要有三類，第一類為詁經精舍、南菁書院及上海龍門書院等推崇經史之學風氣的書院之士子。詁經精舍於 1801 年由阮元創設，以經史辭賦為主要教學內容，辨志書院齋長中黃以周、劉鳳章、何松、馮一梅等皆出自詁經精舍。黃以周 1884 年應江蘇學政黃體芳之邀主講南菁書院。龍門書院於 1865 年由時任上海道丁日昌創設，後來由繼任應寶時踵成之，其首任山長為顧廣譽（詁經精舍肄業生），繼任山長有萬斛泉、劉熙載等，書院推崇經史及專門之學，「所研習除理學外，或兼經學、小學，或兼史地、掌故、天文、算術，或兼工詩、古文辭，至少必有一二專長」〔註71〕，三書院與辨志書院在人事及學風上的關聯，引得諸多肄業士子參與辨志書院考課。具體而言，應課士子中南菁書院肄業士子如林頤山、陳慶年、唐文治、曹元忠、張錫恭、胡玉縉、于鬯、華世芳、費廷璜、尤金鏞〔註72〕等等，詁經精舍則有鄒壽祺、章太炎等，龍門書院則有範本禮、項文瑞、趙履福、葛士濬、姚文枬等。

　　具體應課經歷，如唐文治在年譜中述其於 1885 年應試南菁書院，「取超等，住院肄業。……遂受業於黃元同先生之門」，「課餘，作寧波辨志文會宋學課藝，主講者浙江劉藝蘭先生名樹人，甚器賞余，屢置第一，幾託元同師轉達惓惓，余深感之」〔註73〕。查現有辨志書院考課出案史料，唐文治共有 8 次獲獎，分別為 1883 年 11 月宋學超等；1884 年 5 月宋學特等；1884 年閏五月宋學超等；1884 年 7 月漢學超等、宋學超等；1884 年 9 月宋學超等；1884 年 11 月宋學超等；1885 年 7 月漢學超等，則其參加辨志書院考課遠早於其入南菁書院肄業，但直到其肄業南菁書院之後，才有機會與辨志書院齋長建立直接聯繫。章太炎 1890 年入詁經精舍肄業，數謁以周〔註74〕，之後才

〔註71〕沈恩孚：《上海龍門書院紀略》，《人文月刊》第八卷 9～10 期，1937 年 12 月。

〔註72〕南菁書院肄業生名錄參見程繼紅、賈全聚：《黃以周與近代南菁書院生徒群體及學脈傳承》，《朱子學刊》2011 年第 1 輯。

〔註73〕唐文治：《茹經先生自訂年譜》，《近代中國史料叢刊》第三編第九輯，臺北：文海出版社 1986 年版，第 11 頁。

〔註74〕章太炎：《黃先生傳》，《章太炎全集》（四），上海：上海人民出版社 1985 年版，第 213 頁。

開始參加辨志書院考課，共有 5 次獲獎，分別為 1894 年冬季漢學超等；1895 年夏季漢學超等；1896 年秋季漢學超等；1896 年冬季漢學超等、史學超等。

第二類為寧波地方士子如王定祥、馮惟一、凌師夔、張鴻栒、方岱年、袁堯年、張禾芬、王慈、林植海、楊家駒、張美翎、范彭壽、工恭壽、楊魯曾、陳漢章、林植梅、毛震、何宗鎬、張鴻栒、鄒宸笙、曹辛、盛鍾聖等等。具體應課經歷如陳漢章參加辨志書院考課大致開始於 1885 年前後，根據現有的書院考課出案史料統計，陳漢章辨志書院考課獲獎有 80 次之多，首次 1885 年十一月份漢學超等第十名，末次則在 1901 年春季考課，獲漢學超等第一名、算學特等第二名、輿地超等第二名。其日記多載其應課之舉，如 1886 年 5 月陳漢章日記載「五月十一日、十二日作漢學卷各一首」「十四日作宋學卷三首」，「十五日作史學卷一首」、「十九日作輿地之學卷三首」。」考陳漢章獲獎情況，各齋皆有斬獲，其中漢學齋 21 次、宋學齋 11 次、史學齋 16 次、算學齋 8 次、輿地齋 19 次、詞章齋 5 次。從其獲獎情況來說，陳漢章所長皆在經史之學，算學、詞章皆非其所長。以算學齋獲獎來說，陳漢章首次獲獎在 1893 年秋季特等，距離其首次參加考課已近十年之久，且除 1896 年春季斬獲超等之外，其餘 7 次皆為特等。此外，其所斬獲之算學齋命題多近於傳統天文曆算之學，西學色彩並不重。陳漢章因長於經史，得到黃以周的大加讚賞，陳漢章回憶道「黃先生閱漢文學卷，初得批語『象山有此士難得』，繼批語曰『吾郡有此雋才，惜未見面談也』」〔註75〕。

第三類為寧波周邊地區的士子如餘姚葉秉鈞、上海朱逢甲、上海葛其龍、長洲程起鵬、泰州褚桂山、海寧許克勤、無錫華世芳、桐鄉沈善蒸、嘉善陳維祺、嵊縣支寶枬、海門崔朝慶、通州馮澂、崑山陳志堅等等，此類士子皆學有專長，但長期以來並無相應的學術機制以脫穎而出，而書院考課機制則滿足了此類士子的需求，鼓勵了其學術志趣。其中朱逢甲及許克勤獲獎均在百次以上，如朱逢甲為早期上海著名報人，先後任《益報》、《申報》、《萬國公報》等報刊主筆，許克勤則為著名的學者、藏書家，自幼僑寓蘇州，精於校勘之學，於輿地、經史無所不通。

此外若干與書院關係密切的士子亦參加書院考課如黃維瀚為黃炳垕之子，先後獲獎 59 次，多為漢學齋、史學齋及輿地齋。定海黃氏家族中如黃家

〔註75〕錢英才：《國學大師陳漢章》，杭州：浙江文藝出版社 2007 年版，第 51～52 頁。

辰、黃家岱、黃家橋、黃家光、黃家穀、黃家驥、黃家鶩、黃家橢〔註76〕等皆參加考課，其中尤以黃以恭之子黃家橋最為出眾，先後獲獎 51 次。

從應課士子情況來看，辨志書院考課的影響已經遍及江浙地區，成為引領江浙新學風的重要考課活動，這種影響在晚清小說中亦有反映，如李伯元之《文明小史》中載姚文通參加求志書院及辨志文會之考試之過程，雖詞句多有戲謔和不屑，但亦可窺見兩書院考課的影響〔註77〕：

> 這姚文通未曾考取拔貢的前頭，已經很有文名，後來瞧見上海出的報紙，曉得上海有個求志書院，寧波有個辨志文會，膏火獎賞，著實豐富，倘能一年考上了幾個超等，拿來津貼津貼，倒也不無小補。因此託人一處替他買了一本卷子，頂名應課。這兩處考的全是雜學，什麼時務、掌故、天算、輿地之類，無所不有。

在求志書院、辨志文會等造就的應試者群體及學術風氣的基礎，格致書院考課後來居上，此後求志書院考課、辨志書院考課及格致書院考課成為享譽江浙甚至全國的三大書院考課，成為促進晚清學風轉變的重要學術機制及晚清西學知識的重要來源，如宜今室主人所編輯之《各省西學課藝匯海》，「是書匯輯格致課藝、求志書院、同文館、辨志文會，並各省西學課藝以及名人著作合為一編。」〔註78〕

考課式書院出現於明代，在清代最為普遍，數量亦最多，歷來皆將此視為科舉制度對書院之影響進一步加深，書院成為科舉之附庸以及書院官學化的表徵〔註79〕，這種判斷在清代前期應該可以成立，但在晚清時期則恐難為如是說。以辨志書院為例，書院考課在包涵經史之學、時務之學及西學內容，利用現代報刊等傳播技術發布題目及優秀課藝，推動了大量的普通知識分子通過書院考課之機制而逐漸接觸西學，尤其是算學、史地知識。辨志書院考課是由官方推動，並且有一套嚴格的管理和運行制度，力圖改變學術風氣與士子志趣的社會行動。

在晚清東南沿海地區，與中西關係相關的問題已經成為各方所迫切需要

〔註76〕黃氏家族成員名錄參見黃雅玲：《定海黃氏故居及其家族成員名號考略》，《浙江海洋學院學報》（人文科學版）2012 年，29 卷第 4 期。

〔註77〕李寶嘉：《文明小史》，北京：華夏出版社 1995 年版，第 75 頁。

〔註78〕宜今室主人：《各省西學課藝匯海》，清光緒二十三年刻本，第 1 頁。

〔註79〕陳元暉、尹德新、王炳照編著：《中國古代的書院制度》，第 106 頁；亦見周德昌、王建軍著：《中國教育制度史·明清分卷》，第 69 頁。

解決的核心問題，此種問題意識的凸顯導致各方迫切需要尋找新的學術生產機制以生產用於解決此問題的思想資源及人才，因此各方大員利用其掌握的教育權力，通過考課的舊新式，將新的問題意識注入舊的形式之中。此種新式書院考課不再作為一種傳統的書院內部的管理和教學機制，在新的時代條件下，新式書院考課的組織者到參加者都有其明確的政治和社會意識，書院考課影響遍於江浙，達於沿江及沿海各地，逐漸發展成為一種製造社會輿論，促進學術風氣轉移以及生產新式人才的重要機制。

第六章　山長、生徒視角下的書院考課制度

　　書院考課制度以書院山長及生徒為主體。書院山長，又稱掌教、院長、洞主等，在書院佔據教育體制及學術生產機制之重心地位的時代，士子學業的精進、書院教育的繁榮以及學術成果的生產、學術風氣的轉變都與書院山長有著密切的關係。官僚士大夫通過掌教書院以傳道授業，為處江湖之野的一種重要方式，不僅收入優渥，而且具有極高的社會地位。清代書院地位各有差等，性質也不盡相同，山長之職掌亦因書院之地位及性質而不同。在考課制度主導下，清代的書院生徒肄業亦頗具特色。

第一節　晚清書院山長之職掌及其變遷——以孫鏘鳴、宋恕為中心

　　在晚清，書院制度及學術取向都發生了巨大變化，出於對既存書院教育的補偏救弊，受到西方學堂制度的影響，在新思潮的激蕩下，新式書院不斷湧現，強調經史之學及時務之學、分科治學、山長及生徒住院肄業等逐漸成為潮流，故而書院山長之職掌亦隨之發生了重大變化，從考課為主到以教學為主，從遙領到住院，從主導書院到僅負責書院教育等諸多方面的變遷，傳統書院山長呈現出向現代教師的轉型。

　　孫鏘鳴為晚清著名的學術宗師，浙東學派之重鎮，歷任廣西學政、翰林院試講、試講學士、試讀學士等，同治三年罷官之後漸傾心投入學術和教育

事業，先後掌教溫州府屬之東山書院、中山書院、肄經堂，瑞安之玉尺書院、平陽之龍湖書院；南京鍾山書院及惜陰書院；上海之龍門書院及求志書院等多所書院，育才眾多，於江浙之學術風氣影響甚巨。宋恕為晚清著名的維新思想家，因其為孫鏘鳴之婿，加之學術卓異，光緒十三年始隨孫鏘鳴至龍門書院、鍾山書院裏閱課卷，之後代孫鏘鳴閱求志書院課卷，得以長期逗留上海，並交通諸多維新人士，聲譽漸廣。甲午之後，隨之維新思潮的興起，宋恕得以先後掌教崇正講舍、安瀾書院之時務課，後出任求是書院漢文總教習，為其傳播維新思潮提供了重要平臺。孫鏘鳴及宋恕合計掌教書院達十二所之多，遍及各種書院類型，而其所處之時代又為書院制度及學術風氣劇烈變革之時代，故而以此二人為中心，一窺晚清書院山長之職掌及其變遷。

一、主持書院考課及選刻課藝

考課是清代書院的基本制度形式和教學法，為清代各種類型的書院所採用，因此主持書院考課及選刻課藝成為書院山長最基本也是最為重要的職掌。書院考課名目較多，按主持者之別大致可分為官課、師課，官課由所在地各級官員出題判卷，官員或自出題、自閱，或暗中請人代為出題閱卷；師課則由書院掌教出題閱卷。按考課是否獲得書院肄業生之資格則有甄別試與常課之別，通過甄別試者則成為書院肄業生，可按月獲得膏火，而常課則隨課獎賞。按照應課生徒範圍的限制，又有內課及外課之別，所謂內課則僅允許書院肄業生參加考課，而外課則對生徒應課無過多之限制，一般僅僅限制籍貫；按照書院考課舉行之時間差別又有月課、季課、望課、朔課等名目。依照考課在書院建制中所佔地位，晚清書院大概可分為兩種基本類型，即考課式書院及非考課式書院，而依照考課之學術取向，考課式書院又可分為以八股試貼式及經史詞章式兩種基本類型。

孫鏘鳴及宋恕所掌教諸書院中，除南京鍾山書院、上海龍門書院及杭州求是書院外，皆為考課式書院，但其學術取向又各有不同。諸書院中溫州中山書院、東山書院、瑞安玉尺書院、平陽龍湖書院為典型的八股試貼式的考課式書院，以中山書院為例，中山書院每年二月初甄別試由溫處道主持，通過甄別者即成為書院肄業生，可每月獲得膏火，每年十課。書院每月按朔望分別由官、師主持，即為書院命題及判卷，稱為官課及師課，主持官課者為地方官吏如溫處道、溫州知府、永嘉知縣等，主持師課者即書院山長。所課

者皆為八股試帖，命題分為生題和童題，溫處道所屬郡縣之生童皆可與課，生童每課須至赴院領卷，限期送交。書院甄別試應試生童多至二千餘人，少者亦近千人，閱卷任務繁重。

溫州肄經堂及南京惜陰書院則為課試經古之考課式書院。溫州肄經堂為咸豐三年，由時任溫處道慶廉改中山書院修道堂為之，「仿省城詁經精舍程序」，「選士之秀者肄業其中，專課經義詩賦」。同治六年至七年間，時任溫州知府戴潤鄰於捐局申餘項下每年提錢一百千「撥入肄經堂，按月撥給膏火」〔註1〕。肄經堂考課分為官課及師課，因題目較難，則應課者少，課題存世者如光緒二十一年十二月永嘉縣令官課題，生題：素絲五緎解；說文引五經異文考；太史登臺書雲物賦，以題為韻；冰壺先生傳，贊賦得數點梅花天地心，得心字；江心寺懷古不拘體韻；童題：九二包蒙解；五服考；歲寒三友圖賦，以植松竹梅扁曰三友為韻；清淡先生傳贊賦，得積雪滿空山，得山字；謝客巖懷古不拘體韻〔註2〕。

惜陰書院，又稱惜陰書舍，道光十八年由時任兩江總督陶澍創建，其目的在於補鍾山、尊經兩書院專課八股試帖之不足，陶澍親自制定了《惜陰書舍章程》，規定「分經、史、詞章三門，命題課士」。應課者資格嚴格限制，一部分由鍾山、尊經兩書院保送之高材生，一部分為通過書院甄別試者，主要為舉人身份的士子。書院每月一課，至課期則應課者至書院領卷，五日內交卷，「每課入試之卷，超等第一名，給優獎銀四兩；二、三名各給銀三兩；四、五名各給銀二兩；六名以下之末，皆給銀一兩。不列等者免給。」惜陰書院由鍾山、尊經兩書院監院輪流照管〔註3〕。道光二十七年至二十八年間，時任兩江總督李星沅聘馮桂芬掌教惜陰書院，馮桂芬主持選刻了《惜陰書院戊申課藝》〔註4〕。太平天國佔領南京之後，書院毀棄，至同治四年，李鴻章署理兩江總督，興復惜陰書院，未單獨聘請山長，每月一課，「以鍾山、尊經兩院長分校其卷」〔註5〕。

〔註1〕光緒《永嘉縣志》卷七《學校》。

〔註2〕《甌江雪浪》，《申報》1896年2月6日，第3版。

〔註3〕陶澍著：《陶澍全集》（六），長沙：嶽麓書院2010年版，第323～324頁。

〔註4〕馮桂芬：《〈惜陰書院戊申課藝〉序》，熊月之編：《中國近代思想家文庫——馮桂芬卷》，第28～29頁。

〔註5〕薛時雨：《〈惜陰書院西齋課藝〉序》，陳谷嘉，鄧洪波主編：《中國書院史資料》，第1929頁。

　　除課試八股試貼及經古學兩種基本的考課式書院類型外，在晚清西學東漸及經世思潮勃興的影響下出現了一種新的考課式書院，其中以求志書院為典型。求志書院於光緒二年初由時任蘇松太道馮焌光創建，並將上海詁經精舍併入〔註6〕，書院設置六齋，分別延聘齋長。求志書院「本擬招生住院肄業，略仿龍門規則，適馮乞假去任卒，未果」〔註7〕，此後漸而轉變為考課式書院，僅存考課活動。求志書院實行分齋課士，按經學、史學、掌故、算學、輿地、詞章六齋，分別由齋長命題判卷，包涵經史之學、時務之學及西學內容。「書院每年春、夏、秋、冬四課。夏課四月、秋課七月、冬課十月、惟春課則在二月」。士子應課也不限地域及身份，自由投考，還利用現代報刊雜誌發布課題，使得書院考課獲得了巨大的社會影響。書院由上海縣教諭充任監院，「齋長皆不到院，領題、寄卷等務均由監院辦理」〔註8〕，各齋長皆為遙領，為書院考課命題及判卷。書院建院之初，便確定《書院季課章程八條》，對考課制度的實施規則、流程、諸生應課方式、獎賞等都進行了詳細的規定〔註9〕。

　　孫鏘鳴於光緒十三年始掌求志書院史學、掌故兩齋，於光緒二十年冬由宋恕代閱及代為出題。此數年間，出題應為孫鏘鳴自為，而閱卷則多為宋恕襄閱，課卷則或送龍門、或寄鍾山、或寄瑞安。書院山長在倡導書院學術風氣上仍有一定之自由，但其具體情況則視書院之具體情形而轉移，孫鏘鳴在學術上倡導經史之學及時務之學，特別是禮學、清朝當代史及地方史的研究，此種學術取向在求志書院考課命題上充分體現，簡舉數例：

　　　　光緒十三年冬季史學題〔註10〕：問唐府兵變而為長從曠騎孰得孰失；問租庸調變而為兩稅孰利孰害；魏徵《隋書》不為王通立傳何歟；李長源靈武辭相論；掌故題：河流合淮原始；河南行北行利害議；泰西電學原始；礦學原始

　　　　光緒十四年夏季掌故題〔註11〕：八旗兵制考；健銳營緣起；書道光二十五年俄羅斯國進呈書籍三百五十餘種事；臺灣與□商務議

〔註6〕 姚明輝：《上海的書院》，上海市文史館文史資料工作委員會編：《上海地方史資料（四）》1986年，上海：上海人民出版社，第18頁。

〔註7〕 民國《上海縣續志》卷九《學校》。

〔註8〕 宋恕：《代孫鏘鳴致余晉珊》，胡珠生編：《宋恕集》，第600頁。

〔註9〕 《書院季課章程八條》，《申報》1876年3月15日，第6版。

〔註10〕 《上海求志書院丁亥冬季題目》，《申報》1888年01月31日，第2版。

〔註11〕 《上海求志書院戊子夏季題目》，《申報》1888年7月29日，第9版。

光緒十五年年春季掌故題〔註12〕：緬甸降附考略；越南歸順考略；兩金川蕩平考略；班禪入覲考略

光緒十六年春季史學題〔註13〕：《史通》訂偽；《通鑒》訂偽；錢氏《廿二史考異》訂偽；王氏《十七史商搉》訂偽。掌故題：擬以李悝平糴法轉社倉議；擬以趙過代田法助墾荒議；擬西藏置郡縣議；擬減冗官議

光緒十七年秋季掌故題〔註14〕：書《顏氏學記》後、書《列國歲計政要》後；別開西學科議；設官銀行造官鈔票議

甲午之後，隨之維新思潮的風氣雲湧，若干八股試貼式的考課式書院，也開始重視經史之學及時務之學，如海寧崇正講舍於八股試帖外，「兼課士以經史大義及時事」。安瀾書院八股試貼外，兼課時務。而因時代風氣之變革，無科舉功名的宋恕也因通時務之名而可以掌教書院。光緒二十二年正月，宋恕應時任海寧州訓導張寶華聘，閱崇正講舍時務卷。此外，張寶華又預定安瀾書院時務專課，並於光緒二十三年七月開課。光緒二十四年戊戌政變發生後宋恕因與諸多維新人士關係密切而自認為「犯世忌之人」〔註15〕，「（九月）什五日晤張幼賓，面辭崇正、安瀾明年之席」〔註16〕。

崇正講舍，據王國維所撰《崇正講舍碑記略》載：「往者，邑入張寶華，有志於學校之事，歲癸巳闢崇正講舍於城東，制藝之外，兼課士以經史大義及時事等。既而將大有興作，會戊戌黨錮事發，未果。」〔註17〕宋恕掌教崇正講舍及安瀾書院時務課，經姚壽祺溝通，姚壽祺為海寧人，與陳虯為乙丑鄉試同年，宋恕光緒二十一年二月於陳虯寓所結識姚壽祺〔註18〕。光緒二十二年初，姚壽祺致函宋恕，稱「敝鄉城東崇正講舍，本年擬創課時務策論，經董敝同年張英甫廣文，耳熟盛名，意欲藉重槃才。惟經費支絀，局面隘小，修脯太瘠，恐不足以辱高賢。稔知閣下安攘志閎，將於學校開風氣，用敢不揣冒昧，備呈關聘，由英甫（注：即張寶華）同年走叩

〔註12〕《上海求志書院己丑春季題目》，《申報》1889 年 4 月 18 日，第 3 版。
〔註13〕《上海求志書院庚寅秋季題目》，《申報》1890 年 10 月 21 日，第 2 版。
〔註14〕《上海求志書院辛卯秋季題》，《申報》1891 年 12 月 20 日，第 2 版。
〔註15〕宋恕：《致孫仲愷書》，胡珠生編：《宋恕集》，第 691 頁。
〔註16〕宋恕：《戊戌日記摘要》，胡珠生編：《宋恕集》，第 941 頁。
〔註17〕民國《海寧州志稿》卷四《學校》。
〔註18〕宋恕：《乙未日記摘要》，胡珠生編：《宋恕集》，第 934 頁。

臺端，面申延訂，敬乞俯允賜題，至為盼荷！敝州城中安瀾書院，擬踵崇正辦理，目前籌款未集，成否約在下半年，附及之。」〔註19〕宋恕欣然應允，並回函姚壽祺，對海寧此舉大加讚賞〔註20〕。光緒二十二年春三月，崇正講舍第一次舉行時務考課，「三月十二日開辦繳卷，限月終截止，僅繳二十四卷，且《書後》一題，絕無人做」。四月一日張寶華致書宋恕，同時寄呈課卷，「敬祈詳定甲乙，仍分超、特、壹等」，並囑託宋恕將夏季課題「於五月初封交通裕號家守衡叔轉寄」〔註21〕。崇正講舍取士大抵超等十名、特等十五名，餘皆一等，即凡應課者皆有所獎勵，以吸引士子參與，後安瀾書院時務課亦仿此例〔註22〕。

安瀾書院，嘉慶七年由紹興通判署知州黃秉哲建。黃去任後孫鳳繼之，勸修舍宇，詳訂規條，延周春為院長，並請知府命題考課，後書院經歷多次興廢，同治十年由時任知州靳芝亭集資重建。光緒二十三年在張寶華等人主持下，安瀾書院增加時務課。此年四月張寶華致函宋恕稱「敝邑七月起按兩月一課時務，取額概照崇正，亦要仰懇評定」〔註23〕。六月初八日姚壽祺又致函宋恕，稱「敝邑城中安瀾書院兼課時務卷，奉請先生校閱……茲定七月開課，由院董陸毅堂丈、郭夢華兄函寄關書一函，聘敬陸元到蘇，本擬退回，仍由院董加函寄滬，恐輾轉或有遲誤，特代為寄上。伏乞俯賜察收，即祈命題，並望函致郭、陸二君，將題附去，以便日後寄卷接筍。」從此函可知，陸毅堂、郭夢華二人時為安瀾書院院董，將關書及聘敬寄到姚壽祺處，由姚壽祺代寄宋恕，姚壽祺在信中請宋恕再致函郭、陸二人，並附去命題，因光緒二十三年由郭夢華值年，故姚壽祺在信中附上郭夢華地址「海寧城中魚巷口郭宅」〔註24〕。

宋恕於崇正講舍及安瀾書院時務課中積極宣傳維新變法思潮，因所出之題犯忌，曾發生「海寧風波」，宋恕稱「僕前數年主講一小地方，力唱《禮運》、

〔註19〕姚壽祺：《致宋燕生書》，胡珠生編：《宋恕集》，第552頁。

〔註20〕宋恕：《致姚頤仲》，胡珠生編：《宋恕集》，第551頁。

〔註21〕《宋恕親友函札》，陳虬、宋恕、陳黻宸撰；胡珠生編：《東甌三先生集補編》，第210頁。

〔註22〕《宋恕親友函札》，陳虬、宋恕、陳黻宸撰；胡珠生編：《東甌三先生集補編》，第210頁。

〔註23〕《宋恕親友函札》，陳虬、宋恕、陳黻宸撰；胡珠生編：《東甌三先生集補編》，第210頁。

〔註24〕姚壽祺：《致宋燕生書》，胡珠生編：《宋恕集》，第580頁。

《孟子》之宗旨，風氣驟新，取怒偽黨，於酉歲被誣控，幾遭禍。幸其時本官大吏方日新，又有解護之者，得免。」〔註25〕其所出之題，今簡舉數例如下：

光緒二十二年崇正秋季題〔註26〕：孔子刪定《書》篇始唐虞終秦論；華盛頓頌；議政院賦，以古聖畫卦乾下坤上日泰為韻；釐務積弊論；鹽務積弊論；

光緒二十三年崇正春季題〔註27〕：《春秋》譏世卿說；星賦，以世界無量，證於遠鏡為韻；人賦，以五種之民色殊性一為韻；科場積弊論；營衛積弊論

光緒二十四年崇正春季課題〔註28〕：海寧商業盛衰論；經濟特科賦，以「須得王景略、陸敬輿典試」為韻；問：海外經濟家有自由、進步兩黨，其持論孰長？」

光緒二十四年安瀾五卷課題〔註29〕：鐵路原始；電燈原始；中醫西醫優劣論。

南京鍾山書院、上海龍門書院及杭州求是書院雖然非考課式書院，但考課依舊是其基本的制度之一。鍾山書院創設之初，書院「其生徒內課五十名，膏火銀月二兩四錢；外課七十名，半之；八旗生五名，如內課。月以初二日，總督司道輪試；十六則院長課之。」〔註30〕官課以八股試帖為主，師課則依照山長之志趣，詩賦雜體均可。「每月兩課，特等賞銀五錢，一等賞銀四錢，二等□名賞銀三錢」〔註31〕。太平天國佔領南京之後，書院毀棄，至同治三年，清軍收復南京之後，曾國藩即著手興復。同治四年二月，鍾山書院重建工程告竣，曾國藩聘請李聯琇為山長，「而書院初復時，經古未有專試，大理（注：即李聯琇）月課間於四書義外，兼出經說、詩賦、雜體題，亦頗有作者。」〔註32〕

龍門書院「每歲除正月、六月、十二月無課，率於十一月預行次年甄別，

〔註25〕宋恕：《致飲冰子書》，胡珠生編：《宋恕集》，第604頁。
〔註26〕宋恕：《上外舅夫子書》，胡珠生編：《宋恕集》，第689頁。
〔註27〕宋恕：《崇正講舍丁酉春季課題》，胡珠生編：《宋恕集》，第260頁。
〔註28〕宋恕：《戊戌六月日記殘箋》，胡珠生編：《宋恕集》，第942頁。
〔註29〕宋恕：《戊戌六月日記殘箋》，胡珠生編：《宋恕集》，第943頁。
〔註30〕《同治上江兩縣志》卷八《學校》。
〔註31〕湯椿年：《鍾山書院志》，南京出版社2013年版，第38頁。
〔註32〕孫鏘鳴：《鍾山書院課藝序》，孫鏘鳴撰、胡珠生編注：《孫鏘鳴集》，第30頁。

其餘月課由山長命題二道：首題為性理論，次則經解、策論」〔註33〕，每月十三日院課，不住院者亦與，但給獎賞，無膏火。」〔註34〕求是書院雖為新式書院，亦沿襲了考課制度，書院「每月朔日課西學，是為月課，由教習分別等第。每月望日考漢文，或經義、或史論、或時務策，不定篇數，是為加課，由總辦分別等第。每年冬間由撫、憲、督同總辦、監院、教習，通校各藝，分別等第，是為會課。」〔註35〕書院生徒按考課名次分別獲得相應之膏火或加獎。宋恕掌教求是書院時，即須「月閱兩回課卷」，其為求是書院命題僅存九月朔課題，其題為：

> 動物學題：問：世間動物皆有知覺。夫皆有知覺，必皆有言語，但蠢簡靈繁，相去甚遠。昔姬期分職，與言專掌，孔聖之門或通鳥語。「介葛異能」，《左氏》所載。至於漢唐，斯學未絕，宋元以後乃始無聞。今白人精察，新得可驚，赤縣古書非誣昭矣！但目界、鏡界恒沙群動，悉接其聲，悉解其意，遙遙來日，果有期歟？
>
> 論理學題：能立能破、似能立似能破舉例
>
> 社會學題：國多海濱，民易進化說
>
> 歷史題：明末張李之亂考略。

書院既有考課，則自有諸多課藝留存，將課藝刊刻，不僅保存了諸多學術成果，而且更是書院考課效果之體現，且對於書院生徒來說亦是莫得的鼓勵，因此選刻課藝成為書院山長的重要職責。孫鏘鳴初入惜陰書院，「諸生以故事選刻課藝請」，孫鏘鳴即著手編選《惜陰書院課藝》、《鍾山書院課藝》，並撰《惜陰書院課藝序》、《鍾山書院課藝序》。鍾山書院課藝刊印，「前院長李小湖大理手選九十有八篇，起同治四年至八年，專就齋課擇而錄之，欲刻未果。乃先取其稿付之剞劂，為《初選》。後盡發府署所存前列卷二千餘篇，博觀約取，又得兩百八十餘篇，為《續刻》。」〔註36〕至於惜陰書院課藝刊印，因同治四年惜陰書院考課由鍾山、尊經兩書院山長分別命題及判卷，孫鏘鳴「商之尊經院長薛慰農觀察，各擇其尤雅者錄之，而以東齋、西齋為之

〔註33〕《書報紀黃堂課士後》，《申報》1896年7月8日，第1版。
〔註34〕同治《上海縣志》卷九《學校》。
〔註35〕《求是書院章程》，《經世報》1897年第2期，第9頁。
〔註36〕孫鏘鳴：《〈鍾山書院課藝〉序》，孫鏘鳴撰、胡珠生編注：《孫鏘鳴集》，第30頁。

標別。」〔註37〕東齋、西齋之分在於「鍾山書院在城東偏，而予（注：薛慰農）居清涼山麓，因以東、西齋別之」〔註38〕。

考課是清代書院的基本制度形式和教學法，為清代各種類型的書院所採用，且清代書院主導的型式為考課式書院。此類書院通常並無生徒住院，山長也並不住院，僅負責師課之命題與判卷，「書院山長亦僅操衡文甲乙之權，而無師表訓導之責」〔註39〕，居中協調及書院之日常管理大抵由監院負責。因山長及生徒皆不須住院，則又生遙領之弊，即書院山長居所遠離書院所在地，為書院命題判卷皆須寄送，不僅遷延時日，頗多周折，且完全失掉了書院設立山長以訓導書院生徒之本意，此為晚清書院之重要且普遍的弊端，為挽救此弊，則書院的制度變革又開始逐漸強調生徒及山長住院，此點恰恰與西方學堂制度相契合。

二、住院山長之職掌──以龍門書院為例

除考課式書院外，晚清書院之中尚有一類型書院強調生徒及山長住院肄業者，龍門書院及鍾山書院皆為此類書院，其中以龍門書院為典型。龍門書院於同治四年由時任蘇松太道丁日昌創設，並「捐銀一千兩以備經費」，「其始止就蕊珠書院之湛華堂延請山長主講，按月分課以《性理精義》、《小學》、《近思錄》等書，命題兼及經解、史論，考取入院者每月別給膏火」〔註40〕。不久丁日昌遷兩淮鹽運使，繼任蘇松太道應寶時接手興建，同治六年「惟南園地少狹，不足以容學者，故擇李氏吾園故址而營建焉，計所建講堂、學舍共四十一間，用銀九千六百七十兩有奇」〔註41〕，山長劉熙載及肄業諸生皆遷入院中。

書院創辦時由應寶時出題甄別蘇州、松江、太倉三府願與課之舉貢生監，錄二十名作為書院第一批肄業生，此後肄業生額「累增至三十六，其膏火銀月各四兩至八兩有差，每歲除正月、六月、十二月無課，率於十一月預行次

〔註37〕孫鏘鳴：《〈惜陰書院課藝〉序》，孫鏘鳴撰、胡珠生編注：《孫鏘鳴集》，第31～32頁。
〔註38〕薛時雨：《〈惜陰書院西齋課藝〉序》，陳谷嘉，鄧洪波主編：《中國書院史資料》，第1929頁。
〔註39〕《整頓書院以宏造就論》，《申報》1893年12月18日，第1版。
〔註40〕同治《上海縣志》卷九《學校》。
〔註41〕應寶時：《龍門書院記》，見同治《上海縣志》卷九《學校》。

年甄別，其餘月課由山長命題二道：首題為性理論，次則經解、策論」〔註42〕。在教學上書院規定「人置行事日記、讀書日記各一冊，每日填記，逢五、十日呈請院長評論。每月十三日院課，不住院者亦與，但給獎賞，無膏火。」〔註43〕書院建有「講堂、樓廊、舍與，樓之上為藏書室，中供朱子位，樓下為山長起居所，廊舍為諸生讀書處」〔註44〕，另建有學舍供諸生居住，諸生須住院肄業，並有著一套嚴格的管理制度。

在學術取向上，龍門書院受到晚清理學復興及經世思潮勃興之影響，宗程朱而重實學，「月課性理、策論，期有合於胡安定經義、治事立齋之意。故不以舉業、詩賦列入課程。」〔註45〕「凡肄業者必先從事於《小學》、《近思錄》以正其志趣，後及群籍，以備考索，故凡經史諸書悉購置焉。」〔註46〕「所研習除理學外，或兼經學、小學，或兼史地、掌故、天文、算術，或兼工詩、古文辭，至少必有一二專長」〔註47〕。孫鏘鳴之前歷任書院山長者有顧廣譽、萬斛泉、劉熙載、鮑源深四人，其中劉熙載掌教書院十四年，「先生終歲在院，或閒歲歸里，不數月即蒞院。」〔註48〕1869年時任蘇松太道途宗瀛與劉熙載制定了《龍門書院章程六則》及《龍門書院課程六則》，嚴格規定了書院各個方面的制度規範，其中對於書院山長強調：

> 書院山長必由道署及董事博採眾議，禮聘品學兼優，體用咸備，經師人師足為士林矜式者為之主講，尤必請住院中，與諸生旦夕講論，日課日記均獲面命，庶幾授受有源。若但遙課所業，則諸生觀感無由，漸致荒怠，甚非創立書院之本心也。凡延山長，宜詳慎，毋苟且，重德行無拘科名，宜樹多士之型，無徇他人之薦。宜致敬禮節，無簡慢不恭。師道至重，書院之興廢與士風之升降關焉，後之人其深體此意。〔註49〕

總而論之，龍門書院山長不僅有考課命題及閱卷之責，還擔負評閱諸生

〔註42〕《書報紀黃堂課士後》，《申報》1896年7月8日，第1版。
〔註43〕同治《上海縣志》卷九《學校》。
〔註44〕沈恩孚：《上海龍門書院記略》，《人文》1937年第8卷，第9、10期。
〔註45〕應寶時：《龍門書院記》，同治《上海縣志》卷九《學校》。
〔註46〕同治《上海縣志》卷九《學校》。
〔註47〕沈恩孚：《上海龍門書院紀略》，《人文月刊》第八卷9～10期，1937年12月。
〔註48〕《書報紀黃堂課士後》，《申報》1896年7月8日，第1版。
〔註49〕《龍門書院章程六則》，《中國教會新報》1870年，第94期，第6～8頁。

日記札記、與諸生講論學術、朔望之祭祀以及一定的諸生日常管理之責，因此龍門書院尤其強調山長必須住院。但在實際過程中，山長是否住院因人而異，因山長住院與否又牽扯書院肄業生是否住院，劉熙載掌教書院時，規矩嚴肅，諸生出入皆須稟請山長，至光緒七年鮑源深接任山長後，「不駐院，於是出入可以自由。」〔註50〕

　　孫鏘鳴掌教龍門書院始於光緒十一年，此年二月〔註51〕孫鏘鳴攜子孫冶鈞入院，同行者有孫詒鈞、林慶衍、周瓏〔註52〕等。光緒十二年九月，孫鏘鳴命次子孫詒續請求時任上海道龔照瑗「於龍門（書）院東築室數楹，為山長攜家之所」，至光緒十三年八月間，龔照瑗為孫鏘鳴「置屋於亭橋之西（注：即梅溪書院後街），買價二千四百元，修理買傢伙約□。現趕緊修理，約尚須半月竣工。兩媳現與友林如夫人同住，俟屋修畢擬令移入，我即在此度歲，省得往返之勞。」〔註53〕

　　光緒四年孫鏘鳴主講鍾山書院，與時任兩江總督沈葆禎發生齟齬，「渠田先生主講鍾山書院山長，取課卷前十名，葆禎不獨顛倒其甲乙，且於渠田先生批後加以長批，且有指責渠田先生所批不當者。渠田先生遂憤然辭館歸。」〔註54〕光緒十三年初，孫鏘鳴再度掌教鍾山書院，因鍾山書院亦強調山長住院，故孫鏘鳴不得不於往來於鍾山、龍門之間。光緒十三年四月十九日，孫鏘鳴攜眷屬於乘輪船抵滬〔註55〕，二十八日由上海動身前往南京鍾山書院〔註56〕，隨行者除子孫冶鈞、孫冶諶及眷屬外，尚有門人黃紹第、宋恕從孫鏘鳴襄校課卷〔註57〕，到鍾山後孫鏘鳴發現「此地書院極其閎敞，亦不十分潮濕。

〔註50〕李平書：《李平書七十自敘》，第16頁。
〔註51〕李平書：《李平書七十自敘》，第18頁。
〔註52〕注：林慶衍，字祁生，瑞安人，曾祖培厚，官至天津糧道；父用光，歷任安徽祁門、蒙城等地知縣，孫衣言弟子，入詒善祠塾肄業，以詩名。周瓏，字伯龍，瑞安人，孫鏘鳴之三女婿。
〔註53〕孫鏘鳴：《諭孫冶澤書》（十五），孫鏘鳴撰、胡珠生編注：《孫鏘鳴集》，第312頁。
〔註54〕劉成愚：《世載堂雜憶》，第21頁。
〔註55〕孫鏘鳴：《諭孫冶澤書》（一），孫鏘鳴撰、胡珠生編注：《孫鏘鳴集》，第301頁。
〔註56〕孫鏘鳴：《諭孫冶澤書》（四），孫鏘鳴撰、胡珠生編注：《孫鏘鳴集》，第303頁。
〔註57〕孫鏘鳴自注，見孫鏘鳴：《將由龍門赴鍾山，戲為雜詩寄遜學翁》，孫鏘鳴撰、胡珠生編注：《孫鏘鳴集》，第229頁。

土房略添地板，可住之至」〔註58〕，並於書院旁租屋供家眷居住〔註59〕。八月「十六日由金陵乘鈞和東旋，十八日未刻抵上海，即住進書院」〔註60〕，此後一直在龍門書院住院，遙領鍾山書院。至光緒十四年八月十七日，孫鏘鳴子孫冶績病逝於京城〔註61〕，孫鏘鳴致書家人稱「我已萬事心灰，且俟鄉榜有信，先攜楨、龍兒媳旋里，明年此席恐難再來。」〔註62〕光緒十四年冬，孫鏘鳴返鄉里居，從此再未離瑞，遙領龍門書院及鍾山書院，光緒十七年「因年逾古稀，精神稍遜」，孫鏘鳴致信時任兩江總督劉坤一辭鍾山書院山長，劉坤一挽留不得，乃延請梅啟照接任〔註63〕，龍門書院講席則至光緒二十年前後由朱琛接任。

孫鏘鳴掌教龍門書院之時，書院風氣漸恢復嚴正。請託入院肄業者被孫鏘鳴回絕，孫鏘鳴稱「京朝官請託私函，俗謂之八行書，龍門肄業生額三十六，今出缺三。求者紛至，竟有挾外國領事官書至者，擲還不收。士習卑鄙至此，向所未聞。」〔註64〕因住院之故，與肄業生徒接觸交流。光緒十三年，肄業生臧冶夫、臧蓮夫兄弟修撰《長興臧氏族譜》，請孫鏘鳴作序，對修譜之事大加表彰，稱讚「善哉！冶夫能知本也」，「冶夫兄弟歲時以試事返其故里，省視松楸，聚其族之父老子弟，勉之以忠信禮讓，進之以文學名節，以期丕振被褐之遺緒！」〔註65〕龍門書院肄業生張煥綸、唐天燮等創辦梅溪書院，孫鏘鳴攜宋恕前往參觀，觀梅溪書院學生投壺、習舞、詠歌，孫鏘鳴增《梅溪書院學童投壺、習舞，詩以美之，即贈張敬敷》，稱讚張煥綸「通今學罕倫，

〔註58〕孫鏘鳴：《諭孫冶澤書》（四），孫鏘鳴撰、胡珠生編注：《孫鏘鳴集》，第303頁。

〔註59〕孫鏘鳴：《諭孫冶澤書》（三），孫鏘鳴撰、胡珠生編注：《孫鏘鳴集》，第302頁。

〔註60〕孫鏘鳴：《諭孫冶澤書》（十一），孫鏘鳴撰、胡珠生編注：《孫鏘鳴集》，第309頁。

〔註61〕孫鏘鳴：《諭孫冶澤書》（十八），孫鏘鳴撰、胡珠生編注：《孫鏘鳴集》，第315頁。

〔註62〕孫鏘鳴：《諭孫冶澤書》（十八），孫鏘鳴撰、胡珠生編注：《孫鏘鳴集》，第316頁。

〔註63〕《桃渡春波》，《申報》1892年3月15日，第2版。

〔註64〕孫鏘鳴：《將由龍門赴鍾山，戲為雜詩寄遜學翁》，孫鏘鳴撰、胡珠生編注：《孫鏘鳴集》，第229頁。

〔註65〕孫鏘鳴：《〈長興臧氏族譜〉序》，孫鏘鳴撰、胡珠生編注：《孫鏘鳴集》，第36～37頁。

復古意尤美。蒙養基聖功，興材慕豐芑」〔註66〕，宋恕亦作《梅溪書院觀學，贈張經甫——步外舅孫止菴師韻》〔註67〕。此後孫鏘鳴又有《贈唐雨蒼並簡敬敷，疊前韻》贈唐天燮、《梅溪書院鑿池有湧泉，因刺朱子詩，語名之曰問泉，並繫以辭》贈梅溪書院〔註68〕。此外，孫鏘鳴與書院肄業生時有詩歌唱和，光緒十三年初夏，龍門書院荷花盛開，諸生皆作詩詠之，孫鏘鳴亦參與，作《連日得雨，池荷盛開，院中諸生皆為之詩，余亦繼作》〔註69〕。

孫鏘鳴欲「移取局譯西籍每種各一分存院」，自然得到上海道龔照瑗的大力支持，民國《上海縣續志》詳細列出了龍門書院藏書，其中龔照瑗送入者《運規約指》、《製火藥法》、《汽機發軔》、《汽機必以》、《汽機新制》、《開煤要法》、《地學淺識》、《金石識別（附表）》等數十種〔註70〕。孫鏘鳴掌教龍門書院時，受世風之影響，曾有學習英語之舉，《孫鏘鳴集》收錄有孫鏘鳴用「龍門書院讀書日記」簿正楷筆錄之筆記，有《西洋效中國音》一段，書「孔夫子（康弗育休司）、孟夫子（蠻弗育休司）、北京（批開音）」等。《西洋稱謂》一段，書「父（法特）、祖（豁藍法特）、子（生）、孫（豁藍生）、女（道偷）、孫女（豁藍道偷）、母（墨特）」等〔註71〕。孫鏘鳴山長任上，由於孫鏘鳴之努力，書院風氣大變，宋恕稱：

> 蓋當先生掌龍門時，通國議論蔽固甚，……先生則慨然言於蘇松太分巡，移取局譯西籍每種各一分存院，俾諸生縱閱。蓋滬濱有江南製造局者，曾公國藩及李公所創，附設譯館，稍譯刊西洋籍若干種，然士大夫恥閱之。龍門雖同在滬濱，號課實學，然開院二十年，而院生稍曾閱局澤西籍者不過數人，被學術不正之名於同院。諸生多驚怪相語曰：「孫老師真理學，何乃如此？何乃如此？」一二

〔註66〕 孫鏘鳴：《梅溪書院學童投壺、習舞，詩以美之，即贈張敬敷》，孫鏘鳴撰、胡珠生編注：《孫鏘鳴集》，第192頁。

〔註67〕 宋恕：《梅溪書院觀學，贈張經甫——步外舅孫止菴師韻》，胡珠生編：《宋恕集》，第776頁。

〔註68〕 孫鏘鳴：《贈唐雨蒼並簡敬敷，疊前韻》，孫鏘鳴撰、胡珠生編注：《孫鏘鳴集》，第193頁；孫鏘鳴：《梅溪書院鑿池有湧泉，因刺朱子詩，語名之曰問泉，並繫以辭》，孫鏘鳴撰、胡珠生編注：《孫鏘鳴集》，第193頁。

〔註69〕 孫鏘鳴：《連日得雨，池荷盛開，院中諸生皆為之詩，余亦繼作》，孫鏘鳴撰、胡珠生編注：《孫鏘鳴集》，第191頁。

〔註70〕 民國《上海縣續志》卷九《學校》。

〔註71〕 孫鏘鳴：《西洋記音》，孫鏘鳴撰、胡珠生編注：《孫鏘鳴集》，第464頁。

明者曉之曰：「惟其理學也真，故能為此耳。」然眾惑不解，更十餘年，士論漸進，乃共欽先生之識力焉。〔註72〕

三、新式書院山長之職掌——以求是書院為例

求是書院之創設，緣起於光緒二十一年初，杭州普慈寺僧人因不守清規而為官府「將全寺僧人盡行驅逐，發下璅封，將寺封閉」〔註73〕。得知此事後，汪康年感於杭州此時仍無「講求實學之校舍」，乃「冒暑回杭，親謁各紳，議改某寺為學堂，命名為崇實學堂」〔註74〕，並得到陸懋勳、高厚栽等的支持，且求助於時任浙江巡撫〔註75〕，但「各方奔走，官紳梗阻，久久不能得行」〔註76〕。汪康年「因議開崇實學堂之故幾不容於鄉」〔註77〕，遂應張之洞之邀入幕，而陸懋勳、高厚栽聯合丁立中等依舊謀求有所興作〔註78〕。至光緒二十三年，林啟出任杭州知府，積極參與新式學堂之創設，為免於物議，將學堂定名為求是書院，並爭取到了時任浙江巡撫廖壽豐的支持，最終得到清廷允准。

隨後林啟發布招考公告及書院章程，規定「無論舉貢生監，年在三十以內，無嗜好、無習氣，自願駐院學習者」，由「本地公正士紳出具保結，赴院報名」，「先試以經義、史論、時務策，取錄若干名，再行匯通教習選定三十名，每名月給伙食洋三元，雜費洋二月，朔課考試化算諸學，望課考試經史策論，均分別給獎。以五年為期，不得無故告退，非假期必常川駐院」〔註79〕。求是書院開辦之初，林啟自任求是書院總辦，聘請美國人王令賡為總教習，書院生徒分為三班，「習過英文者第一班，習過算學者第二班，一事未習者第三班」，根據各班之學習程度分別安排英文、地理、算學等課程，如規定「禮拜一九點到十點，三班地理，一班英文。十點至十一點，二班算學，三班英文」等等〔註80〕，

〔註72〕宋恕：《外舅孫止菴師學行略述》，胡珠生編：《宋恕集》，第323～324頁。
〔註73〕《惡僧失勢》，《申報》1895年7月15日，第2版。
〔註74〕汪詒年編：《汪攘卿（康年）先生傳記、遺文》，《近代中國史料叢刊》第1輯第5冊，第66頁。
〔註75〕《學堂罷議》，《申報》1895年8月30日，第2版。
〔註76〕陳仲恕：《本校前身——求是書院成立之經過》，《國立浙江大學校刊》1947年（廿週年校慶特刊），第3頁。
〔註77〕宋恕：《至陳志三書》，胡珠生編：《宋恕集》，第538頁。
〔註78〕《西學將興》，《申報》1895年12月30日，第2版。
〔註79〕《杭州府林太守啟招考求是書院生示》，《經世報》1897年第2期，第5頁。
〔註80〕《杭省求是書院課程》，《利濟學堂報》1897年第12期，第10頁。

諸如此類，後書院又添設物理、化學、歷史、日文等課程。求是在學術取向上兼採中西各學，還採納了若干西方學校制度的因子，如課程制度、班級制度、作息制度等，但亦沿襲了傳統書院的考課法及日記法。考課法前已言之，所謂日記法，即書院規定「學生漢文宜加溫習，時務尤當留心。每日晚間及休沐之日，不定功課，應自瀏覽經史古文，並中外各種報紙，各隨性情所近、志趣所向，講求一切有用之書，將心得處撰為日記，至少以一百字為率。其西學心得，亦得隨時附記，按旬匯送監院，呈總辦考察」〔註81〕。

光緒二十七年二月宋恕從上海奔岳父孫鏘鳴喪，在瑞安逗留數月，經在杭州任養正書塾總教習的老友陳黻宸推介，於光緒二十七年五月赴杭，五月十九日進院，出任求是書院漢文總教習。求是書院因為本是廖壽豐奏設，「一切由巡撫主政」，宋恕進院時，廖壽豐已經去任，「繼之者不復過問，亦不加壓力，遂成紳辦之局」，由陸懋勳擔任總理，陳仲恕擔任監院。此時書院生徒已有百人之多，宋恕雖名為漢文總教習，但實際上則「專課頭班，二班以下則諸同職各行其是，弗敢稍與聞」〔註82〕，頭班之高材生有許壽裳等十三人。

求是書院掌教待遇優渥，「每月脩金三十六元，伙食費五元，共四十一元」，書院章程規定漢文總教習負責「教授內院生經史、性理、政治、掌故之學，按時講肄，每月除總辦考試望課外，凡學生每日日記，每旬課作，均歸評削，兼編輯內外院各種經史教科書」〔註83〕。從宋恕掌教書院之情形而言，求是書院雖實行學堂之班級制度、課程制度和分科治學之法，但考課法、日記法依舊為其重要的教學方法，書院規定諸項課程須「按時講肄」，但宋恕雖坐講堂，但並不用講演法來講授課程，而沿襲了慣常之考課法，宋恕方進書院，五月「二十日上半日升講堂，集高等生，出《言志》題，使各作文一篇」。宋恕自述其在書院之教學，「每日坐講堂二點鐘，批閱高等生之日記，此外則月閱兩回課卷而已，殊清暇不勞。但學生極喜來，接談答問之時刻無定耳」，許壽裳亦稱「晚餐之後，余輒二三同學，登樓請益」〔註84〕。

〔註81〕《求是書院章程》，《經世報》1897年第2期，第8頁。
〔註82〕宋恕：《留別杭州求是書院諸生詩》自注，胡珠生編：《宋恕集》，第856頁。
〔註83〕《浙江求是書院章程》，浙江大學檔案館館藏檔案，檔案編號：zd－2012－SX12-4-23，轉引自金燦燦：《求是書院「中學教習」考述》，《浙江大學學報》（人文社會科學版）2013年第4期。
〔註84〕許壽裳：《〈宋平子先生評傳〉序》，倪墨炎、陳九英編：《許壽裳文集》，上海：百家出版社2003年版，第539頁。

求是書院住院條件極佳，書院「地廣近四十畝，房子極多……計同事二十餘人、學生百人、僕人二三十名」，「每教習各得房兩間，然皆在樓下，惟我居樓上」，「樓下另有一房歸我獨用，榻、幾、案之屬皆背，又皆適用。樓上於常椅外另備籐椅一張，又備有衣櫥、書櫥」。每年經費則萬有二十餘元，為杭城大書院之最……監院陳君頗能脫除官紳習氣，假學生以議論自由之權，教習亦多通品，故學生頗多思想發達、文詞通暢之輩，勝於上海某學堂等學生遠甚」〔註85〕。宋恕掌教求是書院為時僅四月，因求是書院人事更迭，陸懋勳辭職，由勞乃宣出任總理，因與新任總理宗旨不合，宋恕自請離任，凸顯新式書院中山長之地位。宋恕自述其事，稱「自恕承乏，取法象山，限規不立，經史子集，任擇從事，於是天性各適，思境大辟。然與同院中以浮囂為新、閉塞為正者，遂皆冰炭矣。頃之，勞玉初吏部來作總理，於諸同職概續延，亦及於恕。恕未遽受，與約先開講堂吐宗旨，視離合為去留。吏部不願，即日辭席。」〔註86〕

　　總而論之，晚清書院制度及學術取向的變革已經基本改變了書院山長之職掌。在西學東漸及經世思潮之勃興的影響下，書院越來越強調強調經史之學及時務之學，強調分科治學以學術專門化傾向，甚或採用西方學科制度，則舊式的書院由一山長總攬，變為分科聘請山長，如求志書院、求是書院皆為此類。由於痛感舊式考課式書院制度之腐朽，為救偏補弊，書院呈現由「養士」向「育才」的轉變，強調書院山長及生徒住院，強調山長訓導生徒之責，並開始採用班級制度、課程制度等學堂制度，書院的日常教育和管理活動逐漸豐富。在教學方法，由於分科制度、住院制度、班級制度及課程制度等的實施，書院教學從以考課為主導向考課、日記札記法、講演法等諸多教學方法轉變。由於以上諸制度之變革，書院管理之責任愈重、職能愈多，書院管理部門之權責日益加重。隨著書院山長數量的增加，書院在制度上向學堂的轉型以及書院管理部門之權責日益加重，則書院山長漸失書院之重心及主導地位，呈現出向現代教師的轉變。

第二節　俞樾掌教詁經精舍考

　　俞樾（1821～1907），字蔭甫，號曲園，浙江德清人。道光三十年進士，

〔註85〕宋恕：《致孫季穆書》，胡珠生編：《宋恕集》，第 707～708 頁。
〔註86〕宋恕：《留別杭州求是書院諸生詩》自注，胡珠生編：《宋恕集》，第 856 頁。

咸豐五年簡放河南學政，七年因出題割裂遭劾罷歸。同治四年始，俞樾寄居蘇州後，先後掌教蘇州紫陽書院（同治五年～同治六年）、杭州詁經精舍（同治七年～光緒二十四年）、湖州龍湖書院（同治九年～光緒二十八年）、上海詁經精舍（同治十二年～光緒四年左右）、上海求志書院（光緒二年～光緒二十八年），並兼任浙江官書局總辦，其中掌教杭州詁經精舍始自同治七年（1868年），至光緒二十四年（1898年）辭席，長達三十一年之久。俞樾為曾國藩之門生，與李鴻章、彭玉麟等封疆大吏關係密切，門生故舊眾多，江浙一帶之官僚士紳及士子皆樂與交際。因其著述、職掌及交際，俞樾成為晚清重要之學術領袖，於士林、學風影響甚巨。

　　咸豐七年罷官後，俞樾於次年春到蘇州，賃屋而居，從事著述。咸豐八年江蘇巡撫趙靜山請其主持松江雲間書院。不過俞樾在雲間書院的活動，各種史料均缺乏記載。太平天國運動發展至江浙後，俞樾攜眷屬避亂於紹興、上虞、上海等地，同治元年俞樾攜全家二十餘口，避亂天津，時俞樾故交崇厚以通商大臣駐天津，俞樾因此居天津三載。〔註87〕同治四年秋俞樾「因二小兒在蘇大病，不得已浮海南旋」，時值李鴻章「復建紫陽書院，課四書文、試帖如舊制。」〔註88〕李鴻章與俞樾為甲辰同年，又同為曾國藩門下士，俞樾致書並拜訪李鴻章，最終得以掌教紫陽書院。〔註89〕此年「冬十月，移寓紫陽書院，時書院毀於兵火，猶未建復，假黃鸝坊橋一巨室為之」〔註90〕，「屋雖寬大，而兵燹之後，窗戶不全，殊苦寥落耳。」〔註91〕

　　同治五年二月二十日，俞樾於紫陽書院開課，「中丞以下咸集」〔註92〕，「是時吳中大亂初平，人文未盛，課於院者不及四百人，然頗有雋才。」然俞樾頗覺不如己意，一則紫陽書院考課僅有八股試貼，「亦乏味也」〔註93〕，「裨益毫無」〔註94〕，二則俞樾認為「雖然其名山長，其實止看文章，是亦有名

〔註87〕俞樾：《曲園自述詩》，《春在堂全書》第七冊，南京：鳳凰出版社 2010 年版，第 627 頁。

〔註88〕李鴻章：《改建正誼書院記》，《李鴻章全集》詩文，第 55 頁。

〔註89〕俞樾：《曲園自述詩》，《春在堂全書》第七冊，第 627～628 頁。

〔註90〕俞樾：《曲園自述詩》，《春在堂全書》第七冊，第 628 頁。

〔註91〕俞樾著；張海嬰整理：《俞樾函札輯證》，南京：鳳凰出版社 2014 年版，第 30～31 頁。

〔註92〕俞樾：《曲園自述詩》，《春在堂全書》第七冊，第 628 頁。

〔註93〕俞樾著；張海嬰整理：《俞樾函札輯證》，第 534 頁。

〔註94〕俞樾著；張海嬰整理：《俞樾函札輯證》，第 166～167 頁。

而無實也。」〔註95〕因此，俞樾致書李鴻章希圖能扭轉紫陽學風，稱「吾人作秀才時，或侈言時務，或空談心學，二者皆不無流弊，總以經史實學為主。省會書院，宜存貯《十三經》、《廿四史》及周秦諸子之書，諸生中有篤學嗜古者，許其赴院讀書，師友講習，以求實學，或亦造就人才之一助乎？興到妄言，老前輩以為然否？」〔註96〕然並無成效。

　　同治六年，浙江巡撫馬新貽聘俞樾掌教詁經精舍，「必欲延余主詁經講席，因詁經脩薄，以書局裨益之。」〔註97〕俞樾欣然應允，除「因由馬中丞敦請，亦緣紫陽一席須讓程輪香之故」之外，詁經精舍亦合俞樾學術志趣。同治五年其致函李鴻章自述稱「樾非不知儒者讀書當務其大者，特以廢棄以來，既不敢妄談經濟以干時，又不欲空言心性以欺世，並不屑雕琢詞章以媚俗，從事樸學，積有歲年，聊賢於無所用心而已」〔註98〕此外李鴻章北上，亦讓俞樾有危機之感，其致書李鴻章稱：「樾自乙丑歲承延主紫陽書院，皋比絳帳，忝竊兩年。一從大樹遠移，便覺孤根難托。適馬穀山制府以西湖詁經精舍見訂，遂辭蘇而就浙。且喜令兄小荃中丞移撫是邦，甘棠兩樹，原是同根，初不異躬庇宇下也。今年以講席而兼書局，丁禹生中丞義推屋烏之愛，吳門書局，許掛虛名，筆墨生涯，比往年腴潤，頗擬稍稍積蓄，為將來入山之計。」〔註99〕按是年初李鴻章兄李瀚章調任浙江巡撫，俞樾欲以之為庇護，且經濟上也更為「豐腴」，則掌教詁經精舍確實是個不錯的選擇。因此，俞樾充滿期待，其致書友人稱：「明年移席浙江之詁經精舍，從吾所好，古訓是式，湖山壇坫，其鄙人坐老之鄉乎？」〔註100〕辭別紫陽書院之際，俞樾「因選刻紫陽課藝兩卷，以存文字之緣」〔註101〕。然課藝無存，或並未刊印，其所作《紫陽課藝序》稱：「自五年二月至六年十一月，中間因鄉試停課者兩月，余共舉行一十八課，所閱文不下六千餘篇。茲擇其尤者得八十篇，付之剞劂。至中丞、方伯、廉訪每月所課，余未得披覽，故所選不及焉。吳中人文固不盡於此，余姑藉此一編以存雪泥之爪印而已。」〔註102〕

〔註95〕俞樾著；張海嬰整理：《俞樾函札輯證》，第 354 頁。
〔註96〕俞樾著；張海嬰整理：《俞樾函札輯證》，第 166 頁。
〔註97〕俞樾：《俞曲園先生日記殘稿》，《春在堂全書》第七冊，第 771～793 頁。
〔註98〕俞樾著；張海嬰整理：《俞樾函札輯證》，第 167 頁。
〔註99〕俞樾著；張海嬰整理：《俞樾函札輯證》，第 168 頁。
〔註100〕俞樾著；張海嬰整理：《俞樾函札輯證》，第 609 頁。
〔註101〕俞樾：《曲園自述詩》，《春在堂全書》第七冊，第 628 頁。
〔註102〕俞樾：《春在堂雜文》，《春在堂全書》第四冊，第 30 頁。

一、住院情形

「惟詁經精舍在西湖上，不能住眷屬，而城中又無屋」〔註 103〕，而辭紫陽山長席後又不便繼續在書院居住，同治七年初，因為在杭覓屋不成，〔註 104〕俞樾攜家眷移出紫陽書院，賃居蘇州。從同治七年至光緒二十四年辭席，三十一年間，俞樾以扁舟往返蘇杭之間，俞樾自稱「不過春秋佳日，作兩月勾留」，〔註 105〕「不負春秋好風月，一年兩度住湖濱」〔註 106〕，綜合多種史料，其實際住院情況如下：

同治七年，正月初四日赴杭，二十三日還蘇，花朝（二月十五日）後又赴杭，〔註 107〕二月二十五日於詁經精舍開課，後又還蘇遷居。四月底赴杭，六月朔仍還蘇。〔註 108〕九月初二日攜夫人買棹武林，初六日至西湖，住詁經精舍之第一樓，約十一月還蘇。〔註 109〕同治八年，春間來杭開課，三月二十日自杭還蘇。〔註 110〕四月中旬來杭，尋因事至上虞、紹興，「五月朔始還西湖講舍」〔註 111〕。因「西湖雖好，銷夏灣固在吳中耳」〔註 112〕，六月初回吳下，九月下旬赴杭，〔註 113〕十月廿八日致書李瀚章稱「大約出月上旬，仍當買棹還吳下寓廬矣。」〔註 114〕

同治九年正月，俞樾至福建省親其母，三月初還吳，旋至杭州開課，五月十九日還吳下寓廬，廿二日即患大病，臥床月餘。〔註 115〕同治十年，「樾吳中消夏，一住四月，紙勞墨瘁，無可言者。重陽後三日，買棹武林」〔註 116〕，十一月辛丑日前返蘇。〔註 117〕同治十一年正月末，俞樾再次赴閩省

〔註 103〕俞樾著；張海嬰整理：《俞樾函札輯證》，第 552～553 頁。
〔註 104〕俞樾著；張海嬰整理：《俞樾函札輯證》，第 564 頁。
〔註 105〕俞樾著；張海嬰整理：《俞樾函札輯證》，第 160 頁。
〔註 106〕俞樾：《春在堂詩編》，《春在堂全書》第五冊，第 347～348 頁。
〔註 107〕俞樾著；張海嬰整理：《俞樾函札輯證》，第 302 頁、第 556 頁。
〔註 108〕俞樾著；張海嬰整理：《俞樾函札輯證》，第 41 頁。
〔註 109〕俞樾著；張海嬰整理：《俞樾函札輯證》，俞樾：《曲園自述詩》，第 629 頁。
〔註 110〕俞樾著；張海嬰整理：《俞樾函札輯證》，第 598 頁。
〔註 111〕俞樾著；張海嬰整理：《俞樾函札輯證》，第 268 頁。
〔註 112〕俞樾著；張海嬰整理：《俞樾函札輯證》，第 356 頁。
〔註 113〕俞樾著；張海嬰整理：《俞樾函札輯證》，第 170 頁。
〔註 114〕俞樾著；張海嬰整理：《俞樾函札輯證》，第 152 頁。
〔註 115〕俞樾著；張海嬰整理：《俞樾函札輯證》，第 155 頁。
〔註 116〕俞樾著；張海嬰整理：《俞樾函札輯證》，第 172 頁。
〔註 117〕俞樾：《春在堂隨筆》，南京：江蘇人民出版社 1984 年版，第 76 頁。

親，「於三月廿八日仍還西湖，補行課事」〔註118〕，五月中旬還蘇。〔註119〕
同治十二年正月二十六日由杭州出發，赴閩省親，三月辛亥至杭州泊江干，
壬子還詁經精舍。〔註120〕旋因兄長病故，由浙赴閩，奉母北歸，自五月下
旬還吳下寓廬。〔註121〕此後數年，因奉養母親，俞樾赴杭之日較短，同治
十三年九月二十五日拜會杭州巡撫〔註122〕。光緒元年「二月底赴杭，四月
初由滬旋蘇，即於四月九日移居新屋。」〔註123〕九月二十四日拜會浙江巡
撫〔註124〕，十一月二十九日前已回蘇州。〔註125〕光緒二年，三月初七日
拜會巡撫〔註126〕，秋冬之交又至西湖，小住二十餘日〔註127〕。光緒三年，
致書友人稱「弟因老母倚閭，今年湖上止作十日勾留，仍還吳寓」。〔註128〕
光緒四年，俞樾於三月十一日在詁經精舍開課。〔註129〕八月十四日母逝世
後，未再赴杭。〔註130〕

　　緒四年冬，「門下諸君子為余築樓於孤山之麓，名曰俞樓。彭雪琴侍郎
又為廓而大之」〔註131〕，俞樾因母喪，並未赴杭，至光緒五年春，始攜夫
人至杭，「同住俞樓，勾留四十餘日而返」〔註132〕，二月二十三日回蘇。〔註
133〕未及兩月，俞樾夫人便於蘇州逝世，因夫人遺言欲安葬西湖，俞樾乃奉
其靈柩之西湖。「十月乙丑，葬內子姚夫人於錢唐右台山之原」，臘月十日左
右，自杭回蘇。〔註134〕光緒六年，俞樾於三月三日登舟如杭州〔註135〕，三

〔註118〕俞樾著；張海嬰整理：《俞樾函札輯證》，第270頁。
〔註119〕俞樾著；張海嬰整理：《俞樾函札輯證》，第271頁。
〔註120〕俞樾：《閩行日記》，見《春在堂全書》第三冊，第285頁、第288頁。
〔註121〕俞樾著；張海嬰整理：《俞樾函札輯證》，第142頁、第352頁。
〔註122〕《浙省撫轅事宜》，《申報》1874年11月12日，第6版。
〔註123〕俞樾著；張海嬰整理：《俞樾函札輯證》，第161～162頁。
〔註124〕《浙省撫轅事宜》，《申報》1875年10月30日，第5版。
〔註125〕俞樾：《春在堂隨筆》，第105頁。
〔註126〕《浙省撫轅事宜》，《申報》1876年4月6日，第5版。
〔註127〕俞樾著；張海嬰整理：《俞樾函札輯證》，第83頁、第86頁。
〔註128〕俞樾著；張海嬰整理：《俞樾函札輯證》，第98頁。
〔註129〕《書院考課題目》，《申報》1878年4月19日，第2版。
〔註130〕俞樾著；張海嬰整理：《俞樾函札輯證》，第87頁。
〔註131〕俞樾：《俞樓雜纂序》，《春在堂全書》第三冊，第353頁。
〔註132〕俞樾：《俞樓雜纂序》，《春在堂全書》第三冊，第353頁。
〔註133〕《西湖近事》，《申報》1879年4月28日，第1版。
〔註134〕俞樾：《春在堂詩編》，《春在堂全書》第五冊，第111頁。
〔註135〕俞樾：《春在堂詩編》，《春在堂全書》第五冊，第114頁。

月五日至杭，「於十八日補考二月望課，廿三日接考三月望課」。〔註 136〕後俞樾鳩工於姚夫人墓側建右臺仙館。〔註 137〕此後俞樾至杭，於俞樓、右臺仙館兩處勾留。是年九月十六日「至湖上俞樓，十月朔至山中右臺仙館。小住兼旬，仍將還湖樓，由湖樓而還吳下曲園，計在十一月之初矣。」〔註 138〕光緒七年，俞樾三月三日自湖樓至山館，三月二十日自杭旋蘇。〔註 139〕八月赴杭，〔註 140〕冬日返蘇〔註 141〕。光緒八年「三月二十日攜孫女慶曾至西湖俞樓」〔註 142〕，四月三十日還吳下寓廬。〔註 143〕「余十月至十一月在杭州」，十一月初五日至女處臨別。〔註 144〕光緒八年冬，俞樾女喪，為撫棺一慟，俞樾正月廿七日即到西湖，〔註 145〕〔註 146〕，二月廿三日還吳。〔註 147〕光緒十年，「今春甫於三月初抵省，拜謁各大憲後，隨即出城至俞樓小住，越日至三台山展墓，即在右臺仙館住宿，一宵而返。至十四日登舟回吳下云。」〔註 148〕

　　光緒十一年，正月廿五日至杭〔註 149〕，二月十六日還蘇。」〔註 150〕三月底送孫應湖州府試，八月送孫應院試，九月廿二日到杭料理小孫榜後事宜，〔註 151〕又赴滬「句留旬日」〔註 152〕，十一月四日始還蘇寓。〔註 153〕光緒十二年，送孫陛雲入都應試，經盛宣懷安排，搭乘海晏輪，二月望至天津〔註 154〕。

〔註 136〕《詁經開課》，《申報》1880 年 5 月 9 日，第 1 版。
〔註 137〕俞樾：《曲園自述詩》，第 633 頁。
〔註 138〕俞樾著；張海嬰整理：《俞樾函札輯證》，第 396 頁。
〔註 139〕俞樾：《春在堂詩編》，《春在堂全書》第五冊，第 122 頁、第 123 頁。
〔註 140〕俞樾著；張海嬰整理：《俞樾函札輯證》，第 362 頁。
〔註 141〕俞樾著；張海嬰整理：《俞樾函札輯證》，第 320 頁。
〔註 142〕俞樾：《春在堂詩編》，《春在堂全書》第五冊，第 131 頁。
〔註 143〕俞樾著；張海嬰整理：《俞樾函札輯證》，第 3 頁。
〔註 144〕俞樾：《春在堂詩編》，《春在堂全書》第五冊，第 136 頁。
〔註 145〕俞樾著；張海嬰整理：《俞樾函札輯證》，第 9 頁。
〔註 146〕《詁經甄別》，《申報》1883 年 3 月 20 日，第 2 版。
〔註 147〕俞樾著；張海嬰整理：《俞樾函札輯證》，第 316 頁。
〔註 148〕《山長來省》，《申報》1884 年 4 月 24 日，第 2 版。
〔註 149〕《西泠談屑》，《申報》1885 年 4 月 1 日，第 2 版。
〔註 150〕俞樾著；張海嬰整理：《俞樾函札輯證》，第 119 頁。
〔註 151〕俞樾著；張海嬰整理：《俞樾函札輯證》，第 123 頁。
〔註 152〕俞樾著；張海嬰整理：《俞樾函札輯證》，第 123 頁。
〔註 153〕俞樾著；張海嬰整理：《俞樾函札輯證》，第 288 頁。
〔註 154〕俞樾著；張海嬰整理：《俞樾函札輯證》，第 322 頁。

四月十九日出京，「端午後四日還蘇，往返十旬」。〔註155〕「重九前一日至杭州，湖樓山館，小住月餘。」自言「西湖不到已經年」〔註156〕。「十月初六日詁經精舍第一樓災，時余在右臺仙館，夜半守者來告。」〔註157〕光緒十三年「三月三日，自蘇之杭，以小輪船曳之而行。」〔註158〕此年為俞樾掌教詁經二十，「因招詁經肄業諸生在俞樓小集」。〔註159〕夏「有骹生瘍，精力益衰，故秋間不至西湖，於吳下寓廬，閉門養疾。」〔註160〕光緒十四年，「清明後一日登舟如杭州，二兒婦攜孫女、曾孫女從焉」〔註161〕，「居右臺仙館，幾極一月，頗極山居之樂」〔註162〕，此次赴杭，「往返五旬」。〔註163〕秋間又赴杭，九月之季自杭還蘇。〔註164〕光緒十六年，「閏二月晦日到西湖」，「時借小火輪船名萬和者曳帶而行。」〔註165〕光緒十七年，「自蘇至杭，舟中值清明節，以炮船護送……住杭州四旬。」〔註166〕夏秋之交，養病吳中，未能赴杭開課。光緒十八年，二月二十一日至俞樓，三月初九日遷右臺仙館，四月二日登舟返蘇。〔註167〕秋間，重九前二日在西湖俞樓會課。〔註168〕

　　光緒十九年春，俞樾在杭州俞樓，浙江巡撫劉樹堂贈瓊花數朵。〔註169〕秋間「重九到杭，於湖樓、山館小作勾留，十月初仍回吳下。」〔註170〕光緒二十年，二月二十五日到杭，「住居西湖之小曲園，廿八日進城拜謁各憲及紳士等，至晚始回，即定於三月初一日開課」〔註171〕十月前後病，臥床

〔註155〕俞樾著；張海嬰整理：《俞樾函札輯證》，第 124 頁。
〔註156〕俞樾著；張海嬰整理：《俞樾函札輯證》，第 124 頁。
〔註157〕俞樾：《曲園自述詩》，《春在堂全書》第七冊，第 636 頁。
〔註158〕俞樾：《春在堂詩編》，《春在堂全書》第五冊，第 158 頁。
〔註159〕俞樾：《曲園自述詩》，《春在堂全書》第七冊，第 636 頁。
〔註160〕俞樾：《茶香室經說序》，《春在堂全書》第七冊，第 1 頁。
〔註161〕俞樾：《春在堂詩編》，《春在堂全書》第五冊，第 164 頁。
〔註162〕俞樾：《曲園自述詩》，《春在堂全書》第七冊，第 634 頁。
〔註163〕俞樾著；張海嬰整理：《俞樾函札輯證》，第 127 頁。
〔註164〕俞樾：《春在堂詩編》，《春在堂全書》第五冊，第 170 頁。
〔註165〕俞樾：《春在堂詩編》，《春在堂全書》第五冊，第 174 頁。
〔註166〕俞樾：《春在堂詩編》，《春在堂全書》第五冊，第 183 頁、第 184 頁、第 185 頁。
〔註167〕俞樾：《俞曲園先生日記殘稿》，《春在堂全書》第七冊，第 771～793 頁。
〔註168〕俞樾：《春在堂詩編》，《春在堂全書》第五冊，第 195 頁。
〔註169〕俞樾著；張海嬰整理：《俞樾函札輯證》，第 343 頁。
〔註170〕俞樾著；張海嬰整理：《俞樾函札輯證》，第 94 頁。
〔註171〕《西泠茗話》，《申報》1894 年 4 月 16 日，第 2 版。

兩月〔註 172〕，應未赴杭。光緒二十一年，因畏於天氣寒冷，四月十三日來杭。〔註 173〕秋間「九月二十日由蘇到杭」〔註 174〕，居住於西湖之小曲園，次日入城拜會各憲並紳士。〔註 175〕十一月「因天時漸寒，提前考試望課，於初六日命題給卷，本月朔課改於十六日補試」〔註 176〕，應課試畢即回蘇。光緒二十二年，二月二十二日赴杭，借普慶小輪船曳帶」，二十八日到杭，寓居西湖之小曲園次日入城拜會撫藩臬運各大憲並紳士等。〔註 177〕「三月二十日考試二三兩月望課，現已評定甲乙出案，初三日即赴各署辭行回蘇。」〔註 178〕光緒二十三年，「春間在杭開課」〔註 179〕，二月下旬到杭，三月二十日考試二三月望課。〔註 180〕光緒二十四年，春間未到杭，將題目寄來。〔註 181〕十月「中旬至杭寓居西湖小曲園，二十日舉行冬季兩月師課，即日評定甲乙，發案榜示。二十八日赴各大憲衙門及紳士處辭別回蘇。」〔註 182〕此年，俞樾辭席。

　　總結俞樾住院狀況，俞樾每年居杭時日甚短，一年不過春秋兩季，且每次長則不過兩月，短則十餘日，因時因事而已，春間赴杭，則因「四月入日，先大夫忌日也，余每歲是日皆還蘇寓致祭，設或不及，即於俞樓行之。」〔註 183〕秋間則因天氣寒冷，或將考課提前，以便歸寓。而數月或者經年不到者亦為常事，如光緒十一至十二年間，經年未到精舍。而即使在杭之日，俞樾亦忙於各種事務，除命題及閱卷外，與士子之交接者絕少。光緒十八年，俞樾有日記詳載「自蘇之滬之杭而復返蘇」之經過，其二月二十一日至俞樓，三月初九日遷右臺仙館，四月二日登舟返蘇，數十日間，或會客、或訪客、或遊玩、或作信函、或應邀作書，幾無日有暇。其中與詁經精舍之教育相關者，僅有數事，如二月二十九日「監院許子頌來，請期行望課，定於三月初四日，即

〔註 172〕俞樾：《春在堂詩編》，《春在堂全書》第五冊，第 204 頁。
〔註 173〕《山長兩志》，《申報》1895 年 5 月 21 日，第 3 版。
〔註 174〕《記事珠》，《益聞錄》1895 年，第 1525 期，544 頁。
〔註 175〕《之江寒鯉》，《申報》1895 年 11 月 15 日，第 2 版。
〔註 176〕《武林雜聞》，《申報》1895 年 12 月 29 日，第 2 版。
〔註 177〕《蘇堤春柳》，《申報》1896 年 4 月 19 日，第 2 版。
〔註 178〕《六橋新柳》，《申報》1896 年 6 月 7 日，第 2 版。
〔註 179〕俞樾著；張海嬰整理：《俞樾函札輯證》，第 89 頁。
〔註 180〕《冷泉判事》，《申報》1897 年 5 月 4 日，第 2 版。
〔註 181〕《浙垣校士錄》，《申報》1898 年 4 月 24 日，第 9 版。
〔註 182〕《西湖佳話》，《申報》1898 年 12 月 19 日，第 3 版。
〔註 183〕俞樾：《春在堂詩編》，《春在堂全書》第五冊，第 207 頁、第 209 頁。

以課題付之。尤麓孫瑩來，詁經肄業士也，欲為余全書作目錄。」三月初四日「初四日，補二月詁經望課。監院許子頌、許子社兩君皆至。」初六日詁經肄業生「陳子宣來，余因其好制傳奇，詢以曲律，子宣言九宮譜納書楹譜皆無一定準繩」，二人談及音律。初九日閱詁經二月望課卷，十一日閱定。二十五日閱詁經三月望課卷，二十六日畢。〔註184〕

考察俞樾住院情況，在於說明，以詁經精舍為代表的傳統書院與現代學堂大相徑庭，山長及生徒住院者絕少，書院並非單純的教育機構，如詁經精舍即帶有祠宇之性質，嘉慶五年崇祀許、鄭，道光五、六年間，移錢唐門外坍圮之正氣、先覺、遺愛三祠於精舍。至同治五年重建之後，「蓋斯際精舍為堂者有三，前堂奉許、鄭二先師，中奉前浙江巡撫阮文達、富呢揚阿、帥承瀛，前學使朱珪、羅文俊、吳鍾駿，前主講王昶、孫星衍；而正氣、先覺、遺愛三祠，位於最後焉。」〔註185〕光緒二十五年十月十九日，精舍諸生於第一樓為俞樾設長生位，陳設香燭，〔註186〕，二十八年冬，俞樾至湖樓親撤去長生位。〔註187〕。

此外，精舍亦為公館，同治八年彭雪琴借住詁經精舍第一樓養疴，「余來詁經精舍開課，適侍郎借寓湖樓，一見如故。」〔註188〕此數年間，彭玉麟數次冬春之際借住詁經精舍，至同治十二年於三潭印月建退省庵為止。同治十三年前後，富陽高星栽觀察借居於第一樓，其逝世後，靈柩暫停於此，家人以伴靈之名借居此地。〔註189〕

湖樓居住條件亦不佳。俞樾自述「春秋佳日，輒徜徉其上。然其地距城遠，賓客罕至，或終日雨，則終日不見一人。」〔註190〕且「樓多鼠，每夕跳踉几案，若行康莊。」〔註191〕光緒四年，俞樾門下諸人為築俞樓，至冬日而成，「俞樓之初，名雖三楹，實則兩楹耳。適彭雪琴侍郎巡江過蘇州，見內子姚夫人，力勸使至俞樓養疴。及侍郎至杭州，觀俞樓而小之，謂不足以居眷

〔註184〕俞樾：《俞曲園先生日記殘稿》，《春在堂全書》第七冊，第771～793頁。

〔註185〕張崟：《詁經精舍志初稿》，《文瀾學報》第2卷，第1期，第15頁。

〔註186〕俞樾：《春在堂詩編》，《春在堂全書》第五冊，第239頁。

〔註187〕俞樾：《補自述詩》，《春在堂全書》第七冊，第641頁。

〔註188〕俞樾：《春在堂隨筆》，第23頁。

〔註189〕《書院有鬼》，《申報》1874年11月14日，第2版。

〔註190〕俞樾：《湖樓筆談序》，載俞樾著，崔高維點校：《九九銷夏錄》，北京：中華書局1995年版，第163頁。

〔註191〕俞樾：《春在堂隨筆》，第35頁。

屬，乃出貲增築其西偏之屋。」〔註192〕因俞樓之成，光緒五年俞樾攜夫人至杭方能成行。光緒六年，俞樾於夫人墓側，「於右台山買地築屋一區，是為右台山仙館。」〔註193〕此後，俞樾至杭，則或於俞樓、或於右臺仙館居住。然因俞樾居杭日短，諸樓長期空置，致生事端。光緒十年，俞樓看守「和林以俞樓為客寓，留宿多人，致有茅姓身死之事」，俞樾致函監院王同、女婿許祐身、侄俞祖綏「將和林攆逐，務令當日搬出，不得刻留」，另擇看守，「但亦須寫一承攬，載明禁約，俾有遵守。」〔註194〕光緒二十二年，俞樾稱「湖上人稀，劉吉園統領使健兒數輩聚樓。」〔註195〕

二、掌教情形

晚清書院山長，如劉熙載主龍門書院，黃以周主南菁書院之類常川在院者絕少，遙課者頗為普遍，俞樾掌教之龍湖書院、求志書院皆為遙領。俞樾同治九年由楊昌濬薦主湖郡菱湖鎮龍湖書院講席，「丁丑（注：光緒三年）春，自蘇至杭，繞道菱湖鎮，親至院中」，「凡七年，從未一至其地」〔註196〕，而其辭席則至光緒二十八年矣，「主其講席三十三年矣」〔註197〕。光緒二年，馮焌光於上海創設求志書院，聘俞樾主經學兼詞章齋，「齋長皆不到院，領題寄卷等務均由監院辦理」〔註198〕，各齋長皆為遙領，為書院考課命題及判卷，俞樾辭席亦在光緒二十八年。〔註199〕考課是清代書院的基本制度形式和教學法，為清代各種類型的書院所採用，因此主持書院考課成為書院山長最基本也是最為重要的職掌。書院既有考課，則自有諸多課藝留存，將課藝刊刻，不僅保存了諸多學術成果，而且更是書院考課效果之體現，且對於書院生徒來說亦是莫得的鼓勵，因此選刻課藝成為書院山長的重要職責。然而無生徒住院，山長也並不住院，僅負責師課之命題與判卷，「書院山長亦僅操衡文甲乙之權，而無師表訓導之責」〔註200〕，居中協調及書院之日常管理大抵由監

〔註192〕俞樾：《春在堂隨筆》，第143頁。
〔註193〕俞樾：《曲園自述詩》，《春在堂全書》第七冊，第633頁。
〔註194〕俞樾著；張海嬰整理：《俞樾函札輯證》，第435頁。
〔註195〕俞樾：《春在堂詩編》，《春在堂全書》第五冊，第210頁。
〔註196〕俞樾：《曲園自述詩》，《春在堂全書》第七冊，第632頁
〔註197〕俞樾：《春在堂詩編》，《春在堂全書》第五冊，第276頁。
〔註198〕宋恕：《代孫鏘鳴致余晉珊》，胡珠生編：《宋恕集》，第600頁。
〔註199〕俞樾：《春在堂詩編》，《春在堂全書》第五冊，第273頁。
〔註200〕《整頓書院以宏造就論》，《申報》1893年12月18日，第1版。

院負責。因山長及生徒皆不須住院，則又生遙領之弊，即書院山長居所遠離書院所在地，為書院命題判卷皆須寄送，不僅遷延時日，頗多周折，且完全失掉了書院設立山長以訓導書院生徒之本意，此為晚清書院之重要且普遍的弊端。

俞樾掌教詁經精舍，雖亦時至院中，而寄卷、寄題之事亦為常例。俞樾與監院王同之通信中，此類例證頗多，如光緒九年六月廿一日致書王同稱「十六日寄還課卷，已照入否？」光緒十年致書王同稱「前寄還課卷，定照入矣。頃又望課將來，寄去題目，乞留存。」〔註201〕光緒十一年三月底俞樾送孫應湖州府試，在湖州閱卷，課卷由湖州寄送。三月廿四日致書王同稱：「此次課卷，可交全盛信局寄湖州館驛河頭舟次探投，較寄蘇省一周折，兄一一到湖，即遣人至全盛局招呼，告以泊船所在也。」〔註202〕光緒十二年俞樾入都，課卷由俞樾在京閱定，四月廿五日致書王同「二月望課，在京寓即已閱定，因其時適有同鄉朱虎臣文炳回杭，即託其帶交；不料此君在津門留滯，至今未回，已命人前赴其舟索還課卷，親自帶歸。然煩諸君久待，甚不安矣。三、四月卷，想均在蘇寓，俟到蘇再閱寄。」〔註203〕

詁經精舍初期，「其課士，月一番，三人者迭為命題評文之主，問以十三經、三史疑義，旁及小學、天部、地理、算法、詞章，各聽搜討書、傳條對，以觀其識，不用局試糊名之法。暇日聚徒，講議服物典章，辯難同異，以附古人教學、藏修、息遊之旨。簡其藝之佳者，刊為《詁經精舍文集》。」〔註204〕俞樾時期，在學術取向上大體相同，「則專課經義，即旁及詞章，亦多收古體，不涉時趨。余頻年執此以定月旦之評，選刻課藝，亦存此意。非敢愛古而薄今，蓋精舍體例然也。」〔註205〕光緒初年，時人稱詁經精舍「專取通經工賦之士，經解、詞賦兩者並重」〔註206〕，大抵如此。

首先書院漸而住院絕少。詁經精舍初建之時，肄業諸生即為阮元從各地拔擢，故而大抵除杭城本地人之外，皆住院肄業。道光二十年，羅文俊於浙

〔註201〕俞樾著；張海嬰整理：《俞樾函札輯證》，第 420 頁。
〔註202〕俞樾著；張海嬰整理：《俞樾函札輯證》，第 422 頁。
〔註203〕俞樾著；張海嬰整理：《俞樾函札輯證》，第 425 頁。
〔註204〕孫星衍：《詁經精舍題名碑記》，見陳谷嘉，鄧洪波主編：《中國書院史資料》，第 1704 頁。
〔註205〕俞樾：《詁經課藝五集序》，《春在堂全書》第四冊，第 629 頁。
〔註206〕《杭城甄別》，《申報》1882 年 4 月 12 日，第 2 版。

江學政任上，「甫下車即親課詁經精舍諸生，第其高下。復遴選諸生之經術較優、詞華兼茂者，肄業其中。」〔註207〕至同治初年，大亂甫平，士子流寓省城，無所寄託者眾多，故而於書院住院者甚多，此後社會日趨安定，士子生計日多，加之書院流弊日顯，住院書院者逐漸減少，即如杭城中之敷文書院、崇文書院，「鄉試之年，或尚有住院以省房金者，若非鄉試之年則院中闃其無人焉」〔註208〕，則更無論遠處城外之詁經精舍。按同治十三年間，書院因第一樓停柩其中，曾有「鬧鬼」之事，書院諸生「遂至各相驚恐嘩，欲卷堂而散」，監院乃盛設祭品紙燭禱於靈前〔註209〕，則此時，書院住院肄業者尚不乏其人。而至光緒十二年「住院者則闃無人焉」，時任浙江巡撫劉秉章意欲整頓，除要求「考試諸生親自到院接卷，攜帶筆硯，在院局試，統限一晝夜即須繳卷，踰限不收」，且傳聞「將選高材生十數輩住宿其中，專心肄業，膏火之外，優給薪水，若龍門、南菁各書院章程」〔註210〕。學政瞿鴻禨於秋日「親試月課，拔取前列高材生二十名，優給膏火花紅，送入院中肄業」。不料十月初六日精舍起火，因「住院各生爭下榻於第一樓，茶竈藥鑪，星羅棋佈。是夕晚炊，遺火延及床帳，遂兆焚如。諸生覩此，散若晨星，以致撲救無人，任其延蔓。比鄰聖因寺，亦遭池魚之累。幸急將新造山門拆去，始斷火路，精舍之東為照膽臺，墻宇甚高亦得安然無恙云」，「第一樓等名勝皆成焦土」，「僅存雍睦堂一所及後進之正氣、先覺、遺愛堂各數楹，其餘則均成焦土」〔註211〕，則住院肄業之事又廢而不行矣。而次年建許鄭祠，並於舊址增建式古堂，作為諸生講習之所，肄業其中者絕少。

　　其次，書院漸無講學之事，而專重考課。詁經精舍初建時，考課、講學並重，以考課而論，阮元身兼官師，肄業諸生中「三人者迭為命題評文之主」，無官課、師課之分途。殆至道光十三年富呢揚阿興復書院，始有「藩臬都督監司迭課之制」，即官課之制。同光年間，大抵精舍每年二月初由巡撫甄別，出案後即由山長擇日開課，按例山長開課日有大吏送院之舉。此後每月官、

〔註207〕胡敬：《〈詁經精舍續集〉序》，轉引自魯小俊：《清代書院課藝總集敘錄》，第12～13頁。
〔註208〕《論塾正私收贄敬事》，《申報》1893年4月5日，第1版。
〔註209〕《書院有鬼》，《申報》1874年11月14日，第3版。
〔註210〕《詁經精舍改章》，《申報》1886年3月25日，第2版。
〔註211〕《精舍被焚》，《申報》1886年11月9日，第2版；《西泠談屑》，《申報》1886年11月15日，第1版。

師兩課，官課「向例每月朔課由三大憲以次輪考，或遇學憲在省之時，亦請考一次，不常遇也」〔註212〕，鹽運使、督糧道時亦參與。主課大吏或親至、或派委員點名給卷，後委任委員或幕友閱卷。舉例論之，同治七年二月朔課巡撫馬新貽主課，三月朔課布政使楊昌濬、四月朔課按察使何兆瀛，閏四月朔課鹽運使馮禮□，五月朔課巡撫李瀚章，七月朔課學政徐樹銘，八月朔課布政使楊昌濬，九月朔課按察使劉齊衍，十月朔課鹽運使馮禮□，十一月朔課糧道英樸。〔註213〕師課則由山長命題閱卷。大略來說，官課較受科舉影響，且變動較大，如崧駿撫浙時，「每當鄉試之年則改經解為經文」，二十三年時任浙撫廖壽豐又改課策論〔註214〕，而師課由山長主導，則重經古之慣例一直未變。精舍每年正月、六月、十二月停課，按例每年舉十八課。〔註215〕詁經精舍因課試經古，故而並不局試，而行散卷之法。無論舉貢生監，皆可應課，亦無籍貫之限制，「惟向監院處填冊，孝廉須由本縣移文來省，注明三代及某科中式第幾名，並房師座師官階姓氏，以備核對，如有不符，即行扣除。」〔註216〕生徒之中寄卷應課者亦為常事。

精舍初建之時，肄業生徒，初定為三十二人，此時生額，應為住院肄業之生額。此後，生額漸轉變為考課取士之額數，道光十年每課分內、外課為三十六名，光緒五年內、外課各增六名，合成四十八人之數〔註217〕。光緒二十前廣東學政徐花農太史琪任滿回杭，特捐銀二千兩存典生息，添作望課膏火，〔註218〕經俞樾核定每次增內課五名、外課十名，自二十一年七月為始。〔註219〕此外，書院考課還設有附課，無固定額數。

書院有高材生之額數，由學政調撥，而山長可推薦。高材生之設，殆始於同治七年，時任浙江學政徐樹銘於詁經精舍內、外課之外，特置超等六名，作為高材生，優給膏火，義烏朱一新即為其選。光緒十二年瞿鴻禨又調撥高材生二十人入院肄業，「別籌經費以供膏火之賞」。詁經精舍肄業諸生分為四

〔註212〕 《宗師考課》，《申報》1882 年 6 月 20 日，第 2 版。

〔註213〕 《詁經精舍三集》，趙所生、薛正興主編：《中國歷代書院志》第 15 冊，第 436～441 頁。

〔註214〕 《柳浪聞鶯》，《申報》1897 年 3 月 27 日，第 2 版。

〔註215〕 張崟：《詁經精舍志初稿》，《文瀾學報》第 2 卷，第 1 期，第 37 頁。

〔註216〕 《南屏曉鐘》，《申報》1897 年 2 月 21 日，第 2 版。

〔註217〕 《詁經加額》，《申報》1879 年 5 月 17 日，第 2 版。

〔註218〕 《捐助膏火》，《申報》1895 年 6 月 3 日，第 3 版。

〔註219〕 《加增膏火》，《申報》1895 年 11 月 10 日，第 2 版。

類，高材生之外，有內、外、附三。高材生月有廩膳銀，有專項經費保證，或曰「學生則高才十六人，每人月給廩膳銀六兩。」內、外課之膏火則於光緒二十一年重新釐定。徐花農捐銀二千兩，「以庫平折實，得銀一千八百二十四兩，按月八釐生息，每年得息銀一百七十五兩一錢有四釐，乃加望課內課五名，每名每月一兩二錢，外課十名，每名每月六錢，歲行十課，共銀一百二十兩，餘錢加院長束脩，截零歸整，得五十五兩，遇閏息增則加內課一名，無閏不加。」附課則名額不定，亦無膏火。〔註220〕

　　除主持書院考課外，選刻課藝，亦為山長的重要事務，且為詁經精舍之慣例，嘉慶六年，阮元即手訂《詁經精舍文集》，道光二十二年羅文俊手訂《詁經精舍續集》。《詁經精舍三集》中收錄同治五年、六年間課藝243篇，其中雜文、詩賦205篇，經解37篇以及俞樾選刻之七年課藝共136篇；八年課藝114篇；九年課藝98篇。此後詁經精舍課藝集皆為俞樾選錄，其中《四集》光緒五年刊刻，錄同治九年至光緒四年之優秀課藝，共265題337篇；《五集》光緒九年刊刻，錄光緒五年至光緒八年智優秀課藝，共102題131篇；《六集》光緒十一年刊刻，錄111題136篇；《七集》光緒二十一年刊刻，錄經解116題176篇，賦16題16篇，雜文及古近體詩13題14篇；《八集》光緒二十三年刊刻，錄82題，159篇。〔註221〕此外，俞樾亦有自課文，即將詁經精舍命題自作一篇，以為生徒應課之典範，現存者有《詁經精舍自課文》二卷，《經課續編》八卷。

三、晚年辭席

　　早在光緒二十年俞樾已有辭席之意，其致函章梫稱：「詁經精舍一席，鄙人尸素其間二十七年矣，精力衰頹，學問荒落，不久當辭退。近來當事諸公皆無意於此，故官課每有以一文一詩了事者，然則鄙人去後，精舍之廢興亦可知矣，尚能議及許、鄭兩君之從事乎？」〔註222〕此中，俞樾對書院主政大吏之不滿以及於詁經精舍前途之憂慮已經溢於紙面。不僅如此，於書院肄業生徒，俞樾亦有不滿，稱「詁經諸君，每得一佳意，輒衍為數卷，遂使珍珠船

〔註220〕張崟：《詁經精舍志初稿》，《文瀾學報》第2卷，第1期，第41頁。
〔註221〕魯小俊：《清代書院課藝總集敘錄》，第21～23、36、43、47、50～51、56頁。
〔註222〕俞樾著；張海嬰整理：《俞樾函札輯證》，第622頁。

為之減色，鄙意深惜之。」〔註223〕二十一年章太炎致函俞樾，稱「吳中近設中西學堂，能以母制子否？舉世皆談西學者，無阮儀徵、巍邵陽之識，吾道孤矣。」〔註224〕則此時，章太炎與俞樾尚為同道中人。光緒二十二年，時任巡撫廖壽豐欲改革杭州諸書院，俞樾得知此事後，致書時任浙江巡撫廖壽豐，詳細表達了自己對於書院改制之看法和建議，信中稱：

> 以吾浙論，詁經精舍本不課時文，專課經義，而經義之中，天算等學無所不包，西人新法亦未始不出於此。似乎詁經精舍不必變易舊章，但請官、師兩課於照常出題外兼出算法一二題，是亦通經致用之義。此外書院，專課時文，於西法頗難兼習，不知宜如何變通。愚謂：欲士子通曉西學，則江蘇見行之中西學堂其法甚善。挑選年輕聰敏子弟粗通中國文法者取入學堂，使之先學西人語言文字，然後次第授以西學，數年之後，可望有成。若夫書院肄業者，則皆已成之士也。年歲已長，心力難專，就使勉強為之，亦不過襲其皮毛以為欺人之具，斷不能入其奧室而成自得之奇。即詁經諸人，亦必不免此病。方今之世，欲習西法，宜如晉撫所言：裁減書院經費。杭城中敷文、崇文、紫陽、詁經、學海暨東城講舍。書院凡六，自山長束脩至監院薪水、考生膏火，酌減一二成或二三成，即以節省之費設立中西學堂。少成若性，習慣為常。久之而中國自多精通西學之士矣。如此則既不失中國舊有之規模，而可以收西學將來之效驗，未識公意以為然否？然此非鄙人之自為謀也。弟自承乏詁經，二十九年矣。私心初願，以為若再忝一年滿三十年，便宜辭退。今變通之際，苟自揣力不能勝，即當引避賢路。〔註225〕

此信中，俞樾表達了存舊與開新並舉，從而達到「既不失中國舊有之規模，而可以收西學將來之效驗」的目的。開新者，酌減書院經費創設學堂以使年輕士子學習西學；存舊者，因書院肄業士子「皆已成之士」，求其通達西學頗難，如詁經精舍，因所課經義本涵蓋西學知識，因此只需「兼出算法一二題」即可，求其「通經致用」。至於時文書院「於西法頗難兼習」，可另籌它法。

〔註223〕俞樾：《俞曲園先生日記殘稿》，《春在堂全書》第七冊，第 771～793 頁。

〔註224〕轉引自俞國林、朱兆虎：《章太炎上曲園老人手札考釋》，《文獻》2016 年第 1 期。

〔註225〕俞樾著；張海嬰整理：《俞樾函札輯證》，第 186～187 頁。

　　俞樾並非深閉固拒之人，從其治學來看，內容上以經學為主，旁及諸子學、史學、醫學、訓詁，乃至戲曲、詩詞、小說、書法等，內容博雜，其中與西學相通之處甚多。其掌教諸書院，於命題時亦多觸及西學新學之類。在生活中，俞樾於西方之器物亦多接納，如晚年來往蘇杭，頻借小火輪船拖帶，光緒十六年赴杭，「時借小火輪船名萬和者曳帶而行。」〔註226〕又如光緒十七年，「西法照全家小像」，如光緒三十年作《詠留聲機》〔註227〕等等。光緒二十四年，「天津二等中西學堂招考學生，從孫箴墀考取第二，送之北去。」「從孫中習西學者尚有一人曰同悌，今在福建」。俞樾作詩感慨，「百年世業守箕裘，惟有楹書數卷留。祖德衰微行且盡，儒門淡薄竟難收。遂教吾黨趨新學，不及農夫守舊疇。送爾北行雖可喜，悠悠時局使人愁。」〔註228〕光緒三十年從孫同奎遊學西洋，並改服西國衣冠，此時膝下曾孫年僅六歲，已習洋字。〔註229〕其後輩習西學，俞樾雖有落花流水之歎，但並無激烈之情緒，其所擔憂者，在於「舊」之不存也。

　　此年其致書于鬯，表達了對於自身歷史定位之憂慮，信中稱：「日前與浙撫廖中丞言，老夫主講詁經已二十九年，若再忝一年，則三十年老山長，海內所無。將來必有兩種議論：一謂曲園在詁經造就不少，一謂兩浙人材皆敗壞於曲園一人之手。此兩說，恐究以後說為然。蓋方今之世，乃窮則變、變則通之世，而鄙人不知變通，猶執守先待後之說，兩浙人士不我鄙棄者，亦講求古音古義，沾沾於許鄭之書，而人材之為我敗壞者不少矣！尊見以為然否？」〔註230〕光緒二十三年，俞樾主詁經精舍三十年矣，俞樾本擬辭任，「然念近來時局日新，余去任後，精舍規模必大變矣，姑籍屍驅，稍留殘局。」〔註231〕此年有詩云：「幾輩翱翔到雲路（春秋兩榜得雋者幾及百人。），幾人著述壽名山（黃元同、馮夢香皆詁經肄業生，今皆書院老山長矣。）英豪頗不笑邊韶，三十春秋成一世，天時人事從而異。梨棗爭刊新譯書，丹鉛競寫旁行書……已愁禹跡淹將盡，更恐秦坑火又騰……今朝循例來開課，吾道非與無乃左。痛哭先師許鄭前，一杯難勝車薪火。老我將行與世辭，諸生努力強

〔註226〕俞樾：《春在堂詩編》，《春在堂全書》第五冊，第174頁。
〔註227〕俞樾：《春在堂詩編》，《春在堂全書》第五冊，第307頁。
〔註228〕俞樾：《春在堂詩編》，《春在堂全書》第五冊，第233頁。
〔註229〕俞樾：《春在堂詩編》，《春在堂全書》第五冊，第319頁。
〔註230〕俞樾著；張海嬰整理：《俞樾函札輯證》，第594～595頁。
〔註231〕俞樾：《春在堂詩編》，《春在堂全書》第五冊，第230頁。

支持。守先待後百年事，會有天元極盛時。」〔註232〕詩中敘述詁經精舍舊日之興盛，除感歎世風日變，西學將興，恐舊學不存外，更勉力書院諸生努力支持，守先待後。至光緒二十四年戊戌，朝廷詔令科舉廢時文，書院改制，俞樾「方今大勢所趨，似不必再費螳螂之力」〔註233〕，「今則橫流更甚，斷非區區螳臂所能枝柱矣」。「從此抱遺經而究始終，鄙人仍守生平之舊；借經術以談世事，諸生別開風氣之新。」〔註234〕其致書王同，解釋辭席之原由，稱「鄙人三十一年老山長，至戊戌而力辭者，非囊中有錢也，非生徒有違言也，非賓東不協也。其時現任為廖谷士，親串也；繼之者為劉景韓，世好也。所以決意告退者，實見天下之變局，必自書院開端。從俗浮沉，既所不欲；同執不變，又所不能，故不得不先避其鋒。」〔註235〕冬日，俞樾作詩留別詁經精舍，稱「老夫一把憂時淚，屢灑先師許鄭前」，「寄語諸君仍努力，他年會有濟南生。」〔註236〕

經俞樾推薦，黃體芳接任詁經精舍講席，未及半年即過世。時任浙江巡撫劉樹堂請復主詁經精舍，「詁經精舍今歲又虛席，劉景韓中丞兩次來書，請復主詁經，而精舍諸生亦同稟，中丞力申是請」，並多次派書院監院曹小槎赴蘇敦請，俞樾覆函劉樹堂稱：「曹孝廉（監院曹小槎樹培）來，得手書及關書、聘幣，公之拳拳，於弟可謂深矣。人非草木，豈不知感？自宜承命而來，然弟之下情，實有不能再就者。弟去歲辭館，以衰老也，今隔一年，豈老者轉少，衰者轉壯乎？不但今歲就之為無名，轉覺去歲辭之為別有他故矣。書院去就，誠不足言出處，然亦出處之一端，不可不一揆度也。且年來精力實亦頹唐，翻一葉書，不能終讀，寫數行字，必有誤筆，豈可再尸詁經之席？又，弟性卞急，計詁經每課一百餘卷，明知徐徐為之，分數日閱看，萬無不給之理，而弟必以兩日了之。此兩日中，終朝伏案，手不停披，費心費目費手，三者皆疲。嘗戲語人曰：昔人言，人之元氣重十六兩，我此兩日中，必耗去兩許矣。此雖戲言，實亦確論。公見愛有素，鑒此情形，亦必不欲弟再主斯席矣。至湖上山水之勝，又得公為管領湖山之主，每一念及，逸興遄飛。秋間如腰腳稍健，必

〔註232〕俞樾：《春在堂詩編》，《春在堂全書》第五冊，第226頁。
〔註233〕俞樾著；張海嬰整理：《俞樾函札輯證》，第187頁。
〔註234〕俞樾著；張海嬰整理：《俞樾函札輯證》，第188頁。
〔註235〕俞樾著；張海嬰整理：《俞樾函札輯證》，第429頁。
〔註236〕俞樾：《春在堂詩編》，《春在堂全書》第五冊，第235頁。

當買棹而來，以舊部民觀新德政，必不因不就詁經而自外於公也。」〔註237〕
並推薦汪鳴鑾主詁經精舍教席。二十四年至光緒二十七年間，俞樾家居於蘇
州，「不到西湖閱四歲矣」，二十八年十一月間，「因陛雲試畢假旋，又與同至
西湖。」至湖樓親撤去長生位。〔註238〕俞樾於杭勾留半月，十二月初九日，
由杭州乘坐浙西水陸統領費毓卿派出之威靖輪返蘇，此後再未赴杭。

　　光緒三十一年，朝廷詔令書院改學堂，俞樾致書時任浙江巡撫聶緝椝，
希望能保留詁經精舍，信中稱：「昨得杭友書，言敷文、詁經兩院生徒風聞有
裁撤之說，籲懇暫留，稟由監院代達臺端，未知果有此事否？伏思功令雖停
止科舉，未始不體恤寒微，是以展行優拔之說。如蒙推廣朝廷德意，略留寒
士生涯，未始非杜廈白袞之雅意也。敷文弟未深悉，詁經每歲支領不過二千
餘金，即使撥入學堂，亦屬鈞金杯水。聞江蘇、安徽、湖南、湖北各留片席，
安頓老生，未知吾浙亦可仿行否？弟三十一年詁經老山長，不能忘情，冒昧
瀆陳，伏求裁定。」〔註239〕但最終，螳臂不能當車，光緒三十二年，「杭省之
學海、詁經、敷文三書院今歲一律停課，所有常年款項併入師範學堂」〔註240〕，
詁經精舍從此與中國絕大多數書院一樣走入歷史。

　　光緒三十二年，俞樾作《詁經精舍歌》，詳述了詁經精舍之發展歷程及心
態之悲涼，「悠悠三十一年春，長為湖樓作主人。不負春秋好風月，一年兩度
住湖濱……猶記昔逢丁亥歲，坐擁皋比二十載。戲為湯餅召諸生，大烹豆腐
瓜茄菜……白頭宮保攜詩至，滄海門生問字來。其時海內猶無事，儼在乾隆
嘉慶世。主持風華老元臣，尊禮賓師諸大吏。不圖世局似循環，轉綠回黃一
瞬間。雅坫騷壇成往事，蠻書爨字滿人寰……功令新頒罷場屋，精廬一律成
零落。八集詁經文可燒，重修精舍碑應僕。回首前塵總枉然，重重春夢化為
煙。難將一掬憂時淚，重灑先師許鄭前。〔註241〕

第三節　章太炎肄業詁經精舍考

　　章太炎為近代中國著名的革命家、思想家，於近代中國思想及政治變遷

〔註237〕俞樾著；張海嬰整理：《俞樾函札輯證》，第197頁。
〔註238〕俞樾：《補自述詩》，《春在堂全書》第七冊，第641頁。
〔註239〕俞樾著；張海嬰整理：《俞樾函札輯證》，第247頁。
〔註240〕《查復三書院公款》，《申報》1906年4月4日，第9版。
〔註241〕俞樾：《春在堂詩編》，《春在堂全書》第五冊，第347～348頁。

等皆影響甚巨，其早年肄業詁經精舍之經歷亦為人所重視，而何為肄業詁經精舍，章太炎如何肄業詁經精舍等問題，章太炎雖多次談及，但其中之細節則甚不清晰，加之晚清書院制度研究上的薄弱，導致諸多關於章太炎肄業詁經精舍之經歷的敘述普遍比較模糊。

一、肄業書院

　　章太炎生於同治七年，光緒二年外祖朱左卿來課讀經，「課讀四年，稍知經訓」。光緒六年，外祖歸，章太炎由父親章濬及長兄章炳森督教。對於父親和長兄的影響，章太炎稱「（章濬）晚歲里居，伯兄籛已成學，則親課仲兄箴及炳麟讀書。點竄文字，必躬親之。始所治不過舉業，先考時舉藏書目錄及平生師友學行以忌，諸子由是發憤為學。」〔註242〕「時聞說經門徑於伯兄籛，乃求顧氏《音學五書》、王氏《經義述聞》、郝氏《爾雅義疏》讀之，即有悟。自是一意治經，文必法古。」〔註243〕光緒九年，準備參加縣試的章太炎發癲癇之症，此後「輟制義，頗涉獵史傳，瀏覽老、莊矣。」章太炎自述早年治學經歷稱：

> 余家無多書，年十四五，循俗為場屋之文，非所好也，喜為高論，謂史漢易及，揣摩人八比，終不似。年十六，當應縣試，病未往。任意瀏覽史漢，既卒業，知不明訓詁，不能治史漢，乃取《說文解字》段氏注讀之。適《爾雅》郝氏義疏初刊成，求得之。二書既遍，已十八歲。讀《十三經注疏》，暗記尚不覺苦。畢。讀《經義述聞》，始知運用《爾雅》、《說文》以說經。時時改文立訓，自覺非當。復讀學海堂、南菁書院兩經解皆遍。〔註244〕

　　則章太炎在赴杭肄業詁經精舍之前，因家學淵源而入漢學之研究路徑，又因癲癇之症而輟科舉，且體弱多病，故而家人不許其隨意出門，因此整日埋頭勤讀，逐漸積累了深厚的學術基礎。章家世居於餘杭縣倉前鎮，餘杭塘河穿鎮而過，直達杭州。章家家境殷實，後因戰亂而破敗，「家無餘財，獨田一頃在耳」，經章太炎之父章濬慘淡經營而漸復蘇。同治初，左宗棠督師至閩

〔註242〕上海人民出版社編；黃耀縣、饒欽農、賀庸點校：《章太炎全集·太炎文錄續編》，上海：上海人民出版社2014年版，第212頁。

〔註243〕湯志鈞：《章太炎年譜長編》，北京：中華書局1979年版，第9頁。

〔註244〕章念馳編訂：《章太炎演講集》，上海：上海人民出版社2011年版，第360～361頁。

林鎮，「章濬獻地圖，並陳善後策，頗見用。先是濬祖均捐田千畝建義莊，燹後券冊盡毀，濬悉心鉤稽，得七百餘畝復之，家譜、宗祀以次修輯。」〔註245〕按章濬，字輪香，習舉業，廩生，補餘杭訓導，同治五年入杭州知府譚鍾麟幕，歷充杭州諸書院監院，如同治十三年任敷文書院監院，光緒元年任紫陽書院監院〔註246〕。杭州「敷文、崇文、紫陽、詁經書院及孝廉堂，監院共計十人」，其中八人由教官及在省舉人、貢生充任，餘則「向例丁祭局及善堂每年每處輪派一人，為調劑勤能起見，秋末冬初酌定該派何人，即稟請撫憲札委。」〔註247〕監院為優差，其職責在於居中協調書院主政大吏、山長及書院生徒，負責書院考課之組織以及其他書院日常事宜。《詁經精舍三集》、《詁經精舍四集》中，章濬皆以監院身份名列校刊之列。〔註248〕光緒三年章濬因捲入楊乃武案而被革去訓導之職，〔註249〕後返鄉里居，教讀諸子，光緒十六年卒。馬敘倫稱「章太炎先生餘杭人，而幼居杭州里橫河橋南河岸，稅王夢樓之孫小鐵家寓焉。」〔註250〕按此階段應為章濬佐幕及充任監院期間。

　　章濬立有《家訓》稱：「精研經訓，博通史書，學有成就，乃稱名士」，「曲園設詁經精舍，吾時充監院，相處數歲」，故而湯志鈞先生認為章太炎在章濬逝後到詁經精舍就讀，係秉父親之「遺訓」〔註251〕。按章太炎因輟科舉，故而無功名，於傳統社會中進身之路較狹，故而赴杭肄業書院亦為其進身之考慮。章太炎自述，光緒十六年「正月，先君歿……既卒哭，肄業詁經精舍。時德清俞蔭甫先生主教，因得從學。」〔註252〕此年章太炎初到杭州，居住於下城木柵弄〔註253〕，此時的章太炎因有癲癇之症，且體弱多病，故而並無生活自理能力，時時需人照料。章太炎稱「自念少壯嘗趨候長姊」〔註254〕，或

〔註245〕湯志鈞：《章太炎年譜長編》，第3頁。
〔註246〕《浙江撫轅事宜》，《申報》1874年10月20日，第5版；《浙省撫轅事宜》，《申報》1875年3月16日，第6版。
〔註247〕《札委監院》，《申報》1889年9月26日，第2版。
〔註248〕魯小俊：《清代書院課藝總集敘錄》，第22頁、第34頁。
〔註249〕《摘錄刑部定案折》，《申報》1877年4月26日，第2版。
〔註250〕馬敘倫：《章太炎》，見陳平原、杜玲玲編：《追憶章太炎》，北京：生活·讀書·新知三聯書店2009年版，第18頁。
〔註251〕湯志鈞：《章太炎年譜長編》，第3～4頁。
〔註252〕湯志鈞：《章太炎年譜長編》，第10頁。
〔註253〕章㠓：《憶先父章太炎》，餘杭縣政協文史資料委員會編：《餘杭文史資料·第2輯·章太炎先生專輯》1986年版，第21頁。
〔註254〕上海人民出版社編、徐復點校：《章太炎全集·太炎文錄續編》，第340頁。

此時其即依託於長姊。從《詁經精舍七集》（以下簡稱《七集》）所載課藝來看，章太炎此年即參加書院考課。〔註 255〕

章太炎自述：「二十歲，在餘杭，談論每過儕輩。忖路徑近曲園先生，乃人詁經精舍，陳說者再，先生率木許。」後俞樾於《禮記》及《孝經》各舉一條以問，太炎答之，「先生亦以為然。」此段師生之間的交際，應發生於光緒十六年章太炎參加詁經精舍考課之前。按詁經精舍初建之時，肄業生徒為阮元從各地拔擢，此後考課漸漸成為書院的主導性建制。詁經精舍因課試經古，難度較大，故而應試者較少，每課不過百餘卷，考課時也並不局試，而行散卷之法。詁經精舍雖然不限功名及籍貫，但肄業生徒一般皆要求是在學之廩增附生及正途貢監，報名時「不必由學、縣起文，惟向監院處填冊。孝廉須由本縣移文來省，注明三代及某科中式第幾名，並房師座師官階姓氏，以備核對，如有不符，即行扣除。」〔註 256〕章太炎因並無科舉功名，投課書院時應會遇到一定的困難，故而有稟請山長俞樾，求其允准應課之舉。

考課是清代書院的基本制度形式和教學法，為清代各種類型的書院所採用。詁經精舍初期，「其課士，月一番，三人者迭為命題評文之主，問以十三經、三史疑義，旁及小學、天部、地理、算法、詞章，各聽搜討書、傳條對，以觀其識，不用局試糊名之法。暇日聚徒，講議服物典章，辯難同異，以附古人教學、藏修、息遊之旨。簡其藝之佳者，刊為《詁經精舍文集》。」〔註 257〕俞樾時期，在學術取向上大體相同，俞樾自述「則專課經義，即旁及詞章，亦多收古體，不涉時趨。余頻年執此以定月旦之評，選刻課藝，亦存此意。非敢愛古而薄今，蓋精舍體例然也。」〔註 258〕光緒初年，時人稱詁經精舍「專取通經工賦之士，經解、詞賦兩者並重」〔註 259〕，大抵如此。詁經精舍初建時，考課、講學並重，以考課而論，阮元身兼官師，肄業諸生中「三人者迭為命題評文之主」，無官課、師課之分途。殆至道光十三年富呢揚阿興復書院，始有「藩臬都督監司迭課之制」，即官課之制。同光年間，大抵精舍每年二月初由巡撫甄別，出案後即由山長擇日開課，按例山長開課日有大吏送院之舉。此

〔註 255〕俞樾編：《詁經精舍七集》，光緒二十一年版。

〔註 256〕《南屏曉鐘》，《申報》1897 年 2 月 21 日，第 2 版。

〔註 257〕孫星衍：《詁經精舍題名碑記》，見陳谷嘉，鄧洪波主編：《中國書院史資料》，第 1704 頁。

〔註 258〕俞樾：《詁經課藝五集序》，《春在堂全書》第四冊，第 629 頁。

〔註 259〕《杭城甄別》，《申報》1882 年 4 月 12 日，第 2 版。

後每月官、師兩課，官課「向例每月朔課由三大憲以次輪考，或遇學憲在省之時，亦請考一次，不常遇也」〔註260〕，鹽運使、督糧道時亦參與。主課大吏或親至、或派委員點名給卷，後委任委員或幕友閱卷，師課則由山長命題閱卷。大略來說，官課較受科舉影響，且變動較大，如崧駿撫浙時，「每當鄉試之年則改經解為經文」，二十三年時任浙撫廖壽豐又改課策論〔註261〕，而師課由山長主導，則重經古之慣例一直未變。精舍每年正月、六月、十二月停課，按例每年舉十八課。〔註262〕

　　光緒十七年至十九年之間，章太炎著《膏蘭室札記》，內容為對儒家經籍、先秦諸子以及漢代著作和一些史書的字義考釋，今所存者三卷。寫作札記為清代流行之學術風氣，亦為乾嘉漢學基本的學術訓練和研究的方法，「大抵當時好學之士，每人必置一「劄記冊子」，每讀書有心得則記焉。」「要之當時學者喜用札記，實一種困知勉行工夫，其所以能綿密深入而有創獲者，頗恃此……」〔註263〕。同時寫作札記也是清代書院教育的基本方法，阮元創設之詁經精舍、廣州學海堂皆採用此方法來教導生徒，並影響諸多書院。而俞樾時期，詁經精舍之札記教學已成具文，通觀俞樾著述，並未發現其批閱書院生徒札記之記錄。章太炎早期的札記寫作，既受到當時學風之影響，同時也是在書院考課的推動下進行的。《膏蘭室札記》三卷共四百七十四條，其中明確為詁經精舍考課課藝者有《無酒酤我》、《束矢》、《髡者使守積》、《西旅獻獒》四篇。除課藝集以外，俞樾尚有《詁經精舍自課文》兩卷及《經課續編》八卷保存眾多詁經精舍考課命題，結合相關資料進行對照，《膏蘭室札記》中收錄課藝情況為：

表6-1：《膏蘭室札記》收錄課藝表

	篇　名	條　目	例　證	出　處
1	《無酒酤我》	第一五五條	《無酒酤我解》	《詁經精舍七集》
2	《關石和鈞》	第一九四條	《關石和鈞解》	《經課續編》
3	《朱張》	第二三六條	《夷逸、朱張解》	《詁經精舍自課文》

〔註260〕《宗師考課》，《申報》1882年6月20日，第2版。
〔註261〕《柳浪聞鶯》，《申報》1897年3月27日，第2版。
〔註262〕張鋆：《詁經精舍志初稿》，《文瀾學報》第2卷，第1期，第37頁。
〔註263〕梁啟超：《清代學術概論》，上海：上海古籍出版社2005年版，第52頁。

4	《束矢》	第三七三條	《束矢解》	《詁經精舍七集》
5	《不磨蠤》	第三九九條	《不磨蠤解》	《經課續編》
6	《髡者使守積》	第四〇〇條	《髡者使守積解》	《詁經精舍七集》
7	《內於大麓》	第四三四條	《納於大麓解》	《詁經精舍自課文》
8	《西旅獻獒》	第四五〇條	《西旅獻獒解》	《詁經精舍七集》

　　比較《七集》及《膏蘭室札記》中的同題文章，則《膏蘭室札記》中之文義更深、行文也更恣肆，則應是在課藝基礎上有增補修改〔註264〕，這也與章太炎寫作時隨時增補刪改的習慣相符合。《膏蘭室札記》中之《關石和鈞》及《朱張》兩篇文較簡略，而《不磨蠤》及《內於大麓》文字較長，與《詁經札記》中所載之課藝篇幅相近，應為詁經精舍考課課藝無疑。

　　光緒十八年五月廿四日，譚獻於高保康處見章太炎「說經文稿」，按高保康，仁和人，高宰平次子，副貢、就職教諭，光緒十五年至十九年間，高保康皆為學海堂監院。〔註265〕按光緒十七年項藻馨「始識高龔甫丈諱保康，丈為學海堂監院，每期前列課卷，得常往翻閱，甚有益。」〔註266〕則高保康因處監院之職，與在杭肄業書院之士子交接頗廣，因此章太炎有與之文稿，向其請益之舉。譚獻匯記之四條，皆見《春秋左傳讀》，即《衰冕黻珽》（桓公篇·二年四月）、《嘉粟旨酒》（桓公篇·六年春）、《獲其蠱旗》（哀公篇·二年八月）、《日云莫矣》（成公篇·十二年秋）。〔註267〕按《春秋左傳讀》之寫作於光緒十七年至二十二年間，主要內容在於考訂《春秋左氏傳》中的古字古詞、典章制度、微言大義等。詁經精舍考課中涉及「春秋三傳」者眾多，如《詁經

〔註264〕上海人民出版社編；沈延國、湯志鈞點校：《章太炎全集（膏蘭室札記、詁經札記、七略別錄佚文徵）》上海：上海人民出版社2014年版，第84～86頁、第181～183頁、第202～203頁、第247～249頁、第294～295頁、第296～298頁、第278頁、第299～300頁。

〔註265〕《札委監院》，《申報》1889年9月26日，第2版；《浙省官報》，《申報》1892年8月22日，第3版；《吳山秋爽》，《申報》1892年10月22日，第2版。

〔註266〕宣剛整理：《項蘭生自訂年譜》（一），《上海檔案史料研究》（第9輯），上海：生活·讀書·新知三聯書店2010年版，第186頁。

〔註267〕譚獻著：《復堂日記》，石家莊：河北教育出版社2001年版，第354頁；上海人民出版社編，姜義華點校：《章太炎全集·春秋左傳讀》，上海：上海人民出版社2014年版。

精舍八集》（以下簡稱《八集》）中即錄有十三題，而章太炎之《春秋左傳讀》的寫作亦是在詁經精舍考課的推動下進行。結合相關資料對照，《春秋左傳讀》中收錄課藝情況為：

表6-2：《春秋左傳讀》收錄課藝表

	篇　　名	條　　目	例　　證	出　　處
1	《挾卒》	隱公九年	《所俠也解》	《詁經精舍八集》
2	《楚武王荊尸》	莊公四年三月	《荊尸解》	《詁經精舍七集》
3	《專之渝》	僖公四年秋	《專之渝解》	《詁經精舍七集》
4	《袀服》	僖公五年八月	《袀服解》	《經課續編》
5	《隕石於宋六鷁退蜚》	僖公十六年	《六鷁六鷁說》	《詁經精舍七集》
6	《將授玉》	成公三年十二月	《齊侯朝晉將授玉解》	《詁經精舍七集》
7	《寘彼周行》	襄公十五年春	《寘彼周行解》	《經課續編》
8	《蒲宮》	昭公元年三月	《蒲宮有前解》	《經課續編》
9	《辰在子卯謂之疾日》	昭公九年六月	《辰在子卯謂之疾日解》	《詁經精舍自課文》
10	《鄭伯男》	昭公十三年八月	《鄭伯男也解》	《經課續編》
11	《鑒而承它車以歸》	昭公二十六年夏	《說鑒□》	《經課續編》
12	《重訂魯於是始尚羔》	定公八年夏	《魯於是始尚羔解》	《經課續編》
13	《魯人之皋》	哀公二十一年八月	《魯人之皋解》	《詁經精舍八集》

其中《春秋左傳讀》之《挾卒》篇近於《八集》中《所俠也解》之初稿，《春秋左傳讀》之《楚武王荊尸》較之《七集》中《荊尸解》則略有補充。《鑒而承它車以歸》（昭公二十六年夏）與《經課續編》之《說鑒□》雖名不同，但其基本內容解為解釋「鑒」字，應為課藝無疑。此外除《寘彼周行》、《蒲宮》、《鄭伯男》較為簡略，不足二百字外，其餘數篇文字與《詁經札記》中所載之課藝篇幅相近。

由於詁經精舍考課命題內容難以完全確證，故而《膏蘭室札記》及《春秋左傳讀》中因書院考課而作之數目亦難以確證，但書院考課在早期為推動

章太炎之著述的重要機制，則顯而易見，而比較《膏蘭室札記》與《春秋左傳讀》，章太炎的學術成長也是不言而喻的。

　　與章太炎同時肄業詁經之尤瑩，俞樾稱其「（光緒十四年戊子）始至省城，肄業於詁經精舍，余初不之識，然其名則屢在高等，於是始異之。」光緒十八年二月二十九日尤瑩謁見曲園，光緒二十年「曲園先生以其精校讎，薦於浙江官書局，未得當，尋言於學使，調入為詁經精舍住院生，月給以膏火」。〔註268〕又如何鏞（何桂笙，別署高昌寒食生）自述其肄業詁經精舍經歷及與俞樾之交往之情況，稱：

　　　　陰甫先生前主講杭城詁經精舍，鏞投課肄業，亦蒙青盼。雖十
　　餘年來未得一見，而時蒙下問音信，□間並蒙以大集見賜。歷年凡
　　有所作，輒寄示焉，並不惜□□為拙著中作序，賜以屏錄齋額，對
　　之如親道範，竊嘗自謂感恩知己至。前年其孫世兄陛青孝廉入都應
　　禮部試，道出滬上，先承枉顧，始道及奉祖同行，因得修進謁之禮。
　　次年由京回里，又經滬上，得再見焉。此其相見之緣可謂慳矣。夫
　　以十餘年私淑之人，而相見如是之難，所幸者猶得□其生平所著述
　　之書而卒業焉，則猶私心自幸者也。〔註269〕

　　按何鏞（1841～1894），山陰人，同治十一年即入《申報》館，至光緒二十年逝世止。其投課詁經精舍在，而十餘年間師生未得一見，僅通音問而已。光緒十一年底及十二年初，俞樾送孫陛雲入都應試，「往返十旬」〔註270〕，因途徑上海，師生兩人得以兩次相見。章太炎的情況與尤瑩類似，光緒十六年至十八年間，章太炎處於一邊應課，一邊自修的狀態，所謂肄業詁經精舍，僅僅為於杭州暫居，或往來於餘杭及杭州之間，或僅僅寄卷，應詁經精舍考課而已。此數年間，章太炎的家庭生活也有較大變化，光緒十八年章太炎娶王氏，次年生長女㷆，「婚後父母感情篤厚，相敬如賓。父親在母親體貼入微的照料下，不幾年，他的癲癇也不治而愈。父親每天晚上總是抽出時間教母親讀書，並且常常講解那些古代名人事蹟……」〔註271〕則光緒十八年至十九年間，章太炎應長居於倉前。

〔註268〕章梫：《臨海尤君（瑩）行略》，轉引自張崟：《詁經精舍志初稿》，《文瀾學
　　　　報》第2卷，第1期，第33頁。
〔註269〕《跋顯志堂文集》，《申報》1891年1月5日，第1版。
〔註270〕俞樾著；張海嬰整理：《俞樾函札輯證》，第124頁。
〔註271〕章㷆：《憶先父章太炎》，《餘杭文史資料　第2輯　章太炎先生專輯》，餘杭縣
　　　　政協文史資料委員會編1986年版，第21頁。

二、漸獲親炙

按光緒十九年，章太炎有信寄俞樾，請俞樾筆削其所著《春秋左傳讀》，信中稱：「自逮門下，星霜三迻，猥以蟠木恒材，得冢雕飾。而僻居下邑，擁蔽樸愚，未得一侍菫帷，親奉几杖，豈直悵惘，負咎寔深」，「日積月絫，得《左傳讀》八百餘條，又駁劉申受書，以明《左氏》嬴委，全槀彙重，郵寄為艱，是以未及呈覽。時因月旦，附箸幅末，用求□削，使就準繩。」信末署「受業章炳麟長跽上」，並自注「章炳麟字梅叔，餘杭人，（精舍課卷一名洪昌烈，一名章炳業。）寓杭城小塔兒巷朱潔泉宅。」〔註272〕則此時章太炎肄業詁經精舍已有三年之久，「未得一侍菫帷，親奉几杖」，即並無親炙。信末自注姓名、籍貫及寓所，則此信近於投刺。梁啟超稱：

> 清儒既不喜效宋明人聚徒講學，又非如今之歐美有種種學會學
> 校為聚集肄習之所，則其交換知識之機會，自不免缺乏，其賴以補
> 之者，則函札也。後輩之謁先輩，率以問學書為贄——有著述者則
> 膳以著述——先輩視其可教者，必報書，釋其疑滯而獎進之，平輩
> 亦然。每得一義，輒馳書其共學之友相商榷，答者未嘗不盡其詞。
> 凡著一書成，必經摯友數輩嚴勘得失，乃以問世，而其勘也皆以函
> 札。此類函札，皆精心結撰，其實即著述也。此種風氣，他時代亦
> 間有之，而清為獨盛。〔註273〕

則章太炎致函俞樾之行跡，近於此類。按章太炎自述「二十五歲始居杭州，肄業詁經精舍，俞曲園先生為山長，余始專治《左氏傳》」〔註274〕。此時章太炎因「姊適病困，不時見，去宿他所」〔註275〕，而「始居杭州」之意應為不再依傍於人，而是「寓杭城小塔兒巷朱潔泉宅」。信函中「精舍課卷一名洪昌烈，一名章炳業」一句至關重要，按章炳業為太炎仲兄，光緒二十八年舉人，事蹟頗不詳，洪昌烈則名不見經傳。此句之意為章太炎以三個名字即章炳麟、章炳業、洪昌烈投考詁經精舍，稱「借名投考」，此舉於晚清書院考課中十分常見，如杭州學海堂「為舉人肄業之所，附於西湖孤山蘇公祠內。

〔註272〕轉引自俞國林、朱兆虎：《章太炎上曲園老人手札考釋》，《文獻》2016年第1期。

〔註273〕梁啟超：《清代學術概論》，第54頁。

〔註274〕朱希祖：《本師太炎先生口授少年事蹟筆記》，見陳平原、杜玲玲編：《追憶章太炎》，第63頁。

〔註275〕上海人民出版社編、徐復點校：《章太炎全集·太炎文錄續編》，第340頁。

但秀才亦得應考，惟須借用一舉人之名。以全省舉人不多，有冊可稽，不能冒混，非如秀才之多不勝數也。」〔註276〕大抵書院考課以利動人，為博取更多書院膏火，每次書院考課一人作多卷應課，或借名投考，或詭名冒考，不一而足。按《七集》中收錄章炳麟 17 篇，洪昌烈 1 篇《滿城風雨近重陽五首》；《八集》中章炳麟 21 篇、章炳業 8 篇應皆為章炳麟所作。此外《崇文書院課藝十集》收錄洪昌烈課藝 3 篇，皆為制藝，而章太炎不作制藝，盡人皆知，則此應為真洪昌烈所作。〔註277〕

《八集》中署名章炳業者有八篇，為《夔曰以下十二字兩篇重見說》、《西旅獻獒解》、《薄狩或作薄獸說》（詩經）、《騋牝三千解》（詩）、《束矢解》、《不磨蚩解》、《四靈配四方解》（尚書）、《所俠也解》，其中亦有同名課藝署名「章炳麟」者有《西旅獻獒解》、《束矢解》、《所俠也解》三篇。前已提及，《膏蘭室札記》所載《束矢》及《西旅獻獒》在章炳麟《八集》課藝基礎上有增補修改而成，《春秋左傳讀》之《挾卒》篇近於《八集》中《所俠也解》之初稿。比較《八集》中署名「章炳業」之《不磨蚩解》與《膏蘭室札記》之《不磨蚩》，則差異較大，不為同篇。《八集》中署名「章炳業」之《束矢解》與《膏蘭室札記》之《束矢》亦有較大差異，但其文後半段卻與與《膏蘭室札記》第三七四條《百矢參連》篇大體相同，文字如下：

> 《束矢解》：《周官》：五射。鄭司農云：白矢、參連、剡注、襄尺、井儀也。白矢者，賈《疏》謂矢貫侯過見其鏃白。此說非是，古字百白通用。父乙甗百作白，是也。白又通用伯，如孟子或相什伯，以伯為百也。而《風俗通》皇霸云：伯者百也。言其功實明白，是伯又與白聲義通，則知百亦可借用白矣。白矢者，即百矢。蓋連發百矢，而巧力不衰，如《戰國策》云：養由基善射，去柳葉者百步而射之，百發百中。客曰：夫射柳葉者百發百中，而不以善息，少焉氣力倦，弓撥矢鉤，一發不中，前功盡矣。是發百矢則氣力易衰，而能不衰，則較之參連、井儀，尤為絕技，故於五射居首。《左傳》云：樂伯左射馬而右射人，角不能進矢一而已。此非習於百矢者，不能勝此。〔註278〕

〔註276〕鍾毓龍：《說杭州》，第 290 頁。

〔註277〕魯小俊：《清代書院課藝總集敘錄》，第 51、56、97 頁。

〔註278〕章炳業：《束矢解》，見俞樾編：《詁經精舍八集》，光緒二十三年版。

《百矢參連》:《保氏》:五射。鄭司農云:白矢、參連、郯注、襄尺、井儀也。白矢者,賈《疏》謂矢貫侯過見其鏃白。李呈芬謂白鏃至指。黃元同謂白矢即司弓矢職之絜矢,絜白一義。皆失之。白通百,父乙甗百作白,是也。故白矢者,百矢也。蓋試以連發百矢,而巧力不衰也。《戰國策》云:養由基去柳葉者百步而射之,百發百中。客曰:夫射柳葉者百發百中,而不以善息,少焉氣力倦,弓撥矢鉤,一發不中,前功盡矣。然則發百矢而巧力自若,斯為絕技,較之參連之三矢反故,井儀之四鏃如樹,尤為不易,故五射居首,凡試藝必有所用。宣十二年《左傳》云:樂伯左射馬而右射人,角不能進矢一而已。此非有百矢之技者,不能勝任,故曰古有百矢之用。〔註279〕

二段文字中,除加粗一段之外,幾乎完全相同,確為一人所作,署名「章炳業」之《束矢解》以大幅篇幅解釋「白矢」,以及署名「章炳麟」及「章炳業」的《西旅獻獒解》、《束矢解》、《所俠也解》六篇課藝,都符合俞樾所述之情形,即「詁經諸君,每得一佳意,輒衍為數卷,遂使珍珠船為之減色,鄙意深惜之。」〔註280〕

章太炎肄業詁經精舍時期,山長俞樾也並非常川在院。此種情形凸顯了「書院山長亦僅操衡文甲乙之權,而無師表訓導之責」〔註281〕之晚清書院常態,而因山長並不常川在院,則書院生徒當面請業之機會絕少,而頗賴於信函往復。光緒十九年七月二十六日,於姊歿之日,章太炎致函俞樾,信中稱:

三月閒以《左傳讀》塵覽,旋受誨函,教以無守門戶,且謂立說纖巧,甚難實非,讀之不禁汗下……麟屙涔相纏,又遭天倫之戚,(家姊病歿,益無聊賴。)憂疢箸胃,面有墨色。側聞精舍高材,十闕其二,爾來文宗垂意,未遇其人。以麟駑鈍,自愧捷足,惟受經門下,先後四稔,邪理之木,匠石未棄,倘可闖其長鳴,加意翦拂,寫書推轂,為作曹丕,使得專意讀書,無營薪水。斯事文宗主

〔註279〕上海人民出版社編;沈延國、湯志鈞點校:《章太炎全集(膏蘭室札記、詁經札記、七略別錄佚文徵)》,第183頁。

〔註280〕俞樾:《俞曲園先生日記殘稿》,《春在堂全書》第七冊,第771~793頁。

〔註281〕《整頓書院以宏造就論》,《申報》1893年12月18日,第1版。

政，比於校書一席，差為容易。近時請書旁午，慮有先我得鹿者，如蒙省覽，惟不度閩為幸。〔註 282〕

則俞樾在收到章太炎致函之後有函覆章太炎，「教以無守門戶，且謂立說纖巧，甚難實非」，此舉同於梁啟超所述，「先輩視其可教者，必報書，釋其疑滯而獎進之」。此外，章太炎還希望能成為書院高材生，專心學業，按詁經精舍肄業諸生分為四類，高材生之外，有內、外、附三種，不同類型的生徒，待遇及額數皆不同。高材生由學政調撥，而山長可推薦。高材生之設，殆始於同治七年，時任浙江學政徐樹銘於詁經精舍內、外課之外，特置超等六名，作為高材生，優給膏火，義烏朱一新即為其選。光緒十二年瞿鴻禨又調撥高材生二十人入院肄業，「別籌經費以供膏火之賞」。高材生月有廩膳銀，有專項經費保證，或曰「學生則高才十六人，每人月給廩膳銀六兩。」精舍初建之時，肄業生徒，初定為三十二人，此時生額，應為住院肄業之生額。此後，生額漸轉變為考課取士之額數，道光十年每課分內、外課為三十六名，光緒五年內、外課各增六名，合成四十八人之數〔註 283〕。光緒二十前廣東學政徐花農太史琪任滿回杭，特捐銀二千兩存典生息，添作望課膏火，〔註 284〕經俞樾核定「加望課內課五名，每名每月一兩二錢，外課十名，每名每月六錢」，「遇閏息增則加內課一名，無閏不加」〔註 285〕，附課則名額不定，亦無膏火。〔註 286〕章太炎參加詁經精舍考課，雖以多個名字應考，且屢置前列，但終究收入有限且不穩定，故而請託俞樾向學政推薦其為高材生，但事未果行。按陳存仁所記，章太炎晚年拜訪杭州曲園：

> 章師乃要求到園裏去「耍子」（杭州話遊覽之意），主人即陪我等人內，庭園中，有枇杷樹兩棵，章師指說：「這仍是舊時之物。」到大廳中又見一幅橫額，寫著「春在堂」三字，說：「這也是曲園老人的遺墨。」就命我點起香燭行三跪九叩首禮。陸姓在旁看得呆了，章師又說出左邊廂旁，即是舊時他的讀書處。〔註 287〕

〔註 282〕轉引自俞國林、朱兆虎：《章太炎上曲園老人手札考釋》，《文獻》2016 年第 1 期。

〔註 283〕《詁經加額》，《申報》1879 年 5 月 17 日，第 2 版。

〔註 284〕《捐助膏火》，《申報》1895 年 6 月 3 日，第 3 版。

〔註 285〕《加增膏火》，《申報》1895 年 11 月 10 日，第 2 版。

〔註 286〕張崟：《詁經精舍志初稿》，《文瀾學報》第 2 卷，第 1 期，第 41 頁。

〔註 287〕陳存仁：《師事國學大師章太炎》，見陳平原、杜玲玲編：《追憶章太炎》，第 257 頁。

　　則章太炎或曾短暫居住於詁經精舍。詁經精舍初建之時，肄業諸生即為阮元從各地拔擢，故而大抵除杭城本地人之外，皆住院肄業。道光二十年，羅文俊於浙江學政任上，「甫下車即親課詁經精舍諸生，第其高下。復遴選諸生之經術較優、詞華兼茂者，肄業其中。」〔註288〕至同治初年，大亂甫平，士子流寓省城，無所寄託者眾多，故而於書院住院者甚多，此後社會日趨安定，士子生計日多，加之書院流弊日顯，住院書院者逐漸減少，即如敷文書院、崇文書院，「鄉試之年，或尚有住院以省房金者，若非鄉試之年則院中闃其無人焉」〔註289〕，則更無論詁經精舍。按同治十三年間，書院因第一樓停柩其中，曾有「鬧鬼」之事，書院諸生「遂至各相驚恐嘩，欲卷堂而散」，監院乃盛設祭品紙燭禱於靈前〔註290〕，則此時，書院住院肄業者尚不乏其人。而至光緒十二年「住院者則闃無人焉」，時任浙江巡撫劉秉章意欲整頓，學政瞿鴻禨於秋日「親試月課，拔取前列高材生二十名，優給膏火花紅，送入院中肄業」。不料十月初六日精舍起火，因「住院各生爭下榻於第一樓，茶竈藥鑪，星羅棋佈。是夕晚炊，遺火延及床帳，遂兆焚如。諸生覩此，散若晨星，以致撲救無人，任其延蔓」，「第一樓等名勝皆成焦土」，「僅存雍睦堂一所及後進之正氣、先覺、遺愛堂各數楹」〔註291〕，則住院肄業之事又廢而不行矣。次年建許鄭祠，並於舊址增建式古堂，作為諸生講習之所，但住院其中者絕少。僅知如尤瑩，章太炎稱「台州尤瑩字逐孫，與余同事俞先生，勤學好下問，處杭州詁經精舍，雖歲時遊宴不出也。」〔註292〕

　　光緒二十一年乙未夏所刻《七集》十二卷，每卷卷末均有「章炳麟校」、「章炳麟校字」等字樣，可見由太炎擔任校讎。主持書院考課成為書院山長最基本也是最為重要的職掌，書院既有考課，則自有諸多課藝留存，將課藝刊刻，不僅保存了諸多學術成果，而且更是書院考課效果之體現，且對於書院生徒來說亦是莫得的鼓勵，因此選刻課藝成為書院山長的重要職責。

〔註288〕 胡敬：《〈詁經精舍續集〉序》，轉引自魯小俊：《清代書院課藝總集敘錄》，第12～13頁。
〔註289〕 《論塾正私收贄敬事》，《申報》1893年4月5日，第1版。
〔註290〕 《書院有鬼》，《申報》1874年11月14日，第3版。
〔註291〕 《精舍被焚》，《申報》1886年11月9日，第2版；《西泠談屑》，《申報》1886年11月15日，第1版。
〔註292〕 章太炎：《與尤瑩問答記》，《章太炎全集·太炎文錄初編》，第34頁。

光緒二十二年，章太炎自述：「遷居會城，作《左傳讀》。余始治經，獨求通訓詁、知典禮而已；及從俞先生遊，轉益精審，然終未窺大體。二十四歲始分別古今文師說……專慕劉子駿，刻印自言私淑。其後遍尋荀卿、賈生、太史公、張子高、劉子政諸家《左傳》古義，至是書成，然尚多凌雜。」「書成，呈曲園先生，先生搖首曰：『雖新奇，未免穿鑿，後必悔之』，於是鋒鋩乃斂。」此後章太炎「時經學之外，四史已前畢，全史局本力不能得，賴竹簡齋書印成，以三十二版金得一部，潛心讀之。既畢，謂未足，涉《通典》四五周，學漸實。」〔註293〕此年，章太炎致函俞樾，稱：

> 麟自四月中澣遷寓會城，塵俗事絲，稍曠故業，甫於六月初旬，校杜氏《通典》畢……世無惠子，不欲示人。今烁杖履南來，當呈懺正。吳中近設中西學堂，能以母制子否？舉世皆談西學者，無阮儀徵、巍邵陽之識，吾道孤矣。漆室悲時，端憂多暇，復取周秦諸子，金罩西書，除張力臣《瀛海篇》所疏，又得二十許條……亦俟烁日呈之。《春在堂全書》之刻，頃與小槎議定，入局四人，通力合作。〔註294〕

信函中除介紹自己學業之外，亦有傳統漢學士子悲時之歎，且提及參與《春在堂全書》校勘之事。按及《春在堂全書》共有十版，始終處於不斷增補之中，〔註295〕章太炎所參與校勘者應為光緒二十三年版，為俞樾弟子、時任詁經精舍監院曹樹培（字小槎）創議，於杭州用西法石印。俞樾著述由弟子整理、校勘為常例，如尤瑩為《春在堂全書》作目錄，蔡啟盛作《〈春在堂全書〉校勘記》等皆為此類。

此年，康有為曾過杭州拜訪俞樾，俞樾與章太炎談及康有為之學術，章太炎自述稱：「祖詒嘗過杭州，以書示俞先生。先生笑謂余曰：『爾自言私淑劉子駿，是子專與劉氏為敵，正如冰炭矣』。祖詒後更名有為，以公車上書得名。又與同志集強學會，募人贊助，余亦贈幣焉。至是，有為弟子新會梁啟超卓如與穗卿集資就上海作《時務報》，招余撰述，余應其請，始去詁經

〔註293〕章念馳編訂：《章太炎演講集》，第 360～361 頁。

〔註294〕轉引自俞國林、朱兆虎：《章太炎上曲園老人手札考釋》，《文獻》2016 年第 1 期。

〔註295〕謝超凡：《〈春在堂全書〉流傳情況》，見《遊心與呈藝──晚清文化視閾下的俞樾及其文學著述》，北京：人民出版社 2009 年版。

精舍，先生頗不懌。然古今文經說，余始終不能與彼合也。」〔註296〕

　　章太炎自云：「曲園先生，吾師也，然非作八股，讀書有不明白之處，則問之。」又說「學問只在自修，事事要先生講，講不了許多。予小時多病，因棄八股，治小學，後乃涉獵經史，大概自求者為多。」〔註297〕雖則如此，但其早期的學術成長，如「轉益精審」、「鋒芒乃斂」、「學漸實」都與俞樾的點撥和影響密切相關。總結上文論述，則章太炎肄業詁經精舍，光緒十九年之前僅為參加書院考課，此後因課藝優秀而讓俞樾留下深刻印象，師生漸通音問，而章太炎漸獲親炙，師生之間多次以信函的形式進行交流，章太炎還協助俞樾校勘書院課藝集及其著述，俞樾居杭期間，亦曾偶而問業於俞樾。

三、遊士與報人

　　光緒二十二年底，應梁啟超、夏穗卿之邀，章太炎赴上海任職《時務報》館，章太炎自述其事稱：「有為弟子新會梁啟超卓如與穗卿集資就上海作《時（務）報》，招余撰述，余應其請，始去詁經精舍，俞先生頗不懌。」〔註298〕則章太炎赴滬，頗不如俞樾所願。光緒二十三年初，章太炎與康門弟子爆發衝突，三月十五日，孫寶瑄「送枚叔行」〔註299〕，此後章太炎返回杭州。四月十六日孫寶瑄於杭州，「歸訪章枚叔於橫河橋北，板屋數椽，亦雅潔。枚叔讀書其中，殊靜。」〔註300〕章太炎致書譚獻稱《新學偽經考》，前已有駁議數十條，近杜門謝客，將次第續成之。」〔註301〕則此時章太炎正專心撰文駁斥康有為之著述。此間杭州知府林啟創設求是書院，招其弟子沈瓞民赴杭任教，沈瓞民至杭謁而辭之。林啟「謂『此有一士，可兄事之』，乃作書延之，屬從者肩輿以迎」，而所延請者即章太炎。時高嘯桐佐幕於林啟處，為沈瓞民介紹稱「此餘杭章枚叔也，為學淵博。杭人輕薄，以瘋子呼之，是瘋於學者

〔註296〕湯志鈞：《章太炎年譜長編》，第 28 頁。

〔註297〕湯志鈞：《章太炎年譜長編》，第 11 頁。

〔註298〕湯志鈞：《章太炎年譜長編》，第 28 頁。

〔註299〕孫寶瑄：《忘山廬日記》，上海：上海古籍出版社 1983 年版，第 89 頁、第 90 頁。

〔註300〕孫寶瑄：《忘山廬日記》，第 98 頁。

〔註301〕章太炎：《致譚獻書》，章炳麟著；湯志鈞編：《章太炎政論選集》，北京：中華書局 1977 年版，第 15 頁。

也。」隨後林啟、高嘯桐與沈瓞民、章太炎聚談，「自日午至夜半」，談及今古文、史學、政制等。〔註302〕

章太炎雖然因與康門弟子之衝突而離開《時務報》館，但維新派的關係網絡及其主導的維新事業依舊在迅速發展，章太炎返杭後，迅速參與主持《經世報》（七月於杭州創刊）、《實學報》（八月於上海創刊）、《譯書公會報》（十月於上海創刊）、《蒙學報》（十月於上海創刊）、《昌言報》（二十四年七月於上海創刊）等報紙，並為諸報撰文。此年十月初十日孫寶瑄於上海「訪章枚叔於譯書公會」〔註303〕，此後又有多次縱談，則章太炎此時已長居上海辦報。

光緒二十四年，章太炎多方奔走，正月初一於杭州拜謁譚獻，後上書李鴻章，正月二十七日由杭至滬，〔註304〕三月初七日往武昌，受張之洞之邀而入幕，因「太炎為德清俞曲園高足弟子，著有《春秋左傳讀》一書，之洞以其尚左氏而抑公羊，故聘主筆政。」〔註305〕而僅僅一月間，章太炎便辭離武昌，於閏三月二十四日至滬。〔註306〕後又返杭，四月二十日孫寶瑄與章太炎於杭州縱談，二十九日與章太炎遊西湖。〔註307〕五月二十二日，章太炎至滬，此後又長期逗留滬上。

此年四月二十七日，宋恕致函俞樾，為章太炎說情，希望俞樾為其請託於湘撫陳寶箴，函中稱「同門餘杭章枚叔炳麟，悱惻芬芳，正則流亞，才高叢忌，謗滿區中。新應楚督之招，未及一月，絕交回里，識者目為季漢之正平，近時之容甫。今湘撫陳公，愛士甚，師可為一言乎？私切願之！非所敢請也，非所敢不請也。」〔註308〕按光緒十六年四月，宋恕「呈帖俞氏，始拜為師」〔註309〕，故而與章太炎有同門之誼。光緒二十年宋恕開始代孫鏘鳴閱求志書院癸巳冬季卷，並代出秋季史學、掌故二齋課題，〔註310〕從此之後求志書

〔註302〕沈瓞民：《記鳳凰山館論學——紀念亡友太炎先生》，見陳平原、杜玲玲編：《追憶章太炎》，第143～146頁。

〔註303〕孫寶瑄：《忘山廬日記》，第143頁。

〔註304〕孫寶瑄：《忘山廬日記》，第172頁。

〔註305〕劉禺生：《世載堂雜憶（選錄）》，陳平原、杜玲玲編：《追憶章太炎》，第444頁。

〔註306〕孫寶瑄：《忘山廬日記》，第201頁。

〔註307〕孫寶瑄：《忘山廬日記》，第209、212頁。

〔註308〕胡珠生編：《宋恕集》，第588頁。

〔註309〕胡珠生編：《宋恕集》，第1095頁。

〔註310〕胡珠生編：《宋恕集》，第205頁。

院史學、掌故二齋之出題與判卷皆宋恕所為，直至光緒二十七年初。章太炎於光緒二十年始已應求志書院課，並屢置前列，宋恕已知其名，並在與俞樾的通信中稱讚「一章（枚叔）應課，雲中白鶴，降立雞群」。〔註311〕因代閱課卷之故，宋恕得以長期逗留滬上，交通諸多維新人士。光緒二十二年十二月初七日，宋恕「始識枚叔於時務報館」〔註312〕，此後兩人建立了極為密切的關係，因此宋恕也成為溝通、調和俞樾與章太炎之間關係的重要紐帶。

五月廿五日宋恕致書俞樾稱「枚叔來自師門，杖履康強，詢慰私祝！」〔註313〕則二十四年四月間章太炎曾拜謁俞樾，按此年春間俞樾並未赴杭開課，故而應為章太炎赴蘇拜謁俞樾。此後，宋恕、孫寶瑄在上海又與章太炎有多次交際。七月，《昌言報》創刊，聘章太炎為筆政，宋恕致書俞樾稱「枚叔頻見，師論已先後袖示。此君持論頗有明於理而昧於勢之病，然其志行之高，文章之雅，風塵物色，難得其倫。刻人昌言報館，未卜能久居否？」〔註314〕則俞樾有覆函與宋恕，函中談及章太炎，故而宋恕將俞樾覆函「袖示」章太炎。

而除報人身份之外，章太炎還憑藉詁經精舍肄業生及俞樾高足之身份，在俞樾幫助下，各方奔走，謀取出處。光緒二十四年章太炎致函俞樾，請託去處，函中稱：「昨閱日報，知瞿學使已於廿三日試畢，此件想可轉致。此公於古義新學，皆能折衷，宏不至有所牴牾也。譚、廖兩公處，未識已發函否，二公榦濟雖不逾人，幸一系本省大吏，一亦頗有淵原，或免於如水投石，且其心地無佗，不以遊其門為詬病耳。」〔註315〕函中請求俞樾於時任學政瞿鴻禨、時任兩廣總督譚鍾麟、時任浙江巡撫廖壽豐處為其尋找出處。按光緒二十四年清廷開「經濟特科」，總理衙門會同禮部擬出特科章程六條，奉上諭：「著三品以上京官及各省督撫學政各舉所知，限於三個月內，迅速諮送總理各國事務衙門會同禮部奏請考試一次。俟諮送人數足敷考選，即可隨時奏請定期舉行。」此後俞樾多次致函時任江蘇學政瞿鴻禨，向其推薦章太炎，函中稱「前面呈章、董兩生著作。今兩生各認專門，另單開覽。章炳麟素以經學

〔註311〕胡珠生編：《宋恕集》，第 599 頁。

〔註312〕胡珠生：《宋恕集》，第 938 頁。

〔註313〕胡珠生編：《宋恕集》，第 588 頁。

〔註314〕胡珠生編：《宋恕集》，第 592 頁。

〔註315〕轉引自俞國林、朱兆虎：《章太炎上曲園老人手札考釋》，《文獻》2016 年第 1 期。

見長，乃詁經高材生；董祖壽則閣下視學浙中，以第一名取入學者也。」〔註316〕「特科限期舉辦，朝廷志在必行，未知夾袋人材，已儲幾許？前所說章、董、趙三士，似皆可登薦禰之章，公意何如？」〔註317〕雖然最終為瞿鴻禨所拒，俞樾也表示理解，「特科保舉，理宜鄭重。承示章、董二生均從割愛。章生所持往往多非常異義，至董生，則本不足充上駟也。」〔註318〕

戊戌政變後，章太炎於上海逗留數月，八月十三日，孫寶瑄「詣《昌言報》館，晤枚叔」，此後又有多次縱談，至十月初二日，章太炎尚於孫寶瑄寓所與孫寶瑄、宋恕、陳黻宸等圍坐茗談。〔註319〕此後，章太炎因名列《時務報》，受到牽連，攜家眷避難臺灣，十月二十一日抵臺北。十二月宋恕致書俞樾稱「枚叔孤懷高論，與世不諧，負累千金，無計償補。近應東人之聘，筆削臺北《官報》，聞府主意氣頗投，與謀開大書藏以闢人荒。」〔註320〕

光緒二十四年，俞樾掌教詁經精舍已經三十一年矣，春間俞樾未到杭，而是將題目寄來。〔註321〕十月「中旬至杭寓，居西湖小曲園，二十日舉行冬季兩月師課，即日評定甲乙，發案榜示。二十八日赴各大憲衙門及紳士處，辭別回蘇。」〔註322〕此年，俞樾不顧挽留，堅辭教席，其致書弟子、時任監院王同稱：「所以決意告退者，實見天下之變局，必自書院開端。從俗浮沉，既所不欲；同執不變，又所不能，故不得不先避其鋒。」〔註323〕並寄語諸生稱「從此抱遺經而究始終，鄙人仍守生平之舊；借經術以談世事，諸生別開風氣之新。」〔註324〕臨別時，俞樾作詩留別書院生徒，「老夫一把憂時淚，屢灑先師許鄭前」，「寄語諸君仍努力，他年會有濟南生。」〔註325〕此後，俞樾便長居蘇州曲園。

光緒二十五年五月，章太炎隻身前往日本，為《清議報》撰文，七月返滬，八月返浙，行蹤不定，「時徘徊湖上，間亦至餘杭小駐。」年底赴滬，十

〔註316〕俞樾著；張海嬰整理：《俞樾函札輯證》，第 291 頁。

〔註317〕俞樾著；張海嬰整理：《俞樾函札輯證》，第 292～293 頁。

〔註318〕俞樾著；張海嬰整理：《俞樾函札輯證》，第 294 頁。

〔註319〕孫寶瑄：《忘山廬日記》，第 260、273 頁。

〔註320〕胡珠生編：《宋恕集》，第 596 頁。

〔註321〕《浙垣校士錄》，《申報》1898 年 4 月 24 日，第 9 版。

〔註322〕《西湖佳話》，《申報》1898 年 12 月 19 日，第 3 版。

〔註323〕俞樾著；張海嬰整理：《俞樾函札輯證》，第 429 頁。

〔註324〕俞樾著；張海嬰整理：《俞樾函札輯證》，第 188 頁。

〔註325〕俞樾：《春在堂詩編》，《春在堂全書》第五冊，第 235 頁。

二月初二日，宋恕稱「枚叔已移寓胡處，就胡氏明年之館」〔註326〕，即任職於《亞東時報》，兼誠正學堂漢文教習，此後章太炎長居滬上。光緒二十六年七月，自立會起義失敗後，章太炎被追捕，不得不避居鄉里。閏八月初八，俞樾致函章太炎索和，章太炎稱：

> 曲園先生適作《秋懷》四首索和，其子同亡，輟筆、斷箜、傳家、祈死，前日痛詈，今復相忘於江湖。乃如命和之，其三首無甚意義，獨錄《和傳家》一章以示知者，曰：復丁舊有賢孫子，老湎如緘愈善藏。薄領漸疏思更寂，林箊無事樂渠央。家書北海懷通德，院政東方感法皇，《成相》一篇留譎諫，杜根何必困縑囊。〔註327〕

二十七年正月，吳君遂迎章太炎之滬上，「以身家障之」，並由吳君遂介紹，赴蘇州東吳大學任教。東吳大學為教會大學，太炎希望能託此以為庇護。此間，章太炎拜會俞樾，遭俞樾痛詈，稱其「不孝不忠，非人類也，小子鳴鼓而攻之可也！」將章太炎驅逐出門牆，而章太炎則作《謝本師》，與恩師決裂，至此，俞樾與章太炎師生緣分已盡，分道揚鑣矣。

四、餘論

　　檢索章太炎早期之著述，書院課藝為其中之重要內容。以詁經精舍而論，精舍每年官師課十八次，每課命題少則四道，多則七八道，章太炎於光緒十六年始應課，二十二年底赴滬，則所作課藝少說也有數百篇之多，惜乎今之存世者主要為載於《七集》、《八集》中署名「章炳麟」者38篇，署名「章炳業」者8篇，署名「洪昌烈」者1篇。而《膏蘭室札記》及《春秋左傳讀》中所收錄者由於陸續的增補刪改，則課藝的原初形式並未保存。除詁經精舍考課外，光緒二十年至二十二年間，章太炎還參加了上海求志書院、上海格致書院、寧波辨志文會等書院考課，僅《申報》所披露之獲獎者即有十七次之多，其中求志書院及辨志書院皆為七次，格致書院有三次。〔註328〕按求志書院考課及辨志書院考課皆分齋命題，每次考課每齋命題四道，則所作課藝皆為二十八篇，格致書院考課命題留存，所作課藝為七篇。此為其獲獎者，而其未獲獎勵之課藝則無從論之。諸課藝留存者如章太炎有《重設海軍議》

〔註326〕胡珠生：《宋恕集》，第 945 頁。
〔註327〕馬勇編：《章太炎書信集》，石家莊：河北人民出版社 2003 年版，第 16 頁。
〔註328〕熊月之：《章太炎早年參加書院課藝活動鉤沉》，《史林》2017 年第 4 期。

一文，刊於《實學報》第三、四冊，此文實為章太炎此年參加寧波辨志書院夏季考課之課藝。寧波辨志書院二十三年夏季考課，史學兼掌故齋命題有「重設海軍議」一題，章太炎參加此次考課，獲史學及掌故齋超等第一名，輿地齋超等第一名。〔註329〕

　　從俞樾、章太炎與詁經精舍之關聯來看，所謂肄業書院，實質上建立的是一種弱關係，凡參加書院考課，而為官師所拔擢者，皆形成師生關係，如俞樾「門秀三千士」，如黃以周於寧波辨志書院「而專課經學，著錄弟子千餘人」〔註330〕等等，雖有師生之名分，而實際上師生及同學之間，大抵並不相識，更無論熟識，而師生及同學之間在學術及事功上的相互援引，才能將此種弱關係轉化為一種強關係。俞樾與章太炎的關係經歷了從肄業書院而獲得師生之名分，到因課藝優秀而被俞樾賞識，成為俞樾的門生而或親炙，再到俞樾為章太炎請託於大吏，從弱關係逐漸發展為強關係。俞樾與章太炎的分道揚鑣，也同樣揭示出以書院為依託形成的社會網絡和學術交流網絡逐漸被以報刊等新式事業為依託形成的社會網絡所取代。

〔註329〕　《寧波辨志精舍丙申夏季題》，《申報》1896年6月18日，第2版；《寧波
　　　　　辨志六齋丙申夏季課案》，《申報》1896年11月9日，第2版。
〔註330〕　《清史稿》卷四百八十二《黃以周傳》。

結　語

　　書院考課制度淵源於宋明，但其時考課皆未成為書院主導性建制。清初書院制度沿襲了晚明書院講學之遺風，然隨著內在的學術理路以及外在的政治社會環境等的變遷，書院的主導性制度逐漸由講學向考課轉變，加之清代科舉制度的逐漸成形特別是「八股取士」風氣的形成，至乾隆中後期，清代書院逐漸形成了以八股試帖為肄習內容，以考課為主導性制度，以考課式書院為主導型式的基本特徵。清代書院制度的定位在於「科舉之預備」、「補學校之不逮」，在實踐中，「中土教學之實在書院，不在學校」〔註1〕，「中國向來教官只是個虛名，實在施教的，還是書院裏頭的掌教。」但相較於科舉制度及學校制度，清代書院制度並非國家重要的正式制度，雖然清初朝廷頒布了若干政策措施以規範書院之制度體系、學術取向及士子言行等，但總體而言，書院所受到的功令之約束遠較科舉制度、學校制度為輕。光緒二十七年七月時任上海道袁海觀劄飭所屬書院改試策論，即稱：「學校課試，束於功令，非本道所敢輕議。書院為學校之輔，並無必欲專試時文之制，過而存之，亦何為者。現已稟請督撫憲，通飭全屬，先將各書院月課時文一律改課論策，以樹奉論變法之風聲。」〔註2〕因此之故，書院制度的制度形式頗為複雜，各書院在制度設置及實踐之中因學術風氣、經濟及社會條件、官師狀況等因素而不斷發生變化，因時因地而異。故而本文對書院考課制度的整理歸納集中於其關鍵性的制度要件，其制度的基本類型包括甄別課、官課、師課、月課、

〔註1〕　《論各處書院改試策論宜先試院長》，《申報》1898年7月16日，第1版。
〔註2〕　《道劄照錄》，《申報》1901年8月19日，第3版。

季課、內課、外課、小課、加課、特課、孝廉課、觀風課、決科等，其制度的基本規程則包括肄業資格、規模、局試、散卷、課卷、課藝、待遇及獎懲等，通過將其制度設置以及實踐對照考察，基本釐清了書院考課制度的制度內涵以及清代書院制度的基本運作形式。從地域上來看，雖以江浙地區書院為中心，但並未以一時一地一書院為限。然文中之論證多為舉例論證，不僅未能窮盡相關例證，諸多歸納與總結亦不免有超出軌範之特殊情形。然從小處而言，立論皆有依據；從大處而言，則總體把握應亦不甚虛誕，孰是孰非，且待學界之公論。

自宋以來，書院引領學術風氣之能力，不容小覷，劉伯驥認為，「自南宋以來的學術思想，其直接間接都與書院發生聯繫」，「學術思想之蛻變，無異於書院講學內容之蛻變」，「書院為當時學術的根據地，為發展學術與延續學術的機關。」〔註3〕錢穆亦稱：「考近三百年學術思想之轉變者，於書院之興廢及其內容之遷革，誠不可不注意者。」〔註4〕但清代於乾隆中後期形成的以八股試帖為肄習內容，以考課為主導性制度，以考課式書院為主導型式的書院基本情形下，書院制度實質上成為「科舉之預備」，失去了其激蕩士風之作用。然此後，嘉道以來漢學之風的興起以及晚清西學新學之風的興起中，書院都充當了重要的制度條件，發揮了關鍵性的作用。乾嘉漢學勃興之後，至嘉道年間，由阮元創設詁經精舍、學海堂等為倡導，以專課經古及兼課經古為基點，經古學借書院為陣地迅速發展起來，雖然書院制度的基本型式未發生改變，但肄習內容的改變重新恢復了書院的學術功能。時值晚清，書院經古學之中，詞章之學日益淡化，掌故、算學、時務愈益凸顯，最終書院課士內容演進為西學新學之主導地位的形成。「一人行之為學術，眾人從之為風俗」，從「一人」到「眾人」，非依賴於相應的社會制度，大抵難於成勢，即便成勢亦難於持久。「蓋天下之人，惟利祿一途，可以鼓舞得人」，科舉制度浸淫人心之能力來源於此，書院制度制度亦因其教養功能而成為士子求學、治生之重要途徑。而在書院制度層面，考課制度及考課式書院弊端愈顯，救弊之需以及西式學堂制度的典範作用，使得書院教學法逐漸豐富，日記札記法、日程法、講授法佔據愈益重要之地位。書院制度以及肄習內容的轉變，為書院制度向學堂制度的轉型提供了基本前提。

〔註3〕劉伯驥：《廣東書院制度沿革》，第436～437頁。
〔註4〕錢穆：《中國近三百年學術史》，第22頁。

　　從清代書院內在的變遷軌跡而言，其肄習內容的變遷有其學術變遷的內在理路為支撐，其制度變遷則可容細究之初甚多，其中以制度設置與制度實踐之間巨大的割裂，諸多制度流於形式最值得深思。書院制度之核心制度需求在於教養士子，「教」之法甚多，如考課法、日程法、日記札記法、講授法等等，「養」之則以膏火、花紅及住院待遇等等。衡量書院教養之效果以俞樾所述，「幾輩翱翔到雲路，幾人著述壽名山」最為適宜，即培養科舉入仕及著述傳世之人才。在以八股試帖為肄習內容，以考課為主導性制度，以考課式書院為主導型式的基本情形下，書院圍繞考課形成了一整套的制度體系，官、師、胥吏、生徒皆成為此制度體系中的一員，各方共同形塑了此制度體系的實踐形態。而為防範各方尤其是生徒的各種短期行為和越軌行為，從而使教養需求得到滿足，同時培養符合時代需求的人才，必然不斷增加制度供給，而以防弊為意圖的制度變革必然會增加制度供給，黃宗羲所稱，三代以下，人主立法，「利不欲其遺於下，福必欲其斂於上；用一人焉則疑其自私，而又用二人以制其私；行一事焉則慮其可欺，而又設一事以防其欺。」而陷於制度之經濟成本及人情之好逸惡勞，任何制度供給必然有其邊界，超出此邊界即會導致制度供給過剩，即「制度過密化」之情形，即制度之維持耗費了大量的制度成本，反而導致制度之實效愈益惡化，即陷入漢初陸賈感慨秦之治國「事愈煩而天下愈亂，法愈滋而奸愈熾，兵馬益設而敵人愈多」的窘境。

參考文獻

一、基礎史料類

1. 陳元暉：《中國近代教育史資料彙編》，上海：上海教育出版社 1991 年版。

2. 陳谷嘉、鄧洪波主編：《中國書院史資料》，杭州：浙江教育出版社 1998 年版。

3. 鄧洪波主編：《中國書院章程》，長沙：湖南大學出版社 2000 年版。

4. 鄧洪波主編：《中國書院學規集成》，上海：中西書局 2011 年版。

5. 李國鈞主編：《清代前期教育論著選》，北京：人民出版社 1990 年版。

6. 來新夏、黃燕生主編：《中國地方志文獻·學校考》，北京：學苑出版社 2012 年版。

7. 上海市地方志辦公室編：《上海府縣舊志叢書》，上海：上海古籍出版社 2014 年版。

8. 舒新城：《中國近代教育史資料》，北京：人民教育出版社 1985 年版。

9. 朱有瓛：《中國近代學制史料》（第二輯），上海：華東師範大學出版社 1987 年版。

10. 趙所生、薛正興主編：《中國歷代書院志》，南京：江蘇教育出版社 1995 年版。

11. 《中國地方志集成》。

12. 《中國方志叢書》。

13. 《申報》。

二、文集、日記、年譜等類

1. 包天笑：《釧影樓回憶錄》，香港：大華出版社 1971 年版。

2. 陳鍾珂編：《先文恭公（陳宏謀）年譜》卷二，清同治二年刻本。

3. 陳宏謀：《陳榕門先生遺書》，民國三十二年廣西省鄉賢遺著編印委員會編印。

4. 陳宏謀：《培遠堂偶存稿》，《清代詩文集彙編》（二八一），上海：上海古籍出版社 2010 年版。

5. 陳康祺撰：《郎潛紀聞初筆二筆三筆》，北京：中華書局 1984 年版。

6. 陳黻宸著，陳德溥編：《陳黻宸集》，北京：中華書局 1995 年版。

7. 陳熾著，趙樹貴、曾麗雅編：《陳熾集》，北京：中華書局 1997 年版。

8. 陳虯、宋恕、陳黻宸撰；胡珠生編：《東甌三先生集補編》，上海社會科學院出版社 2005 年版。

9. 蔡元培著，高叔平編：《蔡元培全集》，北京：中華書局 1988 年版。

10. 杜宏春編著：《吳棠行述長編》，合肥：黃山書社 2016 年版。

11. 董秉純編，何夢蛟校：《全謝山先生年譜》，清同治十一年刻本。

12. 馮芳緝：《馮申之先生日記》，見《清代日記匯抄》，上海：上海人民出版社 1982 年版。

13. 馮桂芬：《校邠廬抗議》，上海：上海書店出版社 2002 年版。

14. 馮桂芬著，熊月之編：《中國近代思想家文庫·馮桂芬卷》，北京：中國人民大學出版社 2014 年版。

15. 耿介撰；梁玉瑋、孫紅強、陳亞校點：《敬恕堂文集》，鄭州：中州古籍出版社 2005 年版。

16. 顧炎武著，（清）黃汝成集釋，欒保群、呂宗力校點：《日知錄集釋》，長沙：嶽麓書社 1996 年版。

17. 胡適著，歐陽哲生編：《胡適文集》，北京：北京大學出版社 1998 年版。

18. 黃炎培：《八十年來》，北京：文史資料出版社 1982 年版。

19. 黃體芳：《黃體芳集》，上海：上海社會科學院出版社 2004 年版。

20. 黃宗羲著：《黃宗羲全集》，杭州：浙江古籍出版社 2005 年版。

21. 黃式三、黃以周著；詹亞園、張涅主編：《黃式三黃以周合集》，上海：上海古籍出版社 2014 年版。

22. 黃彭年著；黃益整理：《陶樓詩文輯校》，濟南：齊魯書社 2015 年版。

23. 康有為撰，姜義華、張榮華編校：《康有為全集》，北京：中國人民大學出版社 2007 年版。

24. 劉禺生撰；錢實甫點校：《世載堂雜憶》，北京：中華書局 1960 年版。

25. 劉熙載著，薛正興點校：《劉熙載文集》，南京：江蘇古籍出版社 2001 年版。

26. 劉光蕡著；武占江點校整理：《劉光蕡集》，西安：西北大學出版社 2015 年版。

27. 李平書：《李平書七十自敘》，上海：上海古籍出版社 1989 年版。

28. 李顒撰：《二曲集》，北京：中華書局 1996 年版。

29. 李鄴嗣：《果堂詩文集》，杭州：浙江古籍出版社 1998 年版。

30. 李鴻章：《李鴻章全集》，合肥：安徽教育出版社 2008 年版。

31. 來新夏編著：《林則徐年譜長編》，上海：上海交通大學出版社 2011 年版。

32. 林則徐：《林則徐全集》，福州：海峽文藝出版社 2002 年版。

33. 梁啟超著：《飲冰室合集》，北京：中華書局 2015 年版。

34. 全祖望：《全祖望集匯校集注》，上海：上海古籍出版社 2000 年版。

35. 阮元：《揅經室集》，北京：中華書局 1983 年版。

36. 阮元：《揅經室續集》，北京：中華書局 1985 年版。

37. 孫星衍：《岱南閣集》，上海：商務印書館 1937 年版。

38. 孫寶瑄：《忘山盧日記》，上海：上海古籍出版社 1983 年版。

39. 孫鏘鳴撰，胡珠生編：《孫鏘鳴集》，上海：上海社會科學院出版社 2003 年版。

40. 孫廷釗：《孫衣言孫詒讓父子年譜》，上海：上海社會科學院出版社 2003 年版。

41. 孫奇逢著，張顯清主編：《孫奇逢集》，鄭州：中州古籍出版社 2003 年版。

42. 邵廷采：《思復堂文集》，杭州：浙江古籍出版社 1987 年版。

43. 宋恕撰，胡珠生編：《宋恕集》，北京：中華書局 1993 年版。

44. 湯志鈞：《章太炎年譜長編》，北京：中華書局 1979 年版。

45. 湯斌：《湯斌集》，鄭州：中州古籍出版社 2003 年版。

46. 唐文治著、唐慶詒補：《茹經先生自訂年譜》，臺北：文海出版社 1986 年版。

47. 唐文治：《茹經堂文編》（第 1 編～第 6 編），上海：上海書店 1989 年版。

48. 陶澍撰，陳蒲清等校點：《陶澍全集》，長沙：嶽麓書社 2010 年版。

49. 汪詒年編：《汪穰卿（康年）先生傳記、遺文》，臺北：文海出版社 1973 年版。

50. 吳劍傑編著：《張之洞年譜長編》，上海：上海交通大學出版社 2009 年版。

51. 宣剛整理：《項蘭生自訂年譜》，《上海檔案史料研究》（第 9 輯），上海：生活·讀書·新知三聯書店 2010 年版。

52. 熊希齡著；周秋光編：《熊希齡集》，長沙：湖南人民出版社 2008 年版。

53. 苑書義、孫華峰、李秉新主編：《張之洞全集》，石家莊：河北人民出版社 1998 年版。

54. 俞樾：《春在堂隨筆》，南京：江蘇人民出版社 1984 年版。

55. 俞樾著，崔高維點校：《九九銷夏錄》，北京：中華書局 1995 年版。

56. 俞樾：《春在堂全書》，南京：鳳凰出版社 2010 年版。

57. 俞樾著；張海嬰整理：《俞樾函札輯證》，南京：鳳凰出版社 2014 年版。

58. 張謇：《張謇全集》，南京：江蘇古籍出版社 1994 年版。

59. 張鑒等著：《阮元年譜》，北京：中華書局 1995 年版。

60. 張遠東、熊澤文編著：《廖平先生年譜長編》，上海：上海書店出版社 2016 年版。

61. 鄭觀應著，夏東元編：《鄭觀應集》，上海：上海人民出版社 1982 年版。

62. 章太炎：《章太炎全集》，上海：上海人民出版社 2014 年版。

63. 章念馳編訂：《章太炎演講集》，上海：上海人民出版社 2011 年版。

三、專著類

1. 艾爾曼著、趙剛譯：《經學、政治和宗族：中華帝國晚期常州今文學派研究》，南京：江蘇人民出版社 2005 年版。

2. 安東強：《清代學政規制與皇權體制》，北京：社會科學文獻出版社 2017 年版。

3. 白新良：《明清書院研究》，北京：故宮出版社 2012 年版。

4. 陳東原：《中國教育史》，臺北：臺灣商務印書館 1980 年版。

5. 陳元暉、尹德新、王炳照：《中國古代的書院》，上海：上海教育出版社 1981 年版。

6. 陳谷嘉、鄧洪波：《中國書院制度研究》，杭州：浙江教育出版社 1997 年版。

7. 陳青之：《中國教育史》，上海：上海書店出版社 2013 年版。

8. 程嫩生：《中國書院文學教育研究》，北京：中國社會科學出版社 2014 年版。

9. 丁剛、劉祺：《書院與中國文化》，上海：上海教育出版社 1992 年版。

10. 鄧嗣禹：《中國考試制度史》，長沙：吉林出版集團股份有限責任公司 2011 年版。

11. 鄧洪波：《中國書院史》（增訂版），武漢：武漢大學出版社 2012 年版。

12. 鄧洪波：《湖南書院史稿》，長沙：湖南教育出版社 2013 年版。

13. 馮建民：《清代科舉與經學關係研究》，武漢：華中師範大學出版社 2016 年版。

14. 戈公振：《中國報學史》，上海：上海書店出版社 1990 年版。

15. 郭湛波：《近五十年中國思想史》，上海：上海世紀出版集團 2010 年版。

16. 胡美琦：《中國教育史》，臺北：三民書局股份有限公司 1986 年版。

17. 胡佳：《浙江古書院》，杭州：浙江古籍出版社 2012 年版。

18. 葛兆光：《中國思想史》，上海：復旦大學出版社 2009 年版。

19. 侯外廬主編：《中國思想通史》（第五卷），北京：人民出版社 2011 年版。

20. 江藩：《國朝漢學師承記》，北京：中華書局 1983 年版。

21. 季嘯風主編：《中國書院辭典》，杭州：浙江教育出版社 1996 年版。

22. 金林祥主編：《中國教育通史·清代卷》，北京：北京師範大學出版社 2013 年版。

23. 劉伯驥：《廣東書院制度沿革》，長沙：商務印書館 1939 年版。

24. 劉玉才：《清代書院與學術變遷》，北京：北京大學出版社 2008 年版。

25. 李國鈞：《中國書院史》，長沙：湖南教育出版社 1998 年版。

26. 李兵：《書院與科舉關係研究》，武漢：華中師範大學出版社 2005 年版。

27. 李才棟：《中國書院研究》，南昌：江西高校出版社 2005 年版。

28. 羅志田：《近代中國史學十論》，上海：復旦大學出版社 2003 年版。

29. 羅志田：《道出於二──過渡時代的新舊之爭》，北京：北京師範大學出版社 2014 年版。

30. 羅志田：《權勢轉移──近代中國的思想與社會》（修訂版），北京：北京師範大學出版社 2014 年版。

31. 羅檢秋：《嘉慶以來漢學傳統的衍變與傳承》，北京：中國人民大學出版社 2006 年版。

32. 林繼平：《李二曲研究》，西安：陝西師範大學出版社 2006 年版。

33. 林正秋著：《浙江歷史文化研究》，北京：中國文史出版社 2006 年版。

34. 梁啟超著，朱維錚導讀：《清代學術概論》，上海：上海古籍出版社 1998 年版。

35. 梁啟超：《中國近三百年學術史》，北京：中國華僑出版社 2008 年版。

36. 梁啟超：《論中國學術思想變遷之大勢》，上海：上海古籍出版社 2001 年版。

37. 魯小俊：《清代書院課藝考述》，新北：花木蘭文化出版社 2014 年版。

38. 魯小俊：《清代書院課藝總集敘錄》，武漢：武漢大學出版社 2015 年版。

39. 馬鏞：《中國教育通史・清代卷》，北京：北京師範大學出版社 2013 年版。

40. 馬曉春：《杭州書院史》，北京：中國社會科學出版社 2015 年版。

41. 皮錫瑞：《經學歷史》，北京：中華書局 1981 年版。

42. 錢茂偉：《姚江書派研究》，北京：中國社會科學出版社 2005 年版。

43. 錢英才：《國學大師陳漢章》，杭州：浙江文藝出版社 2007 年版。

44. 瞿同祖著；范忠信、何鵬、晏鋒譯：《清代地方政府》（修訂譯本），北京：法律出版社 2011 年版。

45. 史革新：《晚清理學研究》，北京：商務印書館 2007 年版。

46. 史革新：《清代以來的學術與思想論集》，北京：社會科學文獻出版社 2011 年版。

47. 齊如山：《中國的科名》，瀋陽：遼寧教育出版社 2006 年版。

48. 錢穆：《中國近三百年學術史》，北京：九州出版社 2011 年版。

49. 盛朗西：《中國書院制度》，上海：上海書店 1991 年版。

50. 商衍鎏：《清代科舉考試述錄》，北京：故宮出版社 2014 年版。

51. 田淼：《中國數學的西化歷程》，濟南：山東教育出版社 2005 年版。

52. 湯志鈞：《近代經學與政治》，北京：中華書局 1989 年版。

53. 王爾敏：《上海格致書院志略》，香港：香港中文大學出版社 1980 年版。

54. 王爾敏：《中國近代思想史論》，北京：社會科學文獻出版社 2003 年版。

55. 王爾敏：《晚清政治思想史論》，桂林：廣西師範大學出版社 2005 年版。

56. 王爾敏：《中國近代思想史論續集》，北京：社會科學文獻出版社 2005 年版。

57. 王會昌：《中國文化地理》，上海：華東師範大學出版社 1992 年版。

58. 王汎森：《晚明清初思想十論》，上海：復旦大學出版社 2004 年版。

59. 王建梁：《清代書院與漢學的互動研究》，武漢：武漢出版社 2009 年。

60. 王惠榮：《晚清漢學群體與近代社會變遷》，北京：中國社會科學出版社 2013 年版。

61. 吳萬居：《宋代書院與宋代學術之關係》，臺北：文史哲出版社有限公司 1991 年版。

62. 吳承學：《中國古代文體形態研究》，廣州：中山大學出版社 2000 年版。

63. 吳震：《明代知識界講學活動繫年（1522～1602）》，上海：學林出版社 2003 年版。

64. 汪暉：《現代中國思想的興起》，北京：生活·讀書·新知三聯書店 2004 年版。

65. 肖永明：《儒學·書院·社會：社會文化史視野中的書院》，北京：商務印書館 2012 年版。

66. 徐雁平：《清代東南書院與學術及文學》，合肥：安徽教育出版社 2007 年版。

67. 徐世昌等編：《清儒學案》，北京：中華書局 2008 年版。

68. 夏維中編著：《南京通史·清代卷》，南京：南京出版社 2014 年版。

69. 蕭一山：《清代通史》，上海：華東師範大學出版社 2006 年版。

70. 謝國楨：《近代書院學校制度變遷考》，臺北：文海出版社 1974 年版。

71. 謝國楨：《明末清初的學風》，上海：上海書店出版社 2006 年版。

72. 薛毓良：《鍾天緯傳》，上海：上海社會科學院出版社 2012 年版。

73. 熊月之：《西學東漸與晚清社會》，北京：中國人民大學出版社 2011 年版。

74. 熊月之、張敏：《上海通史‧晚清文化》，上海：上海人民出版社 2009 年版。

75. 楊布生、彭定國：《中國書院與傳統文化》，長沙：湖南教育出版社 1992 年版。

76. 楊念群：《儒家地域化的近代形態——三大知識群體互動的比較研究》，北京：生活‧讀書‧新知三聯書店 2011 年版。

77. 支偉成：《清代樸學大師列傳》，長沙：嶽麓書社 1998 年版。

78. 左玉河：《從四部之學到七科之學》，上海：上海書店出版社出版社 2004 年版。

79. 左玉河：《中國近代學術體制之創建》，成都：四川人民出版社 2008 年版。

80. 朱漢民：《嶽麓書院與湖湘學派》，北京：教育科學出版社 1991 年版。

81. 張正藩：《中國書院制度考略》，南京：江蘇教育出版社 1985 年版。

82. 張灝：《張灝自選集》，上海：上海教育出版社 2003 年版。

83. 張舜徽：《清代揚州學記》，揚州：廣陵書社 2004 年版。

84. 張岱年等著、苑淑婭編：《中國觀念史》，鄭州：中州古籍出版社 2005 年版。

85. 張彬：《浙江教育史》，杭州：浙江教育出版社 2006 年版。

86. 朱軍：《揚州書院和藏書家史話》，揚州：廣陵書社 2012 年版。

87. 朱文傑：《東林書院叢談》，北京：方志出版社 2013 年版。

88. 朱維錚：《近代學術導論》，上海：中西書局 2013 年版。

89. 張希清、毛佩琦、李世愉主編：《中國科舉制度通史‧清代卷》，上海：上海人民出版社 2017 年版。

90. 鍾毓龍：《說杭州》，杭州：浙江人民出版社 1983 年版。

91. 周陽山、楊素獻編：《近代中國思想人物論——晚清思想》，臺北：時報文化出版事業有限公司 1982 年版。

92. 周漢光：《張之洞與廣雅書院》，臺北：中國文化大學出版部 1983 年版。

93. 周予同：《周予同經學史論著選集》，上海：上海人民出版社 1983 年版。

94. 周德昌、王建軍著：《中國教育制度史·明清分卷》，上海：華東師範大學出版社 2009 年版。

95. 周振鶴主編：《中國行政區劃通史——清代卷》，上海：復旦大學出版社 2013 年版。

96. 鄭大華：《晚清思想史》，長沙：湖南師範大學出版社 2005 年版。

97. 鄭大華：《中國近代思想史學術前沿諸問題》，長沙：湖南師範大學出版社 2012 年版。

98. 趙統：《南菁書院志》，上海：上海書店出版社 2015 年版。

99. 章太炎、劉師培等編纂：《中國近三百年學術史》，上海：上海古籍出版社 2006 年版。

100. 章清：《學術與社會：近代中國「社會重心」的轉移與讀書人新的角色》，上海：上海人民出版社 2012 年版。

101. 章清：《清季民國時期的「思想界」》，北京：社會科學文獻出版社 2014 年版。

四、期刊論文類

1. 安東強：《〈欽定四書文〉編纂的立意及反響》，《中山大學學報》（社會科學版）2012 年第 1 期。

2. 別必亮：《論中國古代分齋教學制度》，《高等師範教學研究》1994 年第 4 期。

3. 班書閣：《書院藏書考》，《國立北平圖書館館刊》1931 年第 5 卷，第 3 期。

4. 班書閣：《書院生徒考》，《女師學院期刊》1933 年第 3 卷，第 1 期。

5. 班書閣：《書院掌教考》，《女師學院期刊》1933 年第 1 卷，第 2 期。

6. 班書閣：《書院興廢考》，《女師學院期刊》1933 年第 2 卷，第 1 期。

7. 陳東原：《書院史略》，《學風（安慶）》1931 年第 1 卷，第 10、11 期。

8. 陳東原：《清代書院風氣之變遷：教育史話之八》，《學風（安慶）》1933 年第 3 卷，第 5 期。

9. 陳來：《明嘉靖時期王學知識人的會講活動》，《學術中國》第四輯，北京：商務印書館 2000 年版。

10. 程嫩生、陳海燕：《課藝評點：清代書院文學教育側記——以鍾山書院、經古精舍的課藝評點為例》，《湖南大學學報》（社會科學版）2008 年第 22 卷，第 5 期。

11. 程嫩生、孫彥：《課試禁忌與清代書院文學教育》，《青海社會科學》2009 年第 2 期。

12. 鄧之誠：《清季書院述略》，《現代知識（北平）》1947 年第 2 卷，第 2、3 期。

13. 鄧洪波：《中國書院的教學管理制度》，《河北師範大學學報》（教育科學報）2005 年第 3 期。

14. 鄧洪波：《清代省會書院：遍布全國的教育學術中心》，《南京曉莊學院學報》2006 年第 6 期。

15. 鄧洪波：《理學家與南宋書院的興起》，《湖南大學學報》（社會科學版）2006 年第 6 期。

16. 鄧洪波、周月娥：《八十三年來的中國書院研究》，《湖南大學學報》（社會科學版）2007 年第 3 期。

17. 鄧洪波：《以講為學、以會為學：明代書院講會的新特點》，《湖南大學學報》（社會科學版）2008 年第 5 期。

18. 鄧洪波：《隨地舉會，歸之書院：明代講會之發展趨勢》，《湖南大學學報》（社會科學版）2010 年第 2 期。

19. 馮君：《近代中國西學觀的辯證發展》，《廣西社會科學》2010 年第 4 期。

20. 范立舟：《論南宋書院與理學的互動》，《社會科學戰線》2008 年第 7 期。

21. 胡適：《書院的歷史與精神》，《教育與人生》1923 年，第 9 期。

22. 胡適：《書院制史略》，《東方雜誌》1924 年第 21 卷，第 3 期。

23. 黃克武：《詁經精舍與十九世紀中國教育、學術的變遷》，《食貨月刊》1983 年第 13 卷，第 5、6 期。

24. 賈小葉：《19 世紀中後期國人理、勢觀念的變遷與世界意識的增進》，《歷史教學問題》2013 年第 3 期。

25. 李長莉：《晚清對西學的兩種誤讀——論鍾天緯的西學觀》，《江蘇社會科學》1999 年第 6 期。

26. 李兵：《「科舉學」：「書院學」研究的重要基礎》，《華南師範大學學報》（社會科學版）2005 年第 6 期。

27. 李兵：《18 世紀漢學書院與科舉關係新論》，《廈門大學學報》（哲學社會科學版）2005 年第 2 期。

28. 李兵：《19 世紀中後期漢學書院與科舉關係論略》，《湖南大學學報》（社會科學版）2005 年第 19 卷，第 3 期。

29. 李兵：《19 世紀前期漢學書院與科舉關係論略》，《河北師範大學學報》（教育科學版）2005 年第 7 卷，第 6 期。

30. 李兵：《八股應試教育：清代書院改革的主要指向》，《湖南大學學報》（社會科學版）2015 年第 29 卷，第 2 期。

31. 李聖華：《黃宗羲與海昌講學——清初梨洲之學在浙西播傳的典例分析》，《浙江學刊》2015 年第 3 期。

32. 劉海峰：《「書院學」引論》，《教育評論》1994 年第 5 期。

33. 劉琪：《清代書院的膏火獎賞——以助貧養士為中心》，《教育評論》2006 年第 2 期。

34. 劉明：《格致書院考課制度述論》，《都會遺蹤》2015 年第 1 期。

35. 林存陽：《蘇州紫陽書院與清代學術變遷——以錢大昕為研究視角》，《中國史研究》2005 年第 4 期。

36. 柳詒徵：《江蘇書院志初稿》，《江蘇省立國學圖書館年刊》1931 年第四年刊。

37. 梁甌第：《清代書院制度》《教育研究（廣州）》1937 年，第 78 期。

38. 魯小俊：《清代書院課藝序言的地域書寫》，《西南民族大學學報》（人文社會科學版）2017 年第 1 期。

39. 魯小俊：《書院考課與經史詞章（1801～1904）》，《湖北大學學報》（哲學社會科學版），2017 年第 3 期。

40. 魯小俊：《清代書院的知識結構——以閱讀指南、課業設置和考課題目為考察視角》，《江西師範大學學報》（哲學社會科學版），2017 年第 5 期。

41. 魯小俊：《書院考課與八股文——以清代書院課藝總集為中心》，《文學遺產》2017 年第 6 期。

42. 毛澤東：《湖南自修大學創立宣言》，《新時代》1923 年第 1 卷，第 1 期。

43. 聶崇岐：《書院和學術的關係》，《現代知識（北平）》1947 年第 2 卷，第 2、3 期。

44. 手代木有爾兒著、李鵬運譯：《晚清中西文明觀的形成——以 1870 年代後期至 90 年代初期為中心》，《史林》2007 年第 4 期。

45. 手代木有爾兒著、李鵬運譯：《鍾天緯的中西文明論——西方體驗與林樂知（Young John Allen）〈中西關係略論〉的影響》，《近代中國》第二十三輯，2014 年。

46. 史革新：《略論晚清漢學的興衰與變化》，《史學月刊》2003 年第 3 期。

47. 宋巧燕：《清代書院文學教育制度述論——以詁經精舍、學海堂為例》，《學術研究》2008 年第 7 期。

48. 宋斌、梁振：《論清代科舉政策對書院發展的影響——以常州府書院為例》，《黑龍江民族叢刊》2015 年第 1 期。

49. 沈恩孚：《上海龍門書院紀略》，《人文月刊》第八卷 9～10 期，1937 年 12 月。

50. 容肇祖：《學海堂考》，《嶺南學報》1934 年第 3 卷，第 4 期。

51. 唐曉明：《晚清浙江書院教育的變革與傳承》，《寧波大學學報》（教育科學版）2009 年第 2 期。

52. 王爾敏：《晚清實學所表現的學術轉型之過渡》，《「中央」研究院近代史所集刊》第 52 期。

53. 王明芳：《論乾嘉學者與藏書家、書院及江南學風之間的關係》，《山東社會科學》2003 年第 5 期。

54. 王建梁：《清代漢學與書院互動之規律初探》，《河北師範大學學報》（教育科學版）2008 年第 10 卷，第 1 期。

55. 王惠榮：《晚清漢學家與近代社會變遷》，《安徽史學》2011 年第 4 期。

56. 王汎森：《清初的講經會》，《中央研究院歷史語言研究所集刊》第六十八本，第三分。

57. 吳海蘭：《甬上講經會與黃宗羲重經思想的傳播》，《中國文化研究》2006 年秋之卷。

58. 吳旻：《清代揚州書院在揚州學派形成中的作用探究》，《揚州教育學院學報》2015 年第 33 卷，第 3 期。

59. 肖永明、張天傑：《從越中到甬上——證人書院講會與明清學術轉型》，《中國史研究》2013 年第 4 期。

60. 徐啟彤：《近代吳地書院的新學化趨向》，《蘇州大學學報》（哲學社會科學版）1996 年第 3 期。

61. 徐雁平：《清代書院研究的價值、現狀及問題——以江南地區為討論範圍》，《南京曉莊學院學報》2005 年第 21 卷，第 2 期。

62. 熊月之：《新群體、新網絡與新話語體系的確立——以〈格致書院課藝〉為中心》，《學術月刊》2016 年第 48 卷，第 7 期。

63. 魏紅翎：《王闓運與尊經書院》，《國學》2016 年第 1 期。

64. 俞國林、朱兆虎：《章太炎上曲園老人手札考釋》，《文獻》2016 年第 1 期。

65. 張灝：《晚清思想發展試論——一個基本論點的提出與檢討》，《「中央」研究院近代史所集刊》第 7 期。

66. 張君勱：《書院之精神與學海書院之設立》，《新民》1935 年第 1 卷第 7、8 期。

67. 張豔：《略論「同治中興」清政府書院重建政策》，《湖南大學學報》（社會科學版）2004 年第 18 卷，第 3 期。

68. 張欣：《論甲午戰前清代書院改革的價值取向》，《晉陽學刊》2004 年第 4 期。

69. 張暉：《書院的知識生產與清代人文圖景》，《讀書》2008 年第 1 期。

70. 張傳燧、李卯：《晚清書院改制與近代學制建立的本土基礎》，《華東師範大學學報》（教育科學版）2012 年第 9 期。

71. 張凱：《清季民初「蜀學」之流變》，《近代史研究》2012 年第 5 期。

72. 張崟：《話經精舍志初稿》，《文瀾學報》第 2 卷，第 1 期，第 37 頁。

73. 周振鶴：《晚清上海書院西學與儒學教育的進退》，《華東師範大學學報》（哲學社會科學版）1999 年第 5 期。

74. 鄭剛：《民國時期書院研究述評》，《大學教育科學》2011 年第 2 期。

75. 章清：《策問與科舉體制對西學的接引——以〈中外策問大觀〉為中心》，《中央研究院近代史所集刊》第 58 期。

五、碩博論文類

1. 陳春華：《清代書院與桐城文派的傳衍》，蘇州大學博士論文，2013 年。

2. 陳小華：《〈詁經精舍文集〉研究》，華中師範大學博士論文，2013 年。

3. 鄧洪波：《明代書院講會研究》，湖南大學博士學位論文，2007 年。

4. 黨亭軍：《明清時期書院教師研究》，西北師範大學碩士論文，2005 年。

5. 李芳：《中西文化交匯下的教會書院》，湖南大學碩士論文，2008 年。

6. 劉平：《長江流域書院的學術研究》，湖南師範大學碩士論文，2001 年。

7. 劉明：《〈格致書院課藝〉研究》，上海社會科學院年碩士論文，2015 年。

8. 魏萌萌：《〈梯雲書院志〉的整理與研究》，江西師範大學碩士學位論文，2016 年。

9. 王坤：《清代蘇州書院研究》，蘇州大學碩士論文，2008 年。

10. 吳曉梅：《清代書院政策研究》，華東師範大學碩士論文，2016 年。

11. 于祥成：《清代書院的儒學傳播研究》，湖南大學博士論文，2012 年。

12. 余九紅：《十八世紀江浙漢學書院構建及其影響》，山東大學碩士論文，2008 年。

13. 楊一鳴：《走入民國的書院──書院復興與近代學術傳承》，東吳大學碩士論文，2006 年。

14. 楊伶：《揚州學派書院初探》，四川師範大學碩士論文，2013 年。

15. 周文娟：《清代湖南書院考試研究》，湖南大學碩士論文，2009 年。